高等学校应用技术型经济管理系列教材（会计系列）

高等学校应用型经济管理规划教材

总主编／李　雪　主审／徐国君

财务分析

杨　屾　主　编

耿　菲　齐培培　副主编

立信会计出版社

LIXIN ACCOUNTING PUBLISHING HOUSE

图书在版编目(CIP)数据

财务分析/杨屾主编. —上海：立信会计出版社，2017.5(2021.12重印)
高等学校应用技术型经济管理系列教材. 会计系列
ISBN 978-7-5429-5443-5

Ⅰ. ①财… Ⅱ. ①杨… Ⅲ. ①会计分析—高等学校—教材 Ⅳ. ①F231.2

中国版本图书馆CIP数据核字(2017)第089709号

策划编辑 方士华
责任编辑 方士华
封面设计 南房间

财务分析
CAIWU FENXI

出版发行	立信会计出版社		
地　　址	上海市中山西路2230号	邮政编码	200235
电　　话	(021)64411389	传　　真	(021)64411325
网　　址	www.lixinaph.com	电子邮箱	lixinaph2019@126.com
网上书店	http://lixin.jd.com		http://lxkjcbs.tmall.com
经　　销	各地新华书店		

印　　刷	江苏凤凰数码印务有限公司	
开　　本	787毫米×1092毫米	1/16
印　　张	17	
字　　数	321千字	
版　　次	2017年5月第1版	
印　　次	2021年12月第4次	
书　　号	ISBN 978-7-5429-5443-5/F	
定　　价	33.80元	

总序

教材是高校实现人才培养目标的重要载体,教材及教材建设对高校发展具有举足轻重的作用。与培养模式相对应的教材是培养合格人才的基本保证,是实现培养目标的重要工具。由于历史的原因,在财经类教材的出版方面,相关出版社出版研究型本科或者高职高专、中等职业等层次的教材较多,也较成熟,而在应用技术型本科教材出版上比较欠缺,虽然近年来也出版了一些这方面的教材,但总体而言,还是缺乏权威性、普适性、实用性和创新性。造成这种状况的原因主要在于:出版社对财经类应用技术型大学本科教材的出版还不够重视,没有进行有效的组织;财经类应用技术型本科院校多为新建院校,教材建设相对滞后,主观上也较愿意使用研究型大学本科教材;在教材使用中存在比较严重的混用现象,教材的目标读者群不明确,如不少教材既适用于研究型本科又适用于应用技术型大学本科,或者既适用于大学本科又适用于高职高专。

由于目前应用技术型教材种类和数量匮乏或质量欠佳,应用技术型本科不得不沿用传统研究型教材,比如,东北财经大学会计系列教材(包括《基础会计》《中级财务会计》《管理会计》《高级财务会计》《审计》等),中国人民大学会计系列教材(如《成本会计》),教育部统编教材(如《财务管理》)等国家级规划教材。这些教材本身的质量很好、级别很高,但是并不适用于应用技术型本科的教学,教师和学生普遍反映不好用。即使从全国范围看,也还没有相对成套、成熟的适合应用技术型高校使用的教材,不适应教育教学要求。存在的主要问题包括:①教材的定位和要求较高;②教材的内容多、难度大;③教材着重于理论解释,相关案例、实训等内容较少,缺乏普适性、实用性。所以,需要编写适应学生水平、便于学生接受的应用技术型教材。

我们组织具有多年应用技术型人才培养经验的优秀教师和实务界专家编写了本套系列教材。本套系列教材由《会计基本技能》《基础会计》《中级财务会计》《成本会计》《管理会计》《财务管理》《会计信息系统》《审计学原理》《审计实务》《税法》《经济法》《金融学》等构成。为了保证教材的质量,我们聘请了著名高校的专家、教授对本套系列教材编写进行专门指导和审核。每本教材至少有一名本学科的知名专家或学科带头人提出审核指导意见，有一名高等院校教学一线的高级职称教师参与组织编写，有一名行业协会、实务界专家和教学研究机构人员提出编写建议。

本套系列教材的特色如下。

1. 应用性

应用技术型本科教材应坚持培养应用技术型本科人才的定位，充分吸收和借鉴传统的普通本科教材与高职高专类教材建设的优点和经验，以就业为导向，做到理论上优于高职高专类教材、动手能力的培养上优于传统的本科院校教材。

本套系列教材体现了应用技术型本科的定位，体现了素质教育和“以学生发展为本”的教育理念，遵循了高等教育教学基本规律，重视知识、能力和素质的协调发展，根据应用技术型人才培养模式对学生的创新精神、实践能力和适应能力的要求，在内容选材、教学方法、学习方法、实验和实训配套等方面突出了应用性特征。

2. 针对性

本套系列教材的编写符合会计学、财务管理和审计学专业的培养目标、培养需求、业务规格(知识结构和能力结构)和教学大纲的基本要求，与各专业的课程结构和课程设置相对应，与课程平台和课程模块相对应。本套系列教材在结构的布局、内容重点的选取、示例习题的设计等方面符合教改目标和教学大纲的要求，把教师的备课、试讲、授课、辅导答疑等教学环节有机地结合起来。

3. 先进性

本套系列教材反映了应用技术型会计人才教育教学改革的内容，能够反映学科领域的新发展。本套系列教材的整体规划、每一种教材构造等均体现了实用性和创新性。本套系列教材还强调了系列配套，包括了教材、学习指导书、教学课件等。

4. 基础性

本套系列教材打破传统教材自身知识框架的封闭性，尝试多方面知识的融会贯通，注重知识层次的递进，体现每一门科目的基本内容，同时，在具体内容上突出实际的运用知识的能力，使本套系列教材做到“教师易教，学生乐学，技能实用”。

5. 易于自学性

自学能力的培养是高等教育应该教授给学生的一项基本能力。只有具备了自主学习的能力，才能最终建立起终身学习的保障体系，这也是应用技术型本科人才培养的客观要求。应用技术型高校的生源素质与其他高校相比存在较大差距，除一部分高考发挥失误的学生外，有相当一部分学生在学习习惯、基础知识等方面存在一定的欠缺，这要求本套系列教材要能调动这部分学生的学习积极性，在理论方面尽量通俗易懂，实践方面尽量采用案例式教学。为了有利于学生课后自主学习，本套系列教材配套了学习指导书和教学课件。

因此，本套系列教材的定位把握准确，教材的特色明显，适用于应用技术型高等学校教学，容易得到学生和市场的认可，便于学生的自学和教师的教学。

高等学校应用技术型经济管理系列教材（会计系列）凝聚了众多领导、教授和专家多年来的经验和心血。当然，由于我们的经验和人力有限，教材中难免存在不足，我们期待着各位同行、专家和读者的批评指正。我们将随着经济发展和会计环境的变迁不断修订教材，以便及时反映学科的最新发展和人才培养的最新变化。

李　雪

2017 年 3 月

前　言

本书为高等学校应用技术型经济管理系列教材之一，具有应用性、针对性、先进性、基础性、自学性的特点，在充分吸收和借鉴传统的普通本科教材与高职高专教材建设的优点和经验的基础上，以就业为导向，做到理论上高于高职高专教材、实践能力的培养上高于传统的本科院校教材。

本书紧紧围绕企业的经营活动与财务活动，深度跟进财务分析的理论前沿和新型实践，较系统地探讨了财务分析的整体框架及重点领域，较深入地阐述了财务分析的主要内容和主要方法，较全面地构建了现代财务分析理论与方法体系。全书共分十一章，第一章对财务分析进行了总括性概述；第二章至第十章根据财务分析的不同侧重点，分别从资产负债表分析、所有者权益变动表分析、利润表分析、现金流量表分析、盈利能力分析、营运能力分析、偿债能力分析、发展能力分析以及综合分析与业绩评价等角度进行了较系统、深入的分析与阐述；第十一章介绍了企业价值评估的基本理论与方法。本书特别重视引导和培养读者的财务分析能力，各章节深入浅出地阐述了财务分析主体在利用财务信息分析、评价企业经营与财务活动过程中宜采用的思路与方法，以及其他需要注意的事项。本书主要作为普通高等教育经济管理类的专业教材，也可供相关专业人员参考。

本教材的编写特点：

(1) 简明实用。本书在内容上力求避免很多同类教科书中经常出现的冗长的理论描述和烦琐的公式推导。教材章节安排合理，内容详略得当，不会对教材使用者造成过多的负担。本教材有大量的图表，不仅使教材更加直观，而且使其更富有说服力。

(2) 突出案例。本书突出案例在书本知识和财会实践两者之间的桥梁作用，力求通过案例提高学生运用所学知识解决实际问题的能力。本书每一章开篇都有一个引例，能帮助读者对该章内容进行先行把握。

(3) 体系针对性强。本书在体系上进行了有针对性的安排，强调财务分析的基本理论与分析的逻辑性。

本教材由杨屾任主编，耿菲、齐培培任副主编，刘玲霞、韩真真、陈丽娜、程晶晶、马晓辉、刁世佩、陈晓冬为编者。具体分工如下：第一章财务分析导论（杨屾、刘玲霞），第二章资产负债表分析（耿菲），第三章所有者权益变动表分析（耿菲），第四章利润表分析（韩真真），第五章现金流量表分析（陈丽娜），第六章盈利能力分析（齐培培），第七章营运能力分析（齐培培），第八章偿债能力分析（杨屾），第九章发展能力分析（杨屾），第十章综合分析与业绩评价（马晓辉、刁世佩、陈晓冬），第十一章企业价值评估（程晶晶）。

本书在编写的过程中参考了大量相关教材和论著，在此向有关作者致以深深的谢意！

在本书的编写过程中，编者进行了多次的讨论、研究，力求内容编排合理、避免错误，但难免存在考虑不周，表达不妥当的地方，书中疏漏不足之处，敬请读者批评指正。

编　者

2017 年 3 月

目 录

第一章　财务分析导论

内容简介

本章主要讲解了财务分析的内涵，包括财务分析的产生与发展、财务分析主体、财务分析对象、财务分析目的；财务分析的内容，包括资源状况及其构成分析、权益状况及其构成分析、资源结构与经济利益分割情况分析、偿债能力分析、盈利能力分析、营运能力和发展能力分析；财务分析的方法，包括财务分析方法论和基本方法。本章重点为财务分析的概念、财务分析的内容及财务分析的基本方法。

学习目的和要求

通过本章学习，学生应掌握财务分析的基本理论体系和基本方法种类，了解财务分析的产生与发展以及其基本内容，理解财务分析方法的异同及其优缺点和财务分析在企业经营管理中的地位与作用等。

引例　GAP公司对华尔街的警示

2000年8月30日，在股市刚收盘后不久，GAP公司宣布月营业收入下降14%。市场对此反应迅速，在隔夜交易中，GAP公司的股票价格急剧下跌。第二天收盘时，股票价格为每股22美元，与52个星期中的最高价53.75美元相比，下跌了近60%。

尽管新商店的开设使GAP公司总营业收入增长6%，但市场关注的焦点在于同一家商店营业收入的下降。分析师也注意到疲软的宏观经济、存货管理的困难、配送成本的提高和越来越激烈的竞争可能导致公司经营毛利的下降。进一步的分析可以发现，不仅仅旗舰店的营业收入下降，而且公司的巴拿马分部和Old Navy分部的营业收入也下降了。Old Navy的营业收入下降了20%以上，这无疑给人们敲响了警钟，因为分析师们原来认为Old Navy将是公司发展的主力。公司还表示，由于存在配送问题，Old Navy商店的存货不足，限制了向学校的销售，这真是火上浇油。因此公司提醒投资者,未来公司的营业收入和收益都可能比预期低。

在此之前,GAP公司股票走势很好——股东在过去5年获得的累计报酬率为387%。受这个报告影响,许多分析师都降低了对GAP公司股票的评价。不过,还有一些分析师认为,GAP公司股票对长期投资者而言仍是很有吸引力的,公司长期以来的良好记录以及公司从销售下跌中恢复过来的能力能证明这一点。

从华尔街对GAP公司公告的反应可以归纳出以下几点:第一,投资者和其他外部人依据公司报告的收益和财务报表中的其他数据确定公司的价值;第二,分析师主要关注公司未来的绩效——过去的绩效只有能提供未来的信息,才是有用的;第三,分析师不只是看报告的利润,还深入分析财务报表的细节。

许多人认为财务分析就只是"财务问题",其实它的内容很丰富,它涉及会计问题、财务问题、宏观经济政策问题、资本市场问题等。通过本章的学习,你将明确财务分析的概念,掌握财务分析的内容与方法,发现财务分析为管理者、投资者、贷款者、顾客、供应商和监管者提供的丰富信息,可以满足各种不同的目的。

第一节 财务分析的内涵

一、财务分析的产生与发展

现代意义的财务分析,起源于19世纪末20世纪初。最早的财务分析主要是为银行服务的信用分析。当时,借贷资本在企业资本中的比重不断增加,银行家需要对贷款人进行信用调查和分析,借以判断客户的偿债能力,于是产生了财务分析。

资本市场形成后,企业筹资范围扩大,非银行的贷款人和股权投资人增加,财务分析由主要为贷款银行服务扩展到为投资者服务。起初,投资者进行的财务分析主要是对经营者的受托责任的履行情况进行分析;后来,随着会计责任由"解除受托责任"向"提供决策有用的信息"转变,投资者开始对企业盈利能力进行分析,以作出正确的投资决策。

随着企业组织的进一步发展,不仅债权人、投资者进行财务分析,企业经营者也逐步认识到财务分析的重要性,开始进行财务分析。企业经营者进行财务分析一方面是为了改善盈利能力和偿债能力,以取得投资者和债权人的支持;另一方面是为了加强财务控制,为财务决策提供支持。与债权人和投资者进行的财务分析着重于结果分析相比,经营者进行的财务分析更重视原因分析。

延伸阅读1-1

财务分析的产生与发展

财务分析最早产生于美国。在1883年和1884年发生的经济危机中,企业以造假账的方式向银行贷款，企业破产倒闭，造成银行贷款无法收回，从而促使银行开始关心企业的财务状况。1900年前后，美国银行对于申请贷款的企业要求提供其资产负债表。随后，美国大银行家亚历山大·沃尔首开会计报表分析先河，创立了比率分析体系。20世纪20年代以后，财务分析获得大量运用，先后出版了大量的财务分析著作。在我国，1955年国务院在《国营企业决算报告编造办法》中明确要求对企业计划完成情况、财务情况、损益原因及成本进行分析。直到1957年10月由中国人民大学编著的《工业企业经济活动分析》教科书出版，大学开始开设财务分析课程。

二、财务分析的相关概念

财务分析是在企业经济活动分析、财务管理和会计学等学科的基础上发展形成的一门综合性、边缘性学科。正确区分财务分析以及财务分析的相关概念，是财务分析的基础。财务分析的相关概念主要包括经济活动分析、财务评价、会计分析和财务分析等。

经济活动分析是指对企业的经济活动、技术活动、经营活动、管理活动等内部及外部、财务及非财务活动展开的分析。该分析的内容较宽泛，将不属于财务分析的经营分析和管理分析也纳入其中，在一定程度上超出了财务分析的范围。

财务评价是指对企业财务状况和经营情况进行的总结、考核和评价。它以企业的财务报表和其他财务分析资料为依据，注重对企业财务分析指标的综合考核。

会计分析是指根据会计核算提供的会计信息，应用一定的分析方法，对企业的经营过程及其经营成果进行定量和定性的分析。会计分析的结果是进行会计预测和会计考核的主要依据，其实质上是明确会计信息的内涵和质量，即从会计数据表面揭示其实际含义。

财务分析的概念有广义和狭义之分。广义的财务分析是指利用企业相关的会计、统计、管理等方面的资料，特别是企业财务报告等文字信息，并结合企业所处行业、市场等外部环境，对企业的经营成果与财务状况及其产生的原因进行剖析，以便全面客观地评价企业的经营业绩和整体实力，为进一步的投资、融资决策以及管理控制等经营与财务活动提供依据的一系列分析研究行为。狭义的财务分析亦称财务报表分析，是指运用财务报表的有关数据对企业过去的财务状况、经营成果及未来前景的一种分析。

上述概念之间存在相互影响和相互作用，这种相互影响和作用伴随着人们对财务、会计信息的需求量不断地增加而表现得越来越明显。例如，经济活动分析、财务评价、会计分析和财务分析所使用的信息大部分是财务信息。

上述概念之间也存在明显的差别，具体表现在：

(1) 目标不同。经济活动分析的目标在于使企业的经营者了解企业的过去，预测未来，控制现在，提高企业管理水平；财务评价的目标是反映企业经营绩效状况，判断企业的财务管理水平，而且适时揭示财务风险，引导企业持续、快速、健康地发展；会计分析的目标不仅在于对会计报表及相关会计科目内涵的分析，而且包括对会计原则与政策变动的分析、会计方法选择与变动的分析、会计质量及变动的分析等；财务分析的目标是判断企业的财务实力，评价企业的经营业绩，揭示财务活动存在的问题，挖掘企业潜力以及寻求提高企业经营管理水平和经济效益的途径等。

(2) 依据不同。经济活动分析的依据主要包括企业内部各种会计资料、统计资料、技术或业务资料等；会计分析的依据主要是企业会计报表资料；财务评价和财务分析的依据除了企业会计报表资料以外还包括其他相关资料。

(3) 主体不同。从分析工作的实践来看，经济活动分析的主体主要是综合管理部门；会计分析的主体主要是财务部门；财务评价的主体主要是综合管理部门和财务部门；财务分析的主体则是企业的利益相关者。

(4) 侧重点不同。经济活动分析侧重于企业的全部经济活动；财务评价侧重于对企业财务分析指标的综合考核；会计分析侧重于会计数据的真实性、完整性和会计信息的相关性；财务分析侧重于企业的经营成果和财务状况等。

三、本书财务分析概念的界定

本书讨论的是狭义的财务分析。

(一) 财务分析主体

财务分析的主体包括企业的利益相关者。在企业内部治理结构中，每个财务主体都有自身的财务行为。具体地说，出资者以资本保值增值为前提，实施包括投出资本、监管资本运用以及存量资本调整等在内的财务行为；经营者以决策服务为前提，实施包括筹资、投资、收益分配等在内的财务行为；财务经理以现金流量的均衡运行为前提，实施筹集资金、运用多余资金的财务行为，如销售人员的财务行为包括费用控制、应收账款的收回等。为更好地进行财务决策和财务控制，各财务主体在实施财务行为的过程中，都需要进行相应的财务分析，因而，在企业财务分层管理的思想下，财务分析就是一种全员分析，任何从事财务行为的主体都是财务分析主体。

此外，在企业外部治理结构中，还有一些企业的利益相关者，具体包括政府、企业债权人、资本市场上的潜在投资者、业务关联单位、中介机构以及接管市场上的企业接管者等。这些利益相关者的自身利益与企业密切相关，他们也需要对企业的财务状况和经营成果进行财务分析，从而据此作出正确的决策。

(二) 财务分析目的

无论从财务分析主体还是从财务分析对象看，财务分析的目的都可从以下几方面进行研究。

1. 从企业股权投资者角度看财务分析的目的

企业的股权投资者包括企业的所有者和潜在投资者，他们进行财务分析的最根本目的是看企业的盈利能力状况，因为盈利能力是投资者资本保值和增值的关键。但是投资者仅关心盈利能力还是不够的，为了确保资本保值增值，他们还应研究企业的权益结构、支付能力及营运状况。只有投资者认为企业有着良好的发展前景，企业的所有者才会保持或增加投资，潜在投资者才能把资金投向该企业。否则，企业所有者将会尽可能地抛售股权，潜在投资者将会转向其他企业投资。另外，对企业所有者而言，财务分析也能评价企业经营者的经营业绩，发现经营过程中存在的问题，从而通过行使股东权利，为企业未来发展指明方向。

2. 从企业经营者角度看财务分析的目的

企业经营者主要是指企业的经理以及各分厂、部门、车间等的管理人员。他们进行财务分析的目的是综合的、多方面的。从对企业所有者负责的角度，他们首先也关心盈利能力，这只是他们的总体目标。但是，在财务分析中，他们关心的不仅仅是盈利的结果，而且包括盈利的原因及过程，如资产结构分析、营运状况与效率分析、经营风险与财务风险分析、支付能力与偿债能力分析等。通过这种分析，其目的是及时发现生产经营中存在的问题与不足，并采取有效措施解决这些问题，使企业不仅用现有资源盈利更多，而且使企业盈利能力保持持续增长。

3. 从企业债权者角度看财务分析的目的

企业债权者包括企业借款的银行和一些金融机构，以及购买企业债券的单位与个人等。债权者进行财务分析的目的与经营者和投资者都不同，银行等债权人一方面从各自经营或收益目的出发愿意将资金贷给某企业，另一方面又要非常小心地观察和分析该企业有无违约或清算破产的可能性。一般地说，银行、金融机构及其他债权人不仅要求本金的及时收回，而且要得到相应的报酬或收益，而这个收益的大小又与其承担的风险程度相适应，通常偿还期越长，风险越大。因此，从债权人角度进行财务分析的主要目的，一是看其对企业的借款或其他债权是否能及时、足额收回，即研究企业偿债能力的大小；二是看债务者的收益状况与风险程度是否相适应，为此，还应将偿债能力分析与盈利能力分析相结合。

4. 其他财务分析的目的

其他财务分析的主体或服务对象主要指与企业经营有关的企业单位和国家行政管理与监督部门。与企业经营有关的企业单位主要指材料供应者、产品购买者等。这些企业单位出于保护自身利益的需要，也非常关心往来企业的财务状况，从而进行财务分析。他们进行财务分析的主要目的在于搞清企业的信用状况，包括商业上的信用和财务上的信用。商业信用指按时、按质完成各种交易行为;财务信用则指及时清算各种款项。企业信用状况分析,首先可通过对企业支付能力和偿债能力的评价进行;其次可根据对企业利润表中反映的企业交易完成情况进行分析判断来说明。

国家行政管理与监督部门主要指工商、物价、财政、税务以及审计等部门。它们进行财务分析的目的:一是监督、检查党和国家的各项经济政策、法规、制度在企业单位的执行情况;二是保证企业财务会计信息和财务分析报告的真实性、准确性,为宏观决策提供可靠信息。

相关案例 1-1

德国人的财务分析

1870 年法国输了普法战争,赔偿德国 50 亿法郎。另外,当时的德国还得到了大量的产业资源。为了追求投资效果,德国政府曾利用银行对不同行业和企业的财务分析资料进行投资决策。从此,德国一跃成为欧洲举足轻重的强国,这就改变了自克里米亚战争以来的欧洲格局,使德国在欧洲的霸权地位上升,成为强大的"中欧帝国"。

问题:德国人进行财务分析的主要目的是什么?

第二节 财务分析的内容

一、财务分析内容概述

财务分析的内容也就是财务分析的对象。财务分析的内容概括讲就是企业的财务活动及其结果,也就是企业一定时期的资金运动及其结果。由于企业的资金运动通常表现为企业的某一时点的财务状况和某一时期的财务成果及现金流量,因而财务分析的基本内容是企业的财务状况、财务成果和现金流量。财务状况是指一个企业的资产、负债、所有者权益结构及其相互关系;财务成果是指一个企业在一定时期的营业收入和营业费用以及经过配比而计算出来的净收益;现金流量是指企业在一定会计期间的现金流入量、流出量及净流量。从财务会计报表分析的角度来看,由于企业财务状况的资料主要存在于企业的资产负债表中,故又称资产负债表分析;同样,财务成果或经营情况分析又可称为利润表分析,现金流量分析又可称为现金流量表分析。

进行财务分析是一项十分复杂而细致的工作。在进行财务分析过程中,除了依据上述财务报告外,有时还会用到日常会计核算资料(如会计凭证、会计账簿、财产清查、成本计算等)、计划或预算资料、生产技术方面的资料、产品(或商品)销售的情况、同行业其他企业发布的财务报告、调查研究所收集到的资料等。

由于企业财务分析以企业财务会计报告资料为主要内容，因此影响企业财务会计报告的诸多因素也是企业财务分析不可缺少的内容，具体包括会计准则、会计制度、会计技术方法、管理当局的会计政策选择、会计信息质量监管、相应审计报告、企业在分析期内发生的交易或事项的实质、企业并购、重组、关联方交易、合并会计报表等。

二、财务分析的具体内容

(一) 按照财务分析的对象

财务分析的具体内容按照财务分析的对象，可分为资源状况及其构成分析、权益状况及其构成分析以及资源结构与经济利益分割情况分析。

1. 资源状况及其构成分析

经济资源是企业进行生产经营活动必不可少的基础条件。企业经济资源在企业报告中主要表现为资产负债表的资产，资产总额说明企业拥有的经济资源的总量。企业拥有的经济资源的量通常用来说明一个企业的经济实力。企业经济资源的构成说明企业资源的分布及其结构状况，资源结构通常能够说明或代表企业资源的质量。企业资源的质量不仅能够说明企业资产的变现能力、偿债能力、盈利能力，而且还能够揭示企业资产的风险及企业成长能力等多种情况。因此，通过对企业经济资源状况及其构成进行分析，可以了解一个企业经济实力的强弱、运用资源的能力和潜力，同时还能分析管理者及其企业内部各管理层管理责任的落实情况，分析管理当局是否已认真履行其应尽的管理责任，最终达到评价企业资产的营运能力、获利能力，分析企业资产的分布情况和周转使用情况，测算企业未来资金需要量的目的。

2. 权益状况及其构成分析

权益状况说明企业权益总额以及企业负债总额和所有者权益总额各为多少，说明企业资源所需资金的来源。权益构成则说明：①企业权益总额中负债和所有者权益的相对比例；②各种负债在负债总额中的相对比例，如流动负债与长期负债的比例，以及各种所有者权益在所有者权益总额中的相对比例，如注册或实收资本与留存收益的比例等；③企业权益所有者享有权益及所承担风险的不同，在权益总额中所有者权益占的比例较高，表明企业经营的风险主要由企业所有者承担，长期债务的清偿能力较强；反之，权益总额中负债比例较多，表明企业经营风险主要由债权人承担，长期债务的清偿能力较弱，等等。

3. 资源结构与经济利益分割情况分析

资源结构既是指资产结构又是指权益结构，更是指资产结构与权益结构的内在关系。也就是说，某一项资产的风险及收益能力，不仅要看该项资产的自身风险及收益能力，还要看用在该项资产上的资金是通过何种渠道取得的。通过长期负债方式取得的资金的成本及风险是应由占用该项资金的资产来承担的；期末与期初资源结构的不同变化，不仅反映了资源的变化方向与趋势，而且反映了管理当局对经济利益的不同分割的具体态度及具体状况，说明企业经营及其成果最终增加或减少了谁的净福利。

（二）按照财务分析的目标

财务分析的具体内容按照财务分析的目标，可分为偿债能力分析、盈利能力分析、营运能力分析和发展能力分析。

1. 偿债能力分析

偿债能力实质是指资产与权益的相互关系。偿债能力要求企业资产与权益成比例分布。因此，偿债能力分析包括对资产与权益的对比关系、资产质量及其结构、权益质量及其结构等的分析，一般可分为短期偿债能力分析和长期偿债能力分析两种。例如，流动资产与流动负债的比率表明企业的短期偿债能力，全部资产与全部负债的比率表明企业长期偿债能力等。企业偿债能力分析还需要分析企业一定时期的现金流量状况和现金的质量等内容。

2. 盈利能力分析

盈利能力实质是指企业利用其资源获取利润的能力，包括直接的盈利能力和企业营运能力。具体包括：通过利润表中利润指标及利润额与业务量、资产等的关系可以分析企业的盈利能力、企业利润目标的完成情况；通过企业运用资源的能力反映企业在获取利润的过程中如何不断提高资源利用效率，节约费用开支，进而提高企业盈利能力。

3. 营运能力分析

企业营运能力是指企业充分利用现有资源创造社会财富的能力，具体是指企业各项营运资产的周转效率。营运资产是指维持企业日常经营正常运行所需要的资金，它是企业的流动资产减去流动负债后的余额。这一观点为企业会计人员、一般信用调查人员、短期债权人及投资分析人员所主张，因为这些人员最关注的是企业的财务状况、信用状况及其短期偿债能力，而且只有扣除流动负债后的流动资产净额才是企业可以真正自由运用的资金。企业的日常经营活动在企业财务报表上直接反映为企业营运资金及其各项目的变化，通过对企业营运资金的分析，报表使用者可以得到各自关注的有关企业财务状况和经营状况的信息。

4. 发展能力分析

分析过去是为了预测未来。发展能力分析也是企业财务分析的重要内容。将不同时期的财务状况指标、盈利指标及现金流量指标进行对比分析，可以把握企业未来财务状况的趋向和盈利趋势，挖掘企业财务及盈利潜力，进而分析企业成长能力和发展潜力。

延伸阅读 1-2

财务分析与财务管理、财务会计之间的关系

1. 财务分析与财务管理

从财务分析与财务管理的共同点来看，两者研究的都是企业的“财务”问题，都与企业的资金运动有关，因此在这两者之间存在着内容上的密切联系。其主要区别在于：

(1) 研究问题的侧重点不同。财务分析侧重于对企业资本运营过程中所呈现出的有关财务表现及其结果进行剖析，探讨其形成原因和内在联系；而财务管理则侧重于对企业资金运动的全过程，包括从资金的筹措到使用，以及最终的分配去向等问题进行定量分析研究。

(2) 采用的方式方法以及形成的研究结果不同。财务分析与财务管理在研究过程中，都包含着动态分析与静态分析、定性分析与定量分析的模式。然而，在定量分析中，财务分析较多采用了指标分析的方法，如比较分析法、比率分析法、因素分析法等，着眼于分析问题，属于各有关方面决策的支持系统；而财务管理则较多采用了数学与统计模型、运筹学等方法，着眼于方案或项目的设定、评判与选择，属于管理决策系统。同时，财务分析的结果具有一定的确定性，是基于企业会计与财务及其他相关资料进行的分析；而财务管理的一些结果则可能是不确定的，因为它可能是根据某些预测或假设等而估算出来的。

(3) 运用的主体不完全相同。进行财务分析的主体不仅包括企业内部的经营管理者、企业员工等，也包括企业外部诸如债权人、竞争对手及其他相关信息的使用者；而财务管理的主体则以企业内部经营管理者为主。

总之，财务分析与财务管理既紧密相联又有所区别。财务分析贯穿于财务管理过程的始终，而财务管理的每一过程与环节也都蕴含有相应的财务分析。

2. 财务分析与财务会计

财务会计的基本职能是核算与监督，它通过对企业各项生产经营活动进行连续而系统的记录、分类、汇总、计算和总结，采用专门的会计处理方法，为各类使用者提供所需要的财务与会计信息(包括相应财务报告)。而财务分析则是建立在财务会计信息基础之上的，是对财务会计所提供信息的进一步加工与解析。可以这样说：财务会计是对企业有关资金运动信息的搜集汇总与初加工，而财务分析则是基于这一信息来源之上的深加工，两者相辅相成、互为补充。其中，财务分析结果的正确与否，很大程度上依赖于财务会计所提供信息的正确程度。

综上所述，财务分析是建立在财务管理、财务会计等相关知识的基础之上的一门应用性学科，是财务管理、财务会计、经营活动分析、统计分析等相关知识与技能的综合运用。随着财务分析内容的充实与发展，财务分析理论体系将逐步扩展与完善，财务分析技术也将不断得到改进与发展。

第三节 财务分析的方法

一、财务分析的方法论

为了保证财务分析达到预定的目标，企业经营者在进行财务分析时应注意以下几点。

（一）定性分析与定量分析相结合

定性分析一般是指由分析者从某种认识论和方法论出发，根据以往经验和个人的思维方法，对分析对象进行综合评判，从而作出基于个人认识的分析结论的方法。对那些不容易或不可能用数量表示的指标的分析，如政治经济形势、政策因素、文化因素等，只能根据实践经验、统计分析推理和主观判断来解决。而定量分析则是指由预测、决策者依据历史或现实的有关统计数据，通过建立数学模型，通用预测技术、模拟技术和最优化数学理论等，对研究对象进行量的测算，并根据量值作出结论的方法。

现代企业面临复杂而多变的外部环境，这些外部环境有时很难定量，但其对企业的发展、投资目标实现以及销售情况等具有重要影响。因此，在定量分析的同时，需要作出定性的判断，在定性判断的基础上，再进一步进行定量分析和判断。定量分析能较准确地反映企业经济活动的特性及其运动变化规律，但往往容易只注重影响企业发展变化的一个或少数几个数量方面的因素，却对更多的其他因素作了假定或舍弃，由于企业经营活动的复杂性，定量分析如果运用不当，就会影响分析结论的准确性和实用性；定性分析能较好地刻画企业经济活动的性质、特点和要求，但缺少对事物发展变化的量的计算，这也就难免影响定性分析结论的准确性和实用性。因此，在进行财务分析时，综合运用定性分析和定量分析方法，遵循“定性—定量—定性”这一循环往复的过程，使两者取长补短，相互补充，做到相互渗透，结合进行，充分发挥人的丰富经验和量的精密计算两方面的作用，才能使财务分析达到最优化的目标。

（二）静态分析与动态分析相结合

静态分析是指对企业过去某一时点或时期的状况进行的分析，它依据的往往是企业过去的资料，不考虑当前和未来各种影响因素可能发生的变化；而动态分析则是指考虑到各种影响因素可能发生的变化，对企业现在和未来的状况进行的分析。

企业的生产经营业务和财务活动是一个动态的发展过程。人们所能得到的信息资料，特别是财务报表资料，一般是对过去情况的反映。在新的形势下，同样的投入，可能会有不同的产出。因此，要时刻注意数值的时效性，在弄清过去情况的基础上，分析在当前情况下的可能结果；要联系企业和投资者、决策者的实际情况，静态分析和动态分析相结合，然后对指标的含义作出判断，以便为决策服务。

（三）结果分析与原因分析相结合

结果分析是指对企业财务活动运行的最终状态进行分析，是一种全局分析、总量分析、整体分析；而原因分析则是指结果分析的不断衍生，是按照事物的因果关系链，由果溯因，是为了找出结果形成的具体原因而进行分析的方法。

财务报表通常只能说明企业财务运行结果和经营成果，而不能详尽说明企业财务运作的过程及经济效益实现过程。例如，资产负债表所反映的只是某一时点上的资产、负债和所有者权益状况，并不能明确反映企业经营者在企业生产经营过程中是如何筹措资金，对筹措来的资金又是如何具体运用的，以及是否及时偿还了债务等；又如，通过利润表只能了解到企业所取得的收入是多少，至于收入是如何具体取得的却很难了解到，这些都给企业经营者带来了不便，这是因为财务决策是具体的，它涉及的往往是对某个商品、某次融资行为、某项投资的决策，经营者可能会由于对财务过程不了解或对财务报表结果有误解而导致决策失误。因此，财务分析不能够仅仅停留在结果分析对整体状况的系统把握上，而应着力于对财务结果形成过程的揭示，充分挖掘企业财务状况的本质特征，并延续形成过程对企业的发展趋势作出正确的判断分析。

（四）总量分析与结构分析相结合

总量分析着眼于对企业财务状况和经营状况的综合和整体评估，以便向报表使用者提供一个关于企业的整体和结论性印象，其分析趋势是越来越综合、概括和抽象。但也正因如此，总量分析不能反映企业经营和财务活动中出现的一些例外和特殊事项，而它们可能隐含着未来经营状况和财务状况的重大变化。例如，尽管企业的利润总额是上升的，但从盈利的产品结构看，企业过去的拳头产品的盈利可能下降，这可能意味着企业经营结构必须调整，而这在总量分析中是不能发现的。所以，伴随着总量分析的综合、概括和抽象趋势，会计报表的结构分析则越来越具体、深入。结构分析能够揭示企业财务状况和经营成果总量的形成原因，以及与总量分析相反的各种例外和特殊事项，能够从财务报表各项目或者经营和财务活动各方面的依存关系来说明某项或整个经营和财务活动的状况。因此，在进行财务分析时，应注意把总量分析和结构分析结合起来。

（五）整体分析与局部分析相结合

整体分析是指对企业总的财务状况和经营成果进行综合分析评价的方法。局部分析是指对单项财务业务进行分析的方法，比如说，对某一项资产的周转速度进行分析或对某项融资业务的成本进行分析等。局部是构成整体的一部分，局部的好坏会直接影响到整体状况，进而整体状况的优劣可以通过对局部进行分析来找出原因。因此，企业经营者在进行财务分析时，不仅要进行整体分析，以获取有关企业整体运营状况的信息，还需要进行局部分析，从而找出整体状况的形成原因，并进一步为财务决策服务。

二、财务分析的基本资料

本书中，我们采用华夏公司的财务、会计、统计及其他资料作为分析的基本资料。在这里，先给出该公司基本的财务报表资料，如表1-1至表1-4所示。本书分析涉及的其他具体资料将结合具体的分析内容相应给出。

表1-1　资产负债表

编制单位：华夏公司　　2×16年12月31日　　单位：元

项　目	期末余额	期初余额	项　目	期末余额	期初余额
流动资产：			流动负债：		
货币资金	216 568.32	212 048.60	短期借款	120 000.00	150 000.00
交易性金融资产	100 000.00	30 000.00	交易性金融负债	200 000.00	30 000.00
应收票据	60 000.00	50 000.00	应付票据	50 000.00	40 000.00
应收账款	601 438.35	862 942.87	应付账款	712 914.27	643 565.00
预付款项	250 611.00	210 613.00	预收款项	100 000.00	40 000.00
应收利息	0	0	应付职工薪酬	113 793.69	93 062.86
应收股利	0	0	应交税费	12 563.40	26 328.08
其他应收款	68 866.50	100 000.00	应付股利	0	0
存货	93 283.06	28 726.46	其他应付款	198 753.50	179 400.00
其他流动资产	0	0	其他流动负债	0	0
流动资产合计	1 390 767.23	1 494 330.93	流动负债合计	1 508 024.86	1 202 355.94
非流动资产：			非流动负债：		
可供出售金融资产	0	0	长期借款	200 000.00	200 000.00
持有至到期投资	0	0	应付债券	0	0
长期应收款	0	0	长期应付款	0	0
长期股权投资	200 000.00	0	专项应付款	0	0
投资性房地产	0	0	预计负债	0	0

（续表）

项　　目	期末余额	期初余额	项　　目	期末余额	期初余额
固定资产	787 733.74	725 384.26	递延所得税负债	0	0
在建工程	240 000.00	100 000.00	其他非流动负债	0	0
工程物资	0	0	非流动负债合计	200 000.00	200 000.00
固定资产清理	0	0	负债合计	1 708 024.86	1 402 355.94
生产性生物资产	0	0	所有者权益：		
油气资产	0	0	实收资本	800 000.00	800 000.00
无形资产	9 810.00	10 900.00	资本公积	0	0
开发支出	0	0	减：库存股	0	0
商誉	0	0	专项储备	0	0
长期待摊费用	50 000.00	30 000.00	盈余公积	17 028.62	15 825.93
递延所得税资产	0	0	一般风险准备	0	0
其他非流动资产	0	0	未分配利润	153 257.49	142 433.32
非流动资产合计	1 287 543.74	866 284.26	所有者权益合计	970 286.11	958 259.25
资产总计	2 678 310.97	2 360 615.19	负债和所有者权益总计	2 678 310.97	2 360 615.19

表 1-2　利　润　表

编制单位：华夏公司　　　　2×16 年度　　　　单位：元

项　　目	本期金额	上期金额
一、营业收入	1 841 361.49	1 661 640.56
减：营业成本	1 691 594.69	1 495 073.99
税金及附加	36 908.26	34 112.51
销售费用	34 392.00	38 374.00
管理费用	73 665.71	62 355.80
财务费用	18 765.02	18 604.16
资产减值损失		
加：公允价值变动收益（损失以"－"号填列）		
投资收益（损失以"－"号填列）	20 000.00	1 000.00
其中：对联营企业和合营企业的投资收益		

（续表）

项　　目	本期金额	上期金额
二、营业利润（亏损以“－”号填列）	6 035.81	14 120.10
加：营业外收入	20 000.00	30 000.00
减：营业外支出	10 000.00	40 000.00
其中：非流动资产处置损失		
三、利润总额（亏损总额以“－”号填列）	16 035.81	4 120.10
减：所得税费用	4 008.95	1 030.03
四、净利润（净亏损以“－”号填列）	12 026.86	3 090.07
五、每股收益		
（一）基本每股收益	0.60	0.60
（二）稀释每股收益	0.60	0.60

表 1-3　现金流量表

编制单位:华夏公司　　　　2×16 年 12 月　　　　单位:元

项　　目	本期金额	上期金额
一、经营活动产生的现金流量:		
销售商品、提供劳务收到的现金	2 465 897.46	1 905 518.12
收到的税费返还		
收到其他与经营活动有关的现金	48 187.00	20 195.94
经营活动现金流入小计	2 514 084.46	1 925 714.06
购买商品、接受劳务支付的现金	619 810.40	488 328.57
支付给职工以及为职工支付的现金	1 196 930.61	1 048 095.83
支付的各项税费	331 422.70	299 821.55
支付其他与经营活动有关的现金	30 651.55	65 674.10
经营活动现金流出小计	2 178 815.26	1 901 920.05
经营活动产生的现金流量净额	335 269.20	23 794.01
二、投资活动产生的现金流量:		
收回投资收到的现金		
取得投资收益收到的现金	20 000.00	1 000.00

（续表）

项　　目	本期金额	上期金额
处置固定资产、无形资产和其他长期资产收回的现金净额	2 300.00	3 200.00
收到其他与投资活动有关的现金		
投资活动现金流入小计	22 300.00	4 200.00
购建固定资产、无形资产和其他长期资产支付的现金	204 649.48	124 600.00
投资支付的现金	270 000.00	30 000.00
支付其他与投资活动有关的现金		
投资活动现金流出小计	474 649.48	154 600.00
投资活动产生的现金流量净额	−452 349.48	−150 400.00
三、筹资活动产生的现金流量：		
吸收投资收到的现金	170 000.00	30 000.00
取得借款收到的现金		200 000.00
收到其他与筹资活动有关的现金		
筹资活动现金流入小计	170 000.00	230 000.00
偿还债务支付的现金	30 000.00	50 000.00
分配股利、利润或偿付利息支付的现金	18 400.00	18 000.00
支付其他与筹资活动有关的现金		
筹资活动现金流出小计	48 400.00	68 000.00
筹资活动产生的现金流量净额	121 600.00	162 000.00
四、汇率变动对现金及现金等价物的影响		
五、现金及现金等价物净增加额	4 519.72	35 394.01
加：期初现金及现金等价物余额	212 048.60	176 654.59
六、期末现金及现金等价物余额	216 568.32	212 048.60

表 1-4　所有者权益变动表

编制单位:华夏公司　　　　2×16 年度　　　　单位:元

项　　目	本年数					上年数				
	实收资本（或股本）	资本公积	盈余公积	未分配利润	所有者权益合计	实收资本（或股本）	资本公积	盈余公积	未分配利润	所有者权益合计
一、上年年末余额	800 000.00		15 825.93	142 433.32	958 259.25	800 000.00		15 516.92	139 652.26	955 169.18
加：会计政策变更										
前期差错更正										
二、本年年初余额	800 000.00		15 825.93	142 433.32	958 259.25	800 000.00		15 516.92	139 652.26	955 169.18
三、本期增减变动金额(减少以“－”号填列)			1 202.69	10 824.17	12 026.86			309.01	2 781.06	3 090.07
(一) 净利润				12 026.86	12 026.86				3 090.07	3 090.07
(二) 其他综合收益										
上述(一)和(二)小计				12 026.86	12 026.86				3 090.07	3 090.07
(三) 所有者投入和减少资本										
1. 所有者投入资本										
2. 股份支付计入所有者权益的金额										
3. 其他										
(四) 利润分配			1 202.69	－1 202.69				309.01	－309.01	
1. 提取盈余公积			1 202.69	－1 202.69				309.01	－309.01	
2. 提取一般风险准备										
3. 对所有者(或股东)的分配										
4. 其他										
(五) 所有者权益内部结转										
1. 资本公积转增资本(或股本)										
2. 盈余公积转增资本(或股本)										
3. 盈余公积弥补亏损										
4. 其他										
四、本期期末余额	800 000.00		17 028.62	153 257.49	970 286.11	800 000.00		15 825.93	142 433.32	958 259.25

三、财务分析的基本方法

财务分析的基本方法主要是围绕着财务报告进行的定量分析方法，一般包括比较分析法、比率分析法、趋势分析法和因素分析法等。

(一) 比较分析法

比较分析法是指将相关财务数据或财务指标数值与所确定的比较标准进行对比分析，计算其数量差异，并分析差异产生的原因或以此推测指标变动的趋势的一种分析方法。采用比较分析法，如何选择确定比较标准是至关重要的。标准选择上的失误，极有可能导致分析判断结果与事实相脱节。实践中，一般选用比较多的有：本企业历史上曾达到的最佳指标、当期计划或预算指标、同行业平均水平、国内外同行业先进企业指标。在采用比较分析法时，除了注意标准的选择之外，比较指标的数据形式、指标所包含的具体内容以及指标的计算方式与方法、指标所涵盖的时间区间等，也都直接影响着分析内容与结果的可比与否。例如，对于季节性较强的生产企业，旺季与淡季就不适合直接比较；而对于存货周转率，不同的发出存货计量方法计算出来的发出存货的成本的不一致，也有可能导致其因为营业成本或存货的计算方法不同所产生的差异而有所变化，从而导致计算结果不具可比性。

此外，在比较过程中，还应该注重绝对数指标与相对数指标的有机结合。单纯注重绝对数指标或单纯看重相对数指标的做法常常是不可取的，也容易造成分析结果的失误。例如，假设甲公司去年全年实现税后净利润 260 万元，而乙公司实现税后净利润 500 万元。倘若仅仅看其净利润这一绝对数指标，显然会认为乙公司盈利水平远高于甲公司。然而，如果结合公司规模或公司所占用的资源去分析，结果可能将有所改变。在此例中，假设甲公司实现税后净利润 260 万元，其所占用的全部经济资源(资产总额)为 1 000 万元，即其资产净利润率高达 26%，而乙公司所实现的税后净利 500 万元，依靠的是对 5 000 万元资产的占用，则其资产净利润率仅为 10%。显然，就有限资源的盈利效果而言，甲公司明显强于乙公司。

(二) 比率分析法

比率分析法是指将财务数据中彼此存在着某些内在关联关系的两个或两个以上要素的数值相除，计算其相应比值即比率的一种分析方法。通过将计算出的企业的具体比率数值与确定的标准或要素之间存在的内在规律要求进行比较，分析要素之间联系程度的合适与否，以此评价企业的财务经营活动。从广义上讲，比率分析法属于比较分析法的一种。

比率分析法中，一般用如下一系列比率指标：

(1) 反映企业偿债能力方面的比率,如流动比率、速动比率、资产负债率、利息保证倍数、非流动负债营运资金比率,等等。

(2) 反映企业营运能力方面的比率,如存货周转率、应收账款周转率、流动资产周转率、固定资产周转率、总资产周转率,等等。

(3) 反映企业盈利能力方面的比率,如总资产报酬率、净资产收益率、营业收入利润率、销售净利润率、营业费用利润率,等等。

(4) 反映企业发展能力方面的比率,如净利润增长率、销售增长率、营业利润增长率、资产增长率,等等。

相关案例 1-2

别忘了,真正重要的是人

温斯托克勋爵是一位颇具影响力的实干家,他的经营风格和哲学影响着许多英国企业的经营行为。他长期管理着一家大型工程公司——英国通用电气公司。在经营中,温斯托克勋爵很看重用财务比率来评价企业业绩和实施对企业的管理,特别是重视与营业成本、应收账款、利润与存货有关的财务比率。不过,他也十分清楚财务比率的局限性并始终相信利润本质上是由人创造的。

在他为英国通用电气公司经理人员所写的备忘录中,曾指出财务比率只能帮助而不能替代优秀的经理层。他写道:经营比率是非常有价值的效率评价指标,但这些比率仅是衡量指标而不是效率本身。产品设计的改进、成本的下降和营业收入的上升不是靠统计来完成的。如果滥用这些比率,那么这些比率会诱使人们为取得表面的、假的增长而折耗资源……管理永远指的是判断,对产品和生产过程的了解,还有人际沟通及其技能。财务比率反映的是上述各项活动的执行情况以及与他人的比较,财务比率绝对不会告诉人们如何执行这些任务,而这些任务则需要由经理人员来完成。

(三) 趋势分析法

趋势分析法是指对企业不同时期的财务信息进行比较,以便发现企业财务经营状况的变动规律及变动趋势;进一步则可以借助于统计或数学模型,在对原有资料进行分析的基础上,对企业未来较长时期的动态状况进行分析预测。

(四) 因素分析法

因素分析法也叫连锁替代法,是指通过分析影响财务指标数据的各个构成要素,寻求造成综合指标变动的主要原因。该方法一般适用于对综合性的财务指标如总成本、利润总额、净资产报酬率等问题的分析。其一般做法是:先确定某个综合指标的各个影响因素以及各影响因素之间的相互关系,并计算其在标准状态下的综合指标数值,然后依次把其中一个和可变因素进行替换,再分别找出每个因素对差异的影响程度。

延伸阅读 1-3

现行财务分析的局限性

财务分析的主要依据之一是企业的财务报告，那么由于财务报告本身缺陷而造成的财务分析的局限性也就在所难免。这种局限性一般反映在如下一些方面：

(1) 由于企业财务报告是对企业以往已经发生的经济业务事项的信息反映，是以历史成本为计价基础的，这就使它所提供的信息缺乏一定的时效性，从而影响到财务分析对未来经济事项的预测结果。

(2) 财务报告是在企业的会计政策与会计估计的基础之上编制的，不同会计政策与会计估计的运用在一定程度上会影响到企业财务信息的可比性，进而影响到财务分析结果的合理性与可利用性。

(3) 财务报告所反映的信息没有涵盖企业所有可利用的经济资源。一方面，会计报表中反映的是符合货币计量前提要求的可计价的经济资源；另一方面，现行会计报表附注与财务情况说明书，主要侧重的是对企业会计政策与会计估计的选择与确定及其变更，对或有事项、表后事项、关联方关系及关联方交易、重要的资产转让、出资、企业合并、分立等事项的说明，以及对盈亏、投资、融资等重大事项的解释说明等，但有关人力资源及其他一些内容却并未得以全面披露，而这些内容却对财务分析以及相关的经营与投资决策等具有重大的影响。因此，以财务报告为主要信息依据的财务分析结果，便也出现了反映内容方面的局限性。

(4) 由于财务报告在编制过程中的主观能动性和其他人为因素的影响，它所反映的有关信息极有可能被人为操纵或粉饰。在此基础上所进行的财务分析便不可避免地带有了人为修饰过的痕迹，无法准确评价企业现状，存在着不够客观的局限性。

(5) 财务分析中，使用较为频繁的当属各类比率分析。然而，在比率计算中，一些数据的确定、时间上的对应与否等问题，也会影响比率所反映内容的可比性及其准确度。例如，计算各类周转率时，周转额的确定以及相关资产平均占用资金的计算便带有很大程度上的估计因素，也就难免与企业的实际情况存在一定程度的脱节。

本章小结

本章主要学习了：财务分析的产生与发展；从财务分析主体、财务分析对象和财务分析目的三个方面阐述了财务分析的概念；从资源状况及其构成分析、权益状况及其构成分析、资源结构与经济利益分割情况分析、偿债能力分析、盈利能力分析、营运能力和发展能力分析六个方面对财务分析的内容进行了分类；从定性分析与定量分析相结合、静态分析与动态分析相结合、结果分析与原因分析相结合、总量分析与结构分析相结合、整体分析与局部分析相结合五个方面构建了财务分析方法论；财务分析的基本方法一般包括比较分析法、比率分析法、趋势分析法和因素分析法等。

本章重要概念

财务分析　财务分析主体　财务分析对象　财务分析目的　财务分析内容　财务分析方法　比较分析法　比率分析法　趋势分析法　因素分析法

思考与练习

1. 为什么需要进行财务分析？
2. 实践中应用什么财务分析方法？
3. 简述信息搜集与分析方法之间的关系。

推荐阅读资料

[1] 曹晓丽.财务分析方法与财务分析中存在的问题[J].财经问题研究，2014(11).
[2] 冯秀苗.企业财务分析方法归类及选择建议[J].当代会计，2014(7).
[3] 刘惠玲.财务分析创新内容与实践研究[J].企业改革与管理，2015(23).

第二章　资产负债表分析

内容简介

本章在学习资产负债表分析基础知识的基础上，主要讲解了资产负债表水平分析、垂直分析、项目分析的内容，对企业资产、负债、所有者权益及其所体现的企业财务状况进行了全面的分析。

学习目的和要求

通过本章学习，学生应掌握企业资产、负债、所有者权益的总额、结构及其变动趋势的分析方法，帮助报表使用者全面了解企业财务状况。

引例　万科：华丽财报下布袋里的那只猫

“历史上最好一年”——2015 年过去后，万科紧接着又经历了“32 年发展史中极为特殊的半年”。

“始于 2015 年 7 月的股权事件延续至今，尚未妥善解决。发行股份购买资产预案尚未达成共识，部分股东一度提议罢免全体董事、非职工代表监事，国际国内评级机构表示公司现有信用评级及展望将面临调整压力。6 月底以来，公司合作伙伴、客户、员工、其他中小股东对公司前景之疑惑和担忧进一步加剧，公司的正常运营也因此受到影响。”在半年报的董事会报告中，这家中国房地产龙头公司直截了当地道出了当前的困顿。

可即便在如此处境下，处于风口浪尖的万科依然交出了一份亮点满满的半年度答卷：2016 年上半年公司销售创历史新高，实现销售面积 1 409 万平方米，销售金额 1 900.8 亿元，同比分别上升 55.8%和 69.9%；开年仅 118 天销售额即突破 1 000 亿大关，比去年同期缩短了 59 天，达到历史最高水平；实现营业收入近 748 亿元，同比增长 48.8%；在全国商品房市场的占有率进一步上升至 3.9%。锦上添花的是，在 2015 年 7 月份，万科首次入选《财富》“世界 500 强”，名列第 356 位。

一切看似无可挑剔，甚至超出大多数“看戏者”的预料。但这家新晋的世界500强企业真如表面那么光鲜亮丽吗?

且不论扑朔迷离的股权之争对公司产生怎样的影响，事实上万科自身的问题足以令投资者眼花缭乱：毛利率和净利率持续下降，营业收入大幅增长背景下净利润却增长乏力；事业合伙人制度遭受普遍质疑，随着制度的推进，万科少数股东权益及利润分配越来越高，侵蚀公司利润明显；而大额提取盈余公积也有隐匿巨额利润之嫌。尽管小股东权益难以保障，不过事业合伙人依然收益不菲，与合伙人持股计划相关的金鹏计划已大幅浮盈。

少数股东侵蚀公司利润

万科保持着较高的收入增长，而归属于上市公司股东的净利润增速比较缓慢，这固然与市场环境、公司经营有关，但另一方面，也与其备受争议的事业合伙人制度不无关系。

万科自2014年开始尝试事业合伙人制度。2014年4月23日，万科召开事业合伙人创始大会，共有1 320位员工成为首批事业合伙人，其中包括王石、郁亮、孙建一、王文京4名万科董事会成员，解冻、周清平2名监事会成员以及高级副总裁谭华杰、首席运营官张旭。

事业合伙人制度包括事业合伙人持股计划和项目跟投制度。其中，按照万科的解释，项目跟投是将项目一线管理团队和股东利益紧密捆绑的管理机制，要求每个地产项目的所在区域管理层、所在一线公司管理层、项目管理人员必须自筹资金跟投，公司董事、监事、高级管理人员不得跟投，除前述人员以外的其他员工自愿跟投。

跟投投资人成为项目公司的少数股东，少数股东的构成还包括项目合作方等。根据万科半年报，截至2016年6月30日，公司合并范围内开放跟投项目123个，通过转让股权形成少数股东权益合计37.10亿元。万科子公司权益被逐渐转让给包括万科员工在内的少数股东。

随着万科跟投制度的推进，万科少数股东权益及利润分配越来越高。少数股东损益成为影响归属于母公司股东净利润的重要因素。

2014年，万科实现净利润192.88亿元，同比增长5.41%。其中少数股东损益35.42亿元，占比为18.36%，同比增幅为11.42%，高于净利润增幅。最终归属于上市公司股东的净利润仅同比增长4.14%。

在2015年以前，万科少数股东损益占净利润的份额不足两成。到了2015年，万科实现净利润259.49亿元，同比增长34.53%，与公司营收增幅相当。少数股东损益猛增至78.3亿元，同比大增121.06%，在净利润中的占比提高至30.17%，换言之，1/3的净利润被少数股东分走。受此影响，2015年未扣除少数股东损益的净利润率为13.27%，较2014年(13.18%)略有上升，但归属于上市公司股东的净利润率为9.27%，较2014年的10.76%有所下降，归属于上市公司股东净利润增幅只有15.08%。

2016年上半年，虽然少数股东损益较去年同期有所下降，但在净利润中的占比依然达到25%左右，保持在较高水平。

而《投资时报》研究员从万科的资产负债表中看到，少数股东权益在股东权益中的占比，已由2014年年末的24%上升至2015年6月末的29.5%。

高比例提取盈余公积

此外，万科还存有通过盈余公积隐匿巨额利润之嫌。

此前，已有小股东反映权益未得到维护，在过去近十年里万科股价一直在低位徘徊，同时现金分红也不高，并对计提明显超过行业平均水平的盈余公积提出了质疑。

从万科2015年年报可以看到，其“盈余公积”占公司总股本的比例非常大，远远超越其他同类地产上市公司。《投资时报》研究员统计后发现，至2015年年末，万科盈余公积高达280.69亿元，占股本比例为254%；绿地控股盈余公积为32.54亿元，占股本比例为27%；保利地产盈余公积为21.51亿元，占股本比例为20%；华夏幸福、金地集团、中粮地产盈余公积分别为9.73亿元、16.88亿元、9.26亿元，占股本比例分别为37%、38%、51%，均远低于万科的计提水平。截至2015年6月末，万科盈余公积保持在280.69亿元。

盈余公积是指企业从税后利润中提取形成的收益积累，可用于弥补亏损、扩大生产经营、转增资本(或股本)或派送新股等。然而，万科连年盈利，因此不需要盈余公积弥补亏损。而自2007年“10转6”后，万科再没有实施过任何转增。

盈余公积的提取实际上是企业当期实现的净利润向投资者分配利润的一种限制。大量提取盈余公积会使“可分配利润”基数变低，从而大幅减少股东现金分红数。在“宝万之争”前的多年内，万科虽获得巨额盈利，但却一直采取低现金分红，股价由此持续低迷，当然，这无疑为内部人组成的资管项目底部吸筹提供了巨大机会。

第一节 资产负债表分析概述

一、资产负债表分析的目的

资产是企业产生、生存与发展的原动力，企业的资本运动是通过资本筹集、资本运用和资本收益分配等一系列资本活动来实现的。筹资活动是企业根据生产经营对资本的需求，通过各种筹资渠道，采用适当筹资方式取得经营所需资本的行为。筹资活动是企业生存和发展的基本条件，是资本运用的起点。企业的资本来源，一是由所有者提供的永久性资本，二是由债权人提供的信贷资金，从而形成对一个企业所拥有资产的两种不同要求权。企业取得资本后，必须将资本有目的地投放使用，使其转化为相应的资产，以谋取最大的资本收益。资本运用是企业资本运动的中心环节，它不仅对资本筹集提出要求，而且对资本收益分配产生影响。资本收益分配既是企业前期资本运动的终点，也是下期资本运动的起点，它作为资本运动的结果而出现，是对资本运动成果的分配。企业的所有资本活动及结果，必然会直接通过资产负债表全面、系统、综合地反映出来，但是，仅仅通过阅读资产负债表，只能了解企业在某一特定时日所拥有或控制的资产、所承担的经济义务以及所有者对净资产的要求权。尽管这些信息是必要的，但却满足不了报表使用者进行决策的需要，借助于资产负债表的分析，才有可能最大限度地满足报表使用者的这种要求。

资产负债表分析的目的，就在于了解企业会计对企业财务状况的反映程度，以及所提供的会计信息的质量，据此对企业资产和权益的变动情况以及企业财务状况作出恰当的评价，具体来说包括以下五个方面。

1. 通过资产负债表分析，揭示资产负债表及相关项目的内涵

从根本上讲，资产负债表上的数据是企业经营活动的直接结果，但这种结果是通过企业会计依据某种会计政策，按照某种具体会计处理方法进行会计处理后编制出来的。因此，企业采取何种会计政策，使用何种会计处理方法，必然会对资产负债表上的数据产生影响。例如，某一经营期间耗用的材料一定时，采用不同存货计价方法进行会计处理，期末资产负债表上的存货金额就会有很大差异。如果不能通过分析搞清资产负债表及相关项目的内涵，就会把企业会计处理产生的差异看作生产经营活动导致的结果，从而得出错误的分析结论。

2. 通过资产负债表分析，了解企业财务状况的变动情况及变动原因

企业在经营过程中，企业资产规模及各项资产会不断发生变动，与之相适应的是资金来源也会发生相应变动，资产负债表只是静态地反映出变动后的结果。企业的资产、负债及所有者权益在经过一段时期经营后，发生了什么样的变动，变动的原因是什么，只有通过对资产负债表进行分析才能知道，并在此基础上，对企业财务状况的变动及变动原因作出合理的解释和评价。

3. 通过资产负债表分析，评价企业会计对企业经营状况的反映程度

资产负债表是否充分反映了企业的经营状况，其真实性如何，资产负债表本身不能说明这个问题。企业管理者出于某种需要，既可能客观地、全面地通过资产负债表反映企业的经营状况，也可能隐瞒了企业经营中的某些重大事项。根据一张不能充分真实反映企业经营状况的资产负债表，是不能对企业财务状况的变动和变动原因作出合理解释的。虽然这种评价具有相当的难度，特别是对那些不了解企业真实经营状况的外部分析者来说，其难度更大，但却是资产负债表分析的重要目标之一。

4. 通过资产负债表分析，评价企业的会计政策

企业的会计核算必须在企业会计准则指导下进行，但企业会计在会计政策选择和会计处理方法选择上也具有相当的灵活性，如存货计价方法、折旧政策等。不同的会计政策和会计处理方法，体现在资产负债表上的结果往往不同，某种会计处理的背后，总是代表着企业的会计政策和会计目的。企业所选择的会计政策和会计处理方法是否合适，企业是否利用会计政策选择达到某种会计目的，深入分析资产负债表及相关项目的不正常变动，了解企业会计政策选择的动机，可以揭示出企业的倾向，评价企业的会计政策，消除会计报表外部使用者对企业会计信息的疑惑。

5. 通过资产负债表分析，修正资产负债表的数据

资产负债表是进行财务分析的重要基础资料，即使企业不是出于某种目的进行调整，资产负债表数据的变化也不完全是企业经营影响的结果。会计政策变更、会计估计变更等企业经营以外的因素对资产负债表数据也有相当的影响。通过资产负债表分析，要揭示出资产负债表数据所体现的财务状况与真实财务状况的差异，通过差异调整，修正资产负债表数据，尽可能消除会计信息失真的现象，为进一步利用资产负债表进行财务分析奠定资料基础，以保证财务分析结论的可靠性。

二、资产负债表分析的内容

资产负债表分析主要包括以下内容。

1. 资产负债表水平分析

资产负债表水平分析，就是通过对企业各项资产、负债和所有者权益的对比分析，揭示企业筹资与投资过程的差异，从而分析与揭示企业生产经营活动、经营管理水平、会计政策及会计变更对筹资与投资的影响。

2. 资产负债表垂直分析

资产负债表垂直分析，就是通过将资产负债表中各项目与总资产或总权益进行对比，分析企业的资产构成、负债构成和所有者权益构成，揭示企业资产结构和资本结构的合理程度，探索企业资产结构优化、资本结构优化及资产结构与资本结构适应程度优化的思路。

3. 资产负债表项目分析

资产负债表项目分析，就是在资产负债表全面分析的基础上，对资产负债表中资产、负债和所有者权益的主要项目进行深入分析，包括会计政策、会计估计等变动对相关项目影响的分析。

延伸阅读 2-1

中国国家资产负债表 2015：杠杆调整与风险管理

国家金融与发展实验室李扬、张晓晶、常欣等人所著的《中国国家资产负债表 2015》报告重点分析了 2012—2014 年中国经济增长与结构调整的轨迹，旨在深入揭示稳增长、调结构、转方式与控风险过程中面临的挑战，特别关注杠杆率调整与相应的金融风险管理问题，并对如何化解资产负债表风险提出了政策建议。

基 本 数 据

按宽口径匡算，2014 年中国主权资产总计 227.3 万亿元，主权负债 124.1 万亿元，资产净值为 103.2 万亿元。窄口径的主权资产净值为 28.4 万亿元。无论何种口径，中国的主权资产净额均为正值，表明中国政府拥有足够的主权资产来覆盖其主权负债。

因此，在较长的时期内，中国发生主权债务危机应为小概率事件。但包括养老金缺口以及银行显性和隐性不良资产在内的或有负债风险值得关注。

全社会杠杆

2014 年年末，中国经济整体(含金融机构)的债务总额为 150.03 万亿元，其占 GDP 的比重从 2008 年的 170%上升到 235.7%，6 年上升了 65.7 个百分点。

发展中国家可能成为下一场债务危机的主角。中国作为杠杆率不断提高的世界上最大的发展中国家，必须保持高度警惕。

杠杆调整与风险管理

从债务率＝债务/收入公式出发，去杠杆的方略可有“分子对策”和“分母对策”两类。分子对策的手段包括偿还债务、债务减计、政府或中央银行承接债务、降低利息支出等；分母对策的手段包括结构性改革、扩大真实 GDP 规模、通过通货膨胀扩大名义 GDP 规模等。

分母对策不会像分子对策那样立刻见效，但却是治本之道。

管理资产负债表的结构风险

当前中国资产负债表的结构风险，主要表现为期限错配、资本结构错配、货币和资产错配。这些错配既与发展阶段相关，更与体制扭曲有关。因此，解决资产负债表风险，根本上还要依靠调整经济和金融结构，转变经济发展方式。

第二节 资产负债表水平分析

一、资产负债表水平分析表的编制

资产负债表水平分析的目的之一就是从总体上概括了解资产、权益的变动情况，揭示出资产、负债和所有者权益变动的差异，分析其差异产生的原因。资产负债表水平分析的依据就是资产负债表，通过采用水平分析法，将资产负债表的实际数与选定的标准进行比较，编制出资产负债表水平分析表，在此基础上进行分析评价。

资产负债表水平分析要根据分析的目的来选择比较的标准(基期)，当分析的目的在于揭示资产负债表实际变动情况，分析产生实际差异的原因，其比较的标准应选择资产负债表的上年实际数；当分析的目的在于揭示资产负债表预算或计划执行情况，分析影响资产负债表预算或计划执行情况的原因，其比较的标准应选择资产负债表的预算数或计划数。

资产负债表水平分析除了要计算某项目的变动额和变动率外，还应计算出该项目变动对总资产或负债和所有者权益总额的影响程度，以便确定影响总资产或负债和所有者权益总额的重点项目，为进一步分析指明方向。某项目变动对总资产或负债和所有者权益总额的影响程度可按下式计算：

$$\frac{\text{某项目变动对总资产}}{\text{（负债和所有者权益总额）的影响}} = \frac{\text{某项目的变动额}}{\text{基期总资产（负债和所有者权益总额）}} \times 100\%$$

根据表 1-1 提供的资料，编制华夏公司资产负债表水平分析表，如表 2-1 所示。

表 2-1 资产负债表水平分析表

项　　目	期末余额(元)	期初余额(元)	变动情况		对总资产影响
			变动额(元)	变动率	
流动资产：					
货币资金	216 568.32	212 048.60	4 519.72	2.13%	0.19%
交易性金融资产	100 000.00	30 000.00	70 000.00	233.33%	2.97%
应收票据	60 000.00	50 000.00	10 000.00	20.00%	0.42%
应收账款	601 438.35	862 942.87	−261 504.52	−30.3%	−11.08%
预付款项	250 611.00	210 613.00	39 998	18.99%	1.69%
应收利息	0	0	0	0	0
应收股利	0	0	0	0	0
其他应收款	68 866.50	100 000.00	−31 133.5	−31.13%	−1.32%
存货	93 283.06	28 726.46	64 556.6	224.73%	2.73%
其他流动资产	0	0	0	0	0
流动资产合计	1 390 767.23	1 494 330.93	−103 563.7	−6.93%	−4.39%
非流动资产：					
可供出售金融资产	0	0	0	0	0
持有至到期投资	0	0	0	0	0
长期应收款	0	0	0	0	0
长期股权投资	200 000.00	0	200 000.00		
投资性房地产	0	0	0	0	0
固定资产	787 733.74	725 384.26	62 349.48	8.60%	2.64%
在建工程	240 000.00	100 000.00	140 000.00	140.00%	5.93%
工程物资	0	0	0	0	0
固定资产清理	0	0	0	0	0
生产性生物资产	0	0	0	0	0
油气资产	0	0	0	0	0
无形资产	9 810.00	10 900.00	−1 090.00	−10.00%	−0.05%
开发支出	0	0	0	0	0
商誉	0	0	0	0	0
长期待摊费用	50 000.00	30 000.00	20 000.00	66.67%	0.85%
递延所得税资产	0	0	0	0	0
其他非流动资产	0	0	0	0	0

（续表）

项　目	期末余额(元)	期初余额(元)	变动情况		对总资产影响
			变动额(元)	变动率	
非流动资产合计	1 287 543.74	866 284.26	421 259.48	48.63%	17.85%
资产总计	2 678 310.97	2 360 615.19	317 695.78	13.46%	13.46%
流动负债：					
短期借款	120 000.00	150 000.00	−30 000.00	−20.00%	−1.27%
交易性金融负债	200 000.00	30 000.00	170 000.00	566.67%	7.2%
应付票据	50 000.00	40 000.00	10 000.00	25.00%	0.42%
应付账款	712 914.27	643 565.00	69 349.27	10.78%	2.94%
预收款项	100 000.00	40 000.00	60 000.00	150.00%	2.54%
应付职工薪酬	113 793.69	93 062.86	20 730.83	22.28%	0.88%
应交税费	12 563.40	26 328.08	−13 764.68	−52.28%	−0.58%
应付股利	0	0	0	0	0
其他应付款	198 753.50	179 400.00	19 353.5	10.79%	0.82%
其他流动负债	0	0	0	0	0
流动负债合计	1 508 024.86	1 202 355.94	305 668.92	25.42%	12.95%
非流动负债：					
长期借款	200 000.00	200 000.00	0	0	0
应付债券	0	0	0	0	0
长期应付款	0	0	0	0	0
专项应付款	0	0	0	0	0
预计负债	0	0	0	0	0
递延所得税负债	0	0	0	0	0
其他非流动负债	0	0	0	0	0
非流动负债合计	200 000.00	200 000.00	0	0	0
负债合计	1 708 024.86	1 402 355.94	305 668.92	21.80%	12.95%
所有者权益：					
实收资本	800 000.00	800 000.00	0	0	0
资本公积	0	0	0	0	0
减：库存股	0	0	0	0	0
专项储备	0	0	0	0	0
盈余公积	17 028.62	15 825.93	1 202.69	7.60%	0.05%
一般风险准备	0	0	0	0	0
未分配利润	153 257.49	142 433.32	10 824.17	7.60%	0.46%
所有者权益合计	970 286.11	958 259.25	12 026.86	1.26%	0.51%
负债和所有者权益总计	2 678 310.97	2 360 615.19	317 695.78	13.46%	13.46%

二、资产负债表变动情况的分析评价

企业总资产表明企业资产的存量规模，随着企业经营规模的变动，资产存量规模也处在经常变动之中。资产存量规模过小，将难以满足企业经营的需要，影响企业经营活动的正常进行；资产存量规模过大，将造成资产的闲置，使资金周转缓慢，影响资产的利用效率。资产作为保证企业经营活动正常进行的物质基础，它的获得必须有相应的资金来源。企业通过举债或吸收投资人投资来满足对企业资产的资金融通，从而产生了债权人、投资人对企业资产的两种不同要求权，即权益。资产、权益分别列示在资产负债表的左右两方，反映企业的基本财务状况，对资产负债表变动情况的分析评价也应当从这两大方面进行。

(一) 从投资或资产角度进行分析评价

投资或资产角度的分析评价主要从以下几个方面进行：

第一，分析总资产规模的变动状况以及各类、各项资产的变动状况，揭示出资产变动的主要方面，从总体上了解企业经过一定时期经营后资产的变动情况。

第二，发现变动幅度较大或对总资产变动影响较大的重点类别和重点项目。首先，要注意发现变动幅度较大的资产类别或资产项目，特别是发生异常变动的项目。其次，要把对总资产变动影响较大的资产项目作为分析重点。某资产项目变动自然会引起总资产发生同方向变动，但不能完全根据该项目本身的变动来说明其对总资产的影响。该项目变动对总资产的影响，不仅取决于该项目本身的变动程度，还取决于该项目在总资产中所占的比重。当某项目本身变动幅度较大时，如果该项目在总资产中所占比重较小，则该项目变动对总资产的变动就不会有太大影响。反之，即使某个项目本身变动幅度较小，如果其比重较大，则其对总资产变动的影响程度也很大。如表 2-1 中交易性金融资产项目，在所有资产项目中变动幅度最大，本期增加了 233.33%，但由于该项目仅占总资产的 1.27%(30 000÷2 360 615.19)，所以仅使总资产增加 2.97%，应收账款虽然仅减少 30.3%，但由于其所占比重较大，对总资产的影响却达到 11.08%。分析时只有注意到这一点，才能突出分析重点。抓住关键问题有助于进行深入分析，而且能减轻分析工作量。

第三，要注意分析资产变动的合理性和效率性，具体分析见本节“三”。

第四，注意考察资产规模变动与所有者权益总额变动的适应程度，进而评价企业财务结构的稳定性和安全性。在资产负债表上，资产总额等于负债与所有者权益总额之和，如果资产总额的增长幅度大于所有者权益总额的增长幅度，表明企业债务负担加重，这虽然可能是由企业筹资政策变动引起的，但却可能导致偿债保证程度下降，偿债压力加重。一般来说，为了保证企业财务结构的稳定性和安全性，资产规模变动应与所有者权益总额变动相适应，具体分析见本节“四”。

第五，注意分析会计政策变动的影响。企业资产的变动主要受生产经营规模的影响，但企业管理人员在进行会计核算和编制财务报表时所采用的会计政策和会计方法等，对企业资产变动的影响也不可忽视。尽管会计准则和会计制度对会计核算乃至财务报表的编制都有相应的要求，但会计准则和会计制度也给企业灵活选择会计政策和会计方法留有相当大的余地，企业管理人员可以通过会计政策变更，或灵活地选用会计方法对资产负债表的数据作出调整。例如，改变存货计价方法，就会引起资产负债表上存货的变化。此外，企业大量的经营业务需要会计作出判断。例如，对于企业当期的坏账损失占应收账款的比率，会计的随意性判断就会使应收账款净值发生变动。因此，分析时首先要了解企业所采用的会计政策，对会计政策变更或会计随意性所造成的影响要充分地揭示出来，以便纠正失真的会计数据，使财务分析能够依据真实可靠的会计资料进行，保证财务分析结论的正确性，具体分析见本章第四节。

根据表 2-1，可以对华夏公司总资产变动情况作出以下分析评价：

华夏公司总资产本期增加 317 695.78 元，增长幅度为 13.46%，说明该公司本年资产规模有较大幅度的增长。

（二）从筹资或权益角度进行分析评价

筹资或权益角度的分析评价主要从以下几方面进行：

第一，分析权益总额的变动状况以及各类、各项筹资的变动状况，揭示出权益总额变动的主要方面，从总体上了解企业经过一定时期经营后权益总额的变动情况。

第二，发现变动幅度较大或对权益总额变动影响较大的重点类别和重点项目，为进一步分析指明方向。

第三，注意分析评价表外业务的影响。例如，按目前会计准则规定，资产负债表仅反映了企业按历史成本原则核算的现实负债，一个企业承担的或有负债并不反映在资产负债表上，而这种可能成为企业现实负债的事项及其对企业财务状况可能产生的影响，也是分析评价时要特别关注的。

根据表 2-1，可以对华夏公司权益总额变动情况作出以下分析评价：华夏公司权益总额较上年同期增加 317 695.78 元，增长幅度为 13.46%，说明该公司本年权益总额有较大幅度的增长。

值得注意的是，权益各项目的变动既可能是企业经营活动造成的，也可能是企业会计政策变更造成的，或者是由会计的灵活性、随意性造成的，因此，只有结合权益各项目变动情况的分析，才能揭示权益总额变动的真正原因。

另外，对资产负债表水平分析表的分析评价还应结合资产负债表垂直分析、资产负债表附注分析和资产负债表项目分析进行，同时还应注意与利润表、现金流量表的结合。

三、资产变动合理性与效率性的分析评价

对总资产变动情况进行分析，不仅要考察其增减变动额和变动幅度，还要对其变动的合理性与效率性进行分析。特别是企业经营者在进行分析时，更要注意这一点。任何企业取得资产的目的都不是单纯占有资产，而是运用资产进行经营活动以实现企业的目标。资产变动是否合理，直接关系到资产生产能力的形成与发挥，并通过资产的利用效率体现出来，因此，对资产变动合理性与效率性的分析评价，可借助企业产值、营业收入、利润和经营活动现金净流量等指标。通过资产变动与产值变动、营业收入变动、利润变动及经营活动现金净流量变动的比较，对其合理性与效率性作出评价。比较的结果可能有以下几种情况：

（1）增产、增收、增利或增加经营活动现金净流量的同时增资，但增资的幅度小，表明企业资产利用效率提高，形成资金相对节约。

（2）增产、增收、增利或增加经营活动现金净流量的同时不增资，表明企业资产利用效率提高，形成资金相对节约。

（3）增产、增收、增利或增加经营活动现金净流量的同时减少资产，表明企业资产利用效率提高，形成资金绝对节约和相对节约。

（4）产值、收入、利润、经营活动现金净流量持平，资产减少，表明企业资产利用效率提高，形成资金绝对节约。

（5）增产、增收、增利或增加经营活动现金净流量的同时，资产增加，且资产增加幅度大于增产、增收、增利或增加经营活动现金净流量的幅度，表明企业资产利用效率下降，资产增加不合理。

（6）减产、减收、减利或者减少经营活动现金净流量的同时，资产不减或资产减少比率低于减产、减收、减利或减少经营活动现金净流量的比率，表明企业资产利用效率下降，资产调整不合理。

（7）减产、减收、减利或减少经营活动现金净流量的同时，资产增加，必然造成资产大量闲置，生产能力利用不足，资产利用效率大幅度下降。

分析时还应注意，在全部资产中，有些资产会随产量或销售规模的变动而变动，如应收账款、货币资金、存货等；有些资产与产销规模变动没有直接联系，在产销规模发生变动时，这些资产基本不变或只发生较小的变动，如固定资产、无形资产等。分析时，可将随产销规模变动的资产项目与产销变动情况进行单独比较，以准确评价资产变动的合理性。

四、资产负债表变动原因的分析评价

前面所作的分析，仅限于某项目本身变动，以及该项目变动对资产负债表中资产、权益总额影响的分析，是同类项目相互关系的一种分析。这种分析着重说明发生了哪些变化，还不能解释资产负债表变动的深层次原因。如果从资产负债表左右两方的对应关系方面进行分析，对资产负债表变动原因的解释更具说服力。概括起来，引起资产负债表变动的原因可归纳为以下几种类型。

(一) 负债变动型

负债变动型是指在其他权益项目不变时，由于负债变动而引起资产变动。其典型形式如表 2-2 所示。

表 2-2　负债变动型　　单位：万元

资　产	期初	期末	负债及股东权益	期初	期末
流动资产	400	500	负债	500	700
固定资产	600	700	股本	300	300
			盈余公积	100	100
			未分配利润	100	100
总计	1 000	1 200	总计	1 000	1 200

从表 2-2 中可以看出，本期总资产增加 200 万元，增长率为 20%，完全是由负债增加引起的。尽管企业的经营规模扩大了，但这并不代表企业经营出色，对于这种变化，是不能作出良好评价的，只能说是企业理财的结果。

(二) 追加投资变动型

追加投资变动型是指在其他权益项目不变时，由于投资人追加投资或收回投资而引起资产变动。其典型形式如表 2-3 所示。

表 2-3　追加投资变动型　　单位：万元

资　产	期初	期末	负债及股东权益	期初	期末
流动资产	400	500	负债	500	500
固定资产	600	700	股本	300	500
			盈余公积	100	100
			未分配利润	100	100
总计	1 000	1 200	总计	1 000	1 200

从表 2-3 中可以看出，本期总资产增加是由投资人追加投资引起的，并不是由企业主观努力引起的。当一个企业不是依靠自身努力经营，而是依靠投资人追加

投资扩大经营规模时，很难对其作出良好评价。

(三) 经营变动型

经营变动型是指在其他权益项目不变时，由于企业经营原因而引起资产变动。其典型形式如表 2-4 所示。

表 2-4 经营变动型 单位:万元

资　产	期初	期末	负债及股东权益	期初	期末
流动资产	400	500	负债	500	500
固定资产	600	700	股本	300	300
			盈余公积	100	300
			未分配利润	100	100
总计	1 000	1 200	总计	1 000	1 200

从表 2-4 中可以看出，本期盈余公积增加 200 万元，导致资产增加，其根本原因是企业当年盈利，从而通过提取盈余公积扩大企业经营规模。这种变化，是企业主观努力的结果，理应给予良好评价。如果情况相反，则会因企业经营失败造成企业经营规模缩减。

(四) 股利分配变动型

股利分配变动型是指在其他权益项目不变时，由于股利分配原因而引起资产变动。其典型形式如表 2-5 所示。

表 2-5 股利分配变动型 单位:万元

资　产	期初	期末	负债及股东权益	期初	期末
流动资产			负债	500	500
固定资产			股本	300	300
			盈余公积	100	100
			未分配利润	100	300
总计	1 000	1 200	总计	1 000	1 200

从表 2-5 中可以看出，由于本期从当年盈利中留用了 200 万元利润，因此资产增加 200 万元，这表明企业当年经营还是卓有成效的。实际上，当企业盈利时，盈余公积也会相应增加，这里仅为说明这一类型而假定盈余公积不变。相反，如果股利分配总额超过当年扣除各项提取后的净利润，将会使资产规模缩小，但这并不说明企业经营失败，而是企业实行某种股利政策的结果，是企业财务运作行为，这和企业因经营失败而亏损造成资产减少不能相提并论。

实务上，很难有一个企业资产负债表的变动与上述几种典型情况之一相一致，但任何一个企业资产负债表的变动都可以通过以上几种类型的组合来说明。

第三节 资产负债表垂直分析

一、资产负债表垂直分析表的编制

资产负债表结构反映出资产负债表各项目的相互关系及各项目所占的比重。资产负债表垂直分析是通过计算资产负债表中各项目占总资产或权益总额的比重,分析评价企业资产结构和权益结构变动的合理程度。具体讲就是:①分析评价企业资产结构的变动情况及变动的合理性;②分析评价企业资本结构的变动情况及变动的合理性;③分析评价企业资产结构与资本结构的适应程度。

资产负债表垂直分析可以从静态角度和动态角度两方面进行。从静态角度分析就是以本期资产负债表为分析对象,分析评价其实际构成情况。从动态角度分析就是将资产负债表的本期实际构成与选定的标准进行对比分析,对比的标准可以是上期实际数、预算数和同行业的平均数或可比企业的实际数。其选择视分析目的而定。

根据表1-1提供的资料,编制华夏公司资产负债表垂直分析表,如表2-6所示。

表2-6 资产负债表垂直分析表

项 目	期末余额(元)	期初余额(元)	期末	期初	变动情况
流动资产:					
货币资金	216 568.32	212 048.60	8.09%	8.98%	−0.89
交易性金融资产	100 000.00	30 000.00	3.73%	1.27%	2.46
应收票据	60 000.00	50 000.00	2.24%	2.12%	0.12
应收账款	601 438.35	862 942.87	22.46%	36.56%	−14.1
预付款项	250 611.00	210 613.00	9.36%	8.92%	0.44
应收利息	0	0	0	0	0
应收股利	0	0	0	0	0
其他应收款	68 866.50	100 000.00	2.57%	4.24%	−1.67
存货	93 283.06	28 726.46	3.48%	1.22%	2.26
其他流动资产	0	0	0	0	0
流动资产合计	1 390 767.23	1 494 330.93	51.93%	63.3%	−11.37

（续表）

项　　目	期末余额(元)	期初余额(元)	期末	期初	变动情况
非流动资产：					
可供出售金融资产	0	0	0	0	0
持有至到期投资	0	0	0	0	0
长期应收款	0	0	0	0	0
长期股权投资	200 000.00	0	7.47%	0	7.47
投资性房地产	0	0	0	0	0
固定资产	787 733.74	725 384.26	29.41%	30.73%	−1.32
在建工程	240 000.00	100 000.00	8.96%	4.24%	4.72
工程物资	0	0	0	0	0
固定资产清理	0	0	0	0	0
生产性生物资产	0	0	0	0	0
油气资产	0	0	0	0	0
无形资产	9 810.00	10 900.00	0.37%	0.46%	−0.09
开发支出	0	0	0	0	0
商誉	0	0	0	0	0
长期待摊费用	50 000.00	30 000.00	1.87%	1.27%	0.6
递延所得税资产	0	0	0	0	0
其他非流动资产	0	0	0	0	0
非流动资产合计	1 287 543.74	866 284.26	48.07%	36.70%	11.37
资产总计	2 678 310.97	2 360 615.19	100%	100%	0
流动负债：					
短期借款	120 000.00	150 000.00	4.48%	6.35%	−1.87
交易性金融负债	200 000.00	30 000.00	7.47%	1.27%	6.2
应付票据	50 000.00	40 000.00	1.87%	1.69%	0.18
应付账款	712 914.27	643 565.00	26.62%	27.26%	−0.64
预收款项	100 000.00	40 000.00	3.73%	1.69%	2.04
应付职工薪酬	113 793.69	93 062.86	4.25%	3.94%	0.31
应交税费	12 563.40	26 328.08	0.47%	1.12%	−0.65
应付股利	0	0	0	0	0
其他应付款	198 753.50	179 400.00	7.42%	7.60%	−0.18
其他流动负债	0	0	0	0	0

（续表）

项　目	期末余额(元)	期初余额(元)	期末	期初	变动情况
流动负债合计	1 508 024.86	1 202 355.94	56.3%	50.93%	5.37
非流动负债：					
长期借款	200 000.00	200 000.00	7.47%	8.47%	−1
应付债券	0	0	0	0	0
长期应付款	0	0	0	0	0
专项应付款	0	0	0	0	0
预计负债	0	0	0	0	0
递延所得税负债	0	0	0	0	0
其他非流动负债	0	0	0	0	0
非流动负债合计	200 000.00	200 000.00	7.47%	8.47%	−1
负债合计	1 708 024.86	1 402 355.94	63.77%	59.4%	4.37
所有者权益：					
实收资本	800 000.00	800 000.00	29.87%	33.89%	−4.02
资本公积	0	0	0	0	0
减：库存股	0	0	0	0	0
专项储备	0	0	0	0	0
盈余公积	17 028.62	15 825.93	0.64%	0.67%	−0.03
一般风险准备	0	0	0	0	0
未分配利润	153 257.49	142 433.32	5.72%	6.03%	−0.31
所有者权益合计	970 286.11	958 259.25	36.23%	40.59%	−4.36
负债和所有者权益总计	2 678 310.97	2 360 615.19	100%	100%	0

二、资产负债表结构变动情况的分析评价

资产负债表结构变动情况的分析评价可从两大方面进行。

(一) 资产结构的分析评价

企业资产结构分析评价的思路是：

第一，从静态角度观察企业资产的配置情况，特别关注流动资产和非流动资产的比重以及其中重要项目的比重，分析时可通过与行业的平均水平或可比企业的资产结构进行比较，对企业资产的流动性和资产风险作出判断，进而对企业资产结构的合理性作出评价。

第二，从动态角度分析企业资产结构的变动情况，对企业资产结构的稳定性作

出评价，进而对企业资产结构的调整状况作出评价。

从表 2-6 中可以看出：

(1) 从静态方面分析。就一般意义而言，流动资产变现能力强，其资产风险较小；而非流动资产变现能力较差，其资产风险较大。所以，流动资产比重较大时，企业资产的流动性强而风险小；非流动资产比重较大时，企业资产弹性较差，不利于企业灵活调度资金，风险较大。该公司本期流动资产比重达 51.93%，非流动资产比重为 48.07%。根据该公司的资产结构，可以认为该公司资产的流动性较强，资产风险较小。

(2) 从动态方面分析。该公司流动资产比重下降了 11.37%，非流动资产比重上升了 11.37%，结合各资产项目的结构变动情况来看，变动幅度不是很大，说明该公司的资产结构相对比较稳定。

(二) 资本结构的分析评价

企业资本结构分析评价的思路是：

第一，从静态角度观察资本的构成，衡量企业的财务实力，评价企业的财务风险，同时结合企业的盈利能力和经营风险，评价其资本结构的合理性。

第二，从动态角度分析企业资本结构的变动情况，对资本结构的调整情况及对股东收益可能产生的影响作出评价。

从表 2-6 中可以看出：

(1) 从静态方面看，该公司所有者权益比重为 36.23%，负债比重为 63.77%，资产负债率较高，财务风险相对较大。这样的财务结构是否合适，仅凭以上分析难以作出判断，必须结合企业盈利能力，通过权益结构优化分析才能予以说明。

(2) 从动态方面分析，所有者权益比重下降了4.36%，负债比重上升了4.37%，表明该公司资本结构还是比较稳定的，财务实力略有减少。

三、资产结构、负债结构和股东权益结构的具体分析评价

(一) 资产结构的具体分析评价

企业资产结构的具体分析评价应特别关注以下几个方面。

1. 经营资产与非经营资产的比例关系

企业占有的资产是企业进行经营活动的物质基础，但并不是所有的资产都是用于企业自身经营的。其中有些资产被其他企业所运用，如一些债权类资产和投资类资产；有些资产已经转化为今后的费用，如长期待摊费用、开发支出和递延所得税资产等。这些资产尽管是企业的资产，但已无助于企业自身经营。如果这些非经营资产所占比重过大，企业经营能力就会远远小于企业总资产所表现出来的经营能力。当企业资产规模扩大时，从表面上看，似乎是企业经营能力增强了，但

如果仅仅是非经营资产比重上升，经营资产比重反而下降了，是不能增强企业的经营能力的。

根据表 2-1 的资料，可编制华夏公司经营资产与非经营资产结构分析表，如表 2-7 所示。

表 2-7　经营资产与非经营资产结构分析表　　单位:元

项　目	期末余额(元)	期初余额(元)	期末	期初	变动情况
经营资产:					
货币资金	216 568.32	212 048.60	8.09%	8.98%	−0.89
交易性金融资产	100 000.00	30 000.00	3.73%	1.27%	2.46
预付款项	250 611.00	210 613.00	9.36%	8.92%	0.44
存货	93 283.06	28 726.46	3.48%	1.22%	2.26
固定资产	787 733.74	725 384.26	29.41%	30.73%	−1.32
在建工程	240 000.00	100 000.00	8.96%	4.24%	4.72
无形资产	9 810.00	10 900.00	0.37%	0.46%	−0.09
经营资产合计	1 698 006.12	1 317 672.32	63.4%	55.82%	7.58
非经营资产:					
应收票据	60 000.00	50 000.00	2.24%	2.12%	0.12
应收账款	601 438.35	862 942.87	22.46%	36.56%	−14.1
其他应收款	68 866.50	100 000.00	2.57%	4.24%	−1.67
长期股权投资	200 000.00	0	7.47%	0	7.47
长期待摊费用	50 000.00	30 000.00	1.87%	1.27%	0.6
非经营资产合计	980 304.85	1 042 942.87	36.6%	44.18%	−7.58
资产总计	2 678 310.97	2 360 615.19	100%	100%	0

从表 2-7 中可以看出，虽然华夏公司的经营资产与非经营资产都有所增长，但由于经营资产的增长速度高于非经营资产的增长速度，经营资产的比重还是增加了 7.58%，表明该公司的实际经营能力有所增长。

2. 固定资产与流动资产的比例关系

一般而言，企业固定资产与流动资产之间只有保持合理的比例结构，才能形成现实的生产能力，否则，就有可能造成部分生产能力闲置或加工能力不足。以下三种固流结构政策可供企业选择：①适中的固流结构政策。采取这种政策，就是将固定资产存量与流动资产存量的比例保持在平均水平。这种情况下，企业的盈利水平一般，风险程度一般。②保守的固流结构政策。采取这种政策，流动资产的比例较高。这种情况下，由于增加了流动资产，企业资产的流动性提高，资产风险会因此降低，但可能导致盈利水平的下降。③激进的固流结构政策。采取这种政策，固定资产的比例较高。这种情况下，由于增加了固定资产，会相应提高企业的盈利水平，同时可能导致企业资产的流动性降低，资产风险会因此提高。

根据表 2-6 的分析可以知道，华夏公司本年度流动资产比重为 51.93%，固定资产比重为 29.41%，固流比例大致为 1∶1.77；上年度流动资产比重为 63.3%，固定资产比重为 30.73%，固流比例大致为 1∶2.06。如果说该公司上年度是保守性的固流政策，那么本年度则正向适中性的固流政策转变。

3. 流动资产的内部结构

流动资产的内部结构是指组成流动资产的各个项目占流动资产的比重。分析流动资产结构，可以了解流动资产的分布情况、配置情况、资产的流动性及支付能力。

根据资产负债表提供的资料，编制流动资产结构分析表，如表 2-8 所示。

表 2-8 流动资产结构分析表

项目	余额(元)		结构		
	本年	上年	本年	上年	差异
货币资产	316 568.32	242 048.60	22.76%	16.20%	6.56%
债权资产	980 915.85	1 223 555.87	70.53%	81.88%	−11.35%
存货资产	93 283.06	28 726.46	6.71%	1.92%	4.79%
其他	0	0	0	0	0
合计	1 390 767.23	1 494 330.93	100%	100%	100%

从表 2-8 中可以看出，货币资产比重上升，有助于提高该公司的即期支付能力；债权资产比重虽然下降幅度较大，但其比重仍然较高，应当引起注意；存货资产比重上升，应与固定资产变动情况联系起来进行分析。企业流动资产结构是否合理没有一个统一的绝对判断标准，仅仅通过前后两期的对比，只能说明流动资产结构变动情况，而不能说明这种变动是否合理。如本例，货币资产比重上升 6.56%，债权资产比重下降 11.35%，只能说明企业的即期支付能力增强了，至于这种变化是使流动资产结构更加趋于合理还是变得更不合理，以上分析不能说明这一点。为此，企业应首先选择一个标准，然后将流动资产结构的变动情况与选定的标准进行比较，以反映流动资产结构变动的合理性。一般来说，选择同行业的平均水平或财务计划中确定的目标为标准还是比较合适的。同行业的平均水平是该产业部门目前已达到的平均水平，具有代表性，应当认为是合理的。企业财务计划中确定的目标是根据企业整体经营目标并结合企业的具体情况制定的，因此也可以作为评价标准。

（二）负债结构的具体分析评价

1. 负债结构分析应考虑的因素

负债是指过去的交易、事项形成的显示义务，履行该义务预期会导致经济利益流出企业。根据债务偿还期限，负债可以分为流动负债和非流动负债，需要在1年或超过1年的一个营业周期内偿还的债务为流动负债，其余则为非流动负债。

负债结构是由于企业采用不同负债筹资方式而形成的，是负债筹资的结果，因此，负债结构分析必须结合其他有关因素进行。

（1）负债结构与负债规模。负债结构反映的是各种负债在全部负债中的组成情况，虽然与负债规模有关，却不能说明负债规模的大小。负债结构变化既可能是负债规模变化引起的，也可能是负债各项目变化引起的。换言之，负债规模不变，不等于负债结构不变，而负债结构不变，不等于负债规模不变。分析时，只有联系负债规模，才能真正揭示出负债结构变动的原因和变动趋势。

（2）负债结构与负债成本。企业举债，不仅要按期归还本金，还要支付利息，这是企业使用他人资金必须付出的代价，通常称为资金成本。企业在筹集资金时，总是希望付出最低的代价，对资金成本的权衡，会影响到企业筹资方式的选择，进而对负债结构产生影响。反过来，负债结构的变化也会对负债成本产生影响。这是因为，不同的负债筹资方式所取得的资金，其成本是不一样的，任何一个企业都很难只用一种负债筹资方式来获取资金，当企业用多种负债筹资方式筹资时，其负债成本的高低除与各种负债筹资方式的资金成本相关外，还取决于企业的负债结构。

（3）负债结构与债务偿还期限。这是负债结构分析要考虑的一个极其重要的因素。负债是必须要偿付的，而且要按期偿付，企业在举债时，就应当根据债务的偿还期限来安排负债结构。企业负债结构合理的一个重要标志就是使债务的偿还期与企业现金流入的时间吻合，债务的偿还金额与现金流入量相适应。如果企业能够根据其现金流入的时间和流入量妥善安排举债时间、偿债的时间和债务金额，使各种长、短期债务相配合，各种长、短期债务的偿还时间分布合理，企业就能及时偿付各种到期债务，维护企业信誉。否则，如果债务结构不合理，各种债务偿还期相对集中，就可能产生偿付困难，造成现金周转紧张局面，影响到企业的形象，也会增加企业今后通过负债筹资的难度。

（4）负债结构与财务风险。企业的财务风险源于企业采用的负债经营方式。不同类型的负债，其风险是不同的，在安排企业负债结构时，必须考虑到这种风险。任何企业，只要采取负债经营方式，就不可能完全回避风险，但通过合理安排负债结构降低风险是完全可以做到的。一般说来，流动负债的风险要高于非流动负债，这是因为：①企业使用非流动负债筹资，在既定的负债期内，因利率不会发生变动，其利息费用是固定的。如果在相同期限内使用流动负债来衔接，一方面会产生难以确保及时取得资金的风险，另一方面可能会因利率调整而使利息费发生变动，尤其是在通货膨胀的条件下，可能因当前的短期借款利率超过以往的长期借款利率而使企业利息费用增加。②非流动负债的偿还期比较长，使企业有充裕的时间为偿还债务积累资金，虽有风险，但相对小些。如果企业以多期的流动负债相衔接来满足长期资金的需要，可能会因频繁的债务周转而发生一时无法偿还的情况，从而落入财务困境，甚至导致企业破产。

(5) 负债结构与经济环境。企业生产经营所处的经济环境也是影响企业负债结构的因素之一，其中，资本市场的资金供求情况尤为重要。当国家紧缩银根时，企业取得短期借款就可能比较困难，其长期债务的比重就会高一些；反之，企业比较容易取得贷款时，其流动负债的比重就会大些。在这种情况下，经济环境对企业负债结构的影响是主要方面，企业自身的努力也会发挥相当的作用。

(6) 负债结构与筹资政策。企业负债结构的安排和变动受到许多主、客观因素的影响和制约，企业筹资政策完全可以说是一个纯粹的主观因素。企业根据自身的经营实际和资产配置情况所制定的筹资政策，直接决定企业的负债结构。从这个意义上说，负债结构分析也是筹资政策分析。

2. 典型负债结构分析评价

负债按不同分类方式，可以形成不同的负债结构，因此，对负债结构的分析，可以从以下几个方面进行。

(1) 负债期限结构分析评价。负债按期限长短分为流动负债和非流动负债，负债的期限结构可以用流动负债比率和非流动负债比率来表示。根据表 1-1 整理编制负债期限结构分析表，如表 2-9 所示。

表 2-9 负债期限结构分析表

项 目	余额(元)		结 构		
	本年	上年	本年	上年	差异
流动负债	1 508 024.86	1 202 355.94	88.29%	85.74%	2.55%
非流动负债	200 000.00	200 000.00	11.71%	14.26%	−2.55%
负债总计	1 708 024.86	1 402 355.94	100%	100%	0

负债期限结构更能说明企业的负债筹资政策。从表 2-9 中可以看出，华夏公司本年流动负债的比率有所增加，且其比重较高，表明该公司在使用负债资金时，以短期资金为主。由于流动负债对企业资产流动性要求较高，因此，该公司所奉行的负债筹资政策虽然会增加公司的偿债压力，承担较大的财务风险，但同时也会降低公司的负债成本。

（2）负债方式结构分析评价。负债按其取得方式可以分为银行信用、商业信用、应缴款项、内部结算款项、债券、未付股利和其他负债。根据表2-1，将负债按取得来源和方式汇总整理后，编制负债方式结构分析表，如表2-10所示。

表2-10　负债方式结构分析表

项　目	余额（元）		结　构		
	本年	上年	本年	上年	差异
银行信用	520 000.00	380 000.00	30.44%	27.10%	3.34%
商业信用	1 061 667.77	902 965.00	62.16%	64.39%	−2.23%
应交款项	12 563.40	26 328.08	0.74%	1.88%	−1.14%
内部结算款项	113 793.69	93 062.86	6.66%	6.64%	0.02%
其他流动负债	0	0	0	0	0
未付股利	0	0	0	0	0
其他负债	0	0	0	0	0
负债总计	1 708 024.86	1 402 355.94	100%	100%	0

从表2-10中可以看出，本期商业信用的比重虽然下降了，但商业信用仍然是该公司负债资金的最主要来源。

（3）负债成本结构分析评价。各种负债，由于其来源渠道和取得方式不同，成本也有较大差异。有些负债，如应付账款等，基本属于无成本负债。有些负债，如短期借款，则属于低成本负债。长期借款、应付债券等则属于高成本负债。根据对各项负债成本的划分，然后进行归类整理，就会形成负债成本结构。

根据表2-1整理编制负债成本结构分析表，如表2-11所示。

表2-11　负债成本结构分析表

项　目	余额（元）		结　构		
	本年	上年	本年	上年	差异
无成本负债	1 388 024.86	1 052 355.94	81.26%	75.04%	6.22%
低成本负债	120 000.00	150 000.00	7.03%	10.70%	−3.67%
高成本负债	200 000.00	200 000.00	11.71%	14.26%	−2.55%
负债总计	1 708 024.86	1 402 355.94	100%	100%	0

从表2-11中可以看出，华夏公司本年全部负债中，无成本负债比重为81.26%，比上年提高6.22%，导致高成本负债的比重下降了2.55%，其结果必然使企业负债成本下降，利息负担减轻。由此可见，合理地利用无成本负债，是降低企业负债资金成本的重要途径之一。

(三)股东权益结构的具体分析评价

1. 股东权益结构分析应该考虑的因素

股东权益是指所有者在企业资产中享有的经济利益,其金额为资产减去负债后的余额。股东权益是由企业投资人投资和企业生产经营所得净收益的积累组成的,具体包括四部分:①投资人直接投资所形成的投入资本;②资本公积;③从生产经营所得净收益中提取的盈余公积及公益金积累;④保留的未分配利润的积累。

股东权益又称自有资本、主权资金、权益资金,是企业资金来源中重要的组成部分,是其他资金来源的前提和基础。权益资金在企业生产经营期间不需返还,是可供企业长期使用的长久资金,而且没有固定的利息负担。所以权益资金越少,企业的财务实力越雄厚,财务风险越少,如果企业的资金全部是权益资金,则无财务风险可言。

股东权益结构是由于企业采用产权筹资方式而形成的,是产权筹资的结果。对股东权益进行分析,必须考虑以下因素:

(1) 股东权益结构与股东权益总量。股东权益结构变动既可能是股东权益总量变动引起的,也可能是股东权益内部各项目本身变动引起的,两者的变化可分为:①总量变动,结构变动。例如,当各具体项目发生不同程度变动时,其总量会因此变动,但由于各项目变动幅度不同,其结构会随之变动。②总量不变,结构变动。这是股东权益内部各项目之间互相变动所造成的。例如,以盈余公积转增股本。③总量变动,结构不变。当股东权益内部各项目按相同比例成相同方向变动时,会出现这种情况。实务中第三种情况几乎没有,而第一种、第二种情况却是普遍存在。

(2) 股东权益结构与企业利润分配政策。股东权益虽然由四部分组成,实质上却可以分为两类:投资人投资和生产经营活动形成的积累。一般来说,投资人投资不是经常变动的,因此,由企业生产经营获得的利润积累而形成的股东权益数量的多少,就会直接影响股东权益结构,而这完全取决于企业的生产经营业绩和利润分配政策。如果企业奉行高利润分配政策,就会把大部分利润分配给投资者,留存收益的数额就越小,股东权益结构变动就不太明显,生产经营活动形成的股东权益所占比重就越低;反之,其比重就会越高。

(3) 股东权益结构与企业控制权。企业真正控制权掌握在投资人特别是投资比例较大的投资人手里。如果企业通过吸收投资人追加投资来扩张规模,就会增加股东权益中投入资金的比重,使股东权益结构发生变化,同时也会分散企业的控股权。如果投资人不想其对企业的控制权被分散,就会在企业需要资金时,采取负债筹资方式。在其他条件不变的情况下,这既不会使企业股东权益结构发生变动,也不会分散企业控股权。

（4）股东权益结构与权益资金成本。股东权益结构影响权益资金成本的一个基本前提是股东权益的资金成本不同。事实上，在股东权益各项目中，只有投资人的资金才会发生实际资金成本支出，其余各项目是一种无实际筹资成本的资金来源，其资金成本只不过是机会成本，即它们无需像投入的资本那样，分配企业的利润。在实务中，即使把这种成本考虑进去，由于筹措这类资金既不花费时间，也无需支付筹资费用，因而这类资金的成本要低于投入资本的资金成本。基于此类资金的这一特点，在股东权益中，这类资金比重越大，权益资金成本就越低。

（5）股东权益结构与经济环境。企业筹资渠道有多条，筹资方式也有多种，企业可以根据需要进行选择。企业在选择筹资渠道和筹资方式时，不仅取决于企业的主观意愿而且还受外界经济环境影响。例如，当资金市场比较宽松时，企业可能更愿意通过举债来筹集资金，这样既可以降低整个企业的资金成本，又可以获得财务利益；而资金市场紧张时，企业则会利用产权筹资方式来筹集资金，且更注意企业自身的积累，其结果就会影响股东权益结构。

2. 股东权益结构分析评价

股东权益结构变动情况分析依据资产负债表提供的资料，采用垂直分析法进行。

根据表 1-1 提供的资料，编制股东权益结构变动情况分析表，如表 2-12 所示。

表 2-12　股东权益结构变动情况分析表

项　目	余额(元)		结　构		
	本年	上年	本年	上年	差异
实收资本	800 000.00	800 000.00	82.45%	83.48%	−1.03%
资本公积	0	0	0	0	0
投入资本合计	800 000.00	800 000.00	82.45%	83.48%	−1.03%
盈余公积	17 028.62	15 825.93	1.76%	1.65%	0.11%
未分配利润	153 257.49	142 433.32	15.80%	14.86%	0.74%
内部形成权益资金合计	170 286.11	158 259.25	17.56%	16.52%	1.04%
股东权益总计	970 286.11	958 259.25	100%	100%	0

从表 2-12 中可以看出，如果从静态方面分析，投入资本仍然是该公司股东权益的最主要来源。从动态方面分析，虽然投入资本几乎没有发生变化，但由于本年留存收益的增加，使投入资本的比重下降了 1.03%，内部形成权益资金的比重相应上升了 1.04%，说明该公司股东权益结构的变化是生产经营上的原因引起的。

四、资产结构与资本结构适应程度的分析评价

企业的资产结构受制于企业的行业性质，不同的资产性质，其资金融通的方式也有差异。因此，尽管总资产与总资本在总额上一定相等，但由不同投资方式产生的资产结构与不同筹资方式产生的资本结构却不完全相同。虽然资产结构与资本结构的适应形式千差万别，但归纳起来可以分为保守结构、稳健结构、平衡结构和风险结构四种类型。

1. 保守结构

在保守结构形式中，无论资产负债表左方的资产结构如何，资产负债表右方的资金全部来源于长期资金，非流动负债与所有者权益的比例高低不影响这种结构形式。其形式如表 2-13 所示。

表 2-13 资产负债表

<table>
<tr><td rowspan="4">流动资产</td><td rowspan="2">临时性占用流动资产</td><td rowspan="3">非流动负债</td></tr>
<tr></tr>
<tr><td rowspan="2">永久性占用流动资产</td></tr>
<tr><td rowspan="3">所有者权益</td></tr>
<tr><td colspan="2" rowspan="2">非流动资产</td></tr>
<tr></tr>
</table>

从表 2-13 中可以看出，保守结构的主要标志是企业全部资产的资金依靠长期资金来满足。其结果是：①企业风险极低。从前面的风险分析中我们知道，筹资风险是建立在经营风险的基础之上的，只要企业资产经营不存在风险，其偿债风险就会消除。由于这一形式中的偿债风险极低，因此，即使提高长期资产比例，资产风险加大，两方综合起来，也会形成一方较大的风险被另一方极小的风险中和，而使企业风险降低，不至于导致企业通过清算资产偿还到期债务。②导致较高资金成本。相对于其他结构形式，这一形式的资金成本最高，但前提是短期债务成本低于长期债务成本。③筹资结构弹性弱。一旦企业进入用资淡季，对资金存量不易作出调整，尽管企业可以通过将闲置资金投资于短期证券市场来调节，但必须以存在完善的证券市场为前提，而且这种投资的收益也不一定能消除这种高成本的差异。

实务中这种形式很少被企业普遍采用。

2. 稳健结构

在稳健结构形式中，长期资产的资金需要依靠长期资金来解决，短期资产的资金需要则依靠长期资金和短期资金共同解决，长期资金和短期资金在满足短期资产的资金需要方面的比例不影响这一形式。其形式如表 2-14 所示。

表 2-14　资产负债表

<table>
<tr><td rowspan="2">流动资产</td><td>临时性占用流动资产</td><td>流动负债</td></tr>
<tr><td>永久性占用流动资产</td><td rowspan="2">非流动负债</td></tr>
<tr><td colspan="2" rowspan="2">非流动资产</td></tr>
<tr><td>所有者权益</td></tr>
</table>

从表 2-14 可以看出，稳健结构的主要标志是企业流动资产的一部分资金需要由流动负债来满足，另一部分资金需要则由非流动负债来满足。其结果是：①足以使企业保持相当优异的财务信誉，通过流动资产的变现足以满足偿还短期债务的需要，企业风险较小。②企业可以通过调整流动负债与非流动负债的比例，使负债成本达到企业目标标准，相对于保守结构形式而言，这一形式的负债成本相对要低，并具有可调性。③无论是资产结构还是资本结构，都具有一定的弹性，特别是当临时性资产需要降低或消失时，可通过偿还短期债务或进行短期证券投资来调整，一旦临时性资产需要再生产时，又可以通过重新举借短期债务或出售短期证券来满足其所需。

这是一种能为所有企业普遍采用的资产与权益对称结构。

3. 平衡结构

在平衡结构形式中，以流动负债满足流动资产的资金需要，以非流动负债及所有者权益满足长期资产的资金需要，长期负债与所有者权益之间的比例不是判断这一结构形式的标志。其形式如表 2-15 所示。

表 2-15　资产负债表

流动资产	流动负债
非流动资产	非流动负债 所有者权益

平衡结构的主要标志是流动资产的资金需要全部依靠流动负债来满足。其结果是：①同样高的资产风险与筹资风险中和后，使企业风险均衡。②负债政策要依据资产结构变化进行调整，与其说负债结构制约负债成本，不如说资产结构制约负债成本。③存在的潜在的风险。这一形式以资金变现时间和数量与偿债时间和数量相一致为前提，一旦两者出现时间上和数量上的差异，如营业收入未能按期取得现金，应收账款没能足额收回，短期证券以低于购入成本出售等，就会使企业产生资金周转困难，并有可能陷入财务危机。

这一结构形式只适用于经营状况良好，具有较好成长性的企业，但要特别注意这一结构形式的非稳定性特点。

4. 风险结构

在风险结构形式中，流动负债不仅用于满足流动资产的资金需要，而且还用于满足部分长期资产的资金需要，这一结构形式不因流动负债在多大程度上满足长期资产的资金需要而改变。其形式如表 2-16 所示。

表 2-16　资产负债表

<table>
<tr><td>流动资产</td><td rowspan="2">流动负债</td></tr>
<tr><td rowspan="2">非流动资产</td></tr>
<tr><td>非流动负债
所有者权益</td></tr>
</table>

风险结构的主要标志是以短期资金来满足部分长期资产的资金需要。其结果是:①财务风险较大，较高的资产风险与较高的筹资风险不能匹配。流动负债和长期资产在流动性上并不对称，如果通过长期资产的变现来偿还短期内到期的债务，必然会给企业带来沉重的偿债压力，从而要求企业极大地提高资产的流动性。②相对于其他结构形式，其负债成本最低。③企业存在"黑字破产"的潜在危险，由于企业时刻面临偿债的压力，一旦市场发生变动，或意外事件发生，就可能引发企业资产经营风险，使企业因资金周转不灵而陷入财务困境，造成企业因不能偿还到期债务而"黑字破产"。

这一结构形式只适用于处在发展壮大时期的企业，而且只能在短期内采用。

根据华夏公司的资产负债表可以发现，该公司本年流动资产的比重为 51.93%，流动负债比重为 56.3%，属于风险结构。该公司上年流动资产比重为 63.3%，流动负债比重为 50.93%，属于稳健结构。从动态方面看，相比于上年，该公司本年的资产结构和资本结构都有所改变，相应地，资产结构与资本结构适应程度的性质也发生了改变。

第四节　资产负债表项目分析

一、主要资产项目分析

(一) 流动资产项目分析

1. 货币资金

货币资金是企业在生产经营过程中停留在货币形态的那部分资产，包括库存现金、银行存款和其他货币资金。货币资金是企业流动性最强的资产，但也是企业获利能力最差的资产。企业货币资金越多，说明企业的支付能力和财务适应能力越强。反之，货币资金越少，企业的支付能力和财务适应能力就越差。当然，货币资金过多，会导致企业资金的闲置，影响企业资金的利用效果。因此，企业应根据自身的实际情况确定一个合理的货币资金持有量。

货币资金占用合理性分析的要点如下：

（1）企业的资产规模和业务收支规模的大小与货币资金持有量之间的关系。一般来说，企业资产规模越大，货币资金的持有量越高。业务收支越频繁的企业，处于货币形态的资金越多。

（2）行业的特点。不同行业的企业，货币资金的合理结构是有差异的。即便是在相同的总资产规模条件下，其货币资金规模也不可能相同。

（3）企业筹资能力。如果企业筹资能力强，在资本市场上比较容易筹集到资金，在此情况下，企业可以保持较低规模的货币资金数额。

（4）货币资金内部控制制度的完善程度。企业若有完善的货币资金内部控制制度，可以对货币资金收支的全过程进行控制，如客户的选择、销售折扣与现金折扣的决策、付款条件的决定、具体收付款的环节等，则企业可以保持较低规模的货币资金水平。

（5）货币资金的运作能力。若企业货币资金的运作能力强，资金调度灵活，就可减少货币资金占用量；若企业货币资金的运作能力差，难以根据需要及时调度资金，就需要保持较高的货币资金持有量。

此外，应注意会计报表附注中披露的不能随时用于支付的银行存款和其他货币资金。因为这部分货币资金会减弱企业资产的流动性，对此应予重视，以正确评价企业资产的流动性及其短期偿债能力。

目前，上市公司资金闲置问题日渐突出，造成目前这种状况的主要原因有两点：一是筹资渠道的多元化，有配股、增发新股、发行可转换债券、发行公司债、银行贷款等多种形式；二是上市公司经营活动创造现金的能力日益增强。同时，公司用于投资的现金支出力度不够，这一现象应引起足够的重视。

2. 交易性金融资产

交易性金融资产是指企业准备在近期内出售而持有的金融资产，包括股票、债券和基金。企业拥有交易性金融资产的目的主要是利用闲置的货币资金，购入随时能够变现的有价证券，以获得高于银行存款利息率的收益。交易性金融资产是企业货币资金的后备来源，与货币资金一样，交易性金融资产越多，企业的支付能力和财务适应性越强。

交易性金融资产分析要点如下：

(1) 分析有价证券的性质。作为交易性金融资产的有价证券应是有明确的市价并能够在公开市场交易,作为企业剩余资金的存放形式并保持其流动性和获利性。分析时要注意不属于交易性金融资产范围的有价证券是否列入了交易性金融资产,如果有,应将其剔除。

(2) 交易性金融资产的规模分析。交易性金融资产是利用企业闲置的资金进行运作,如果企业交易性金融资产的规模过大,势必会影响企业的正常经营活动。有时企业可能为了提高短期偿债能力而将长期投资作为交易性金融资产进行核算。分析时,应考虑企业交易性金融资产的规模,有无长期投资短期化现象。如果有,在分析时应该剔除。

(3) 由于交易性金融资产是企业购买的有价证券,其风险要比货币资金大,尤其是在证券市场不完善的时期。对此,分析时要注意风险防范情况。

(4) 期末交易性金融资产计价和披露。由于企业的交易性金融资产价值波动较大,因此,企业在持有以公允价值入账,且其变动计入当期损益的金融资产期间取得的利息或现金股利,应当确认为投资收益。分析时应关注会计报表附注中有关交易性金融资产的计价以及损益的确定。

3. 应收账款

应收账款是指企业因赊销商品、材料、提供劳务等,应向购货单位收取的款项。应收账款是企业为扩大销售规模而采用的一种赊销方式。应收账款是企业的一项债权,是企业的一项重要资产。应收账款占总资产的比重过大,将会影响企业资金周转速度,增加发生坏账的可能性。因此,应收账款是企业财务分析中的重点分析对象。

应收账款分析要点如下:

(1) 应收账款规模的分析。企业采取赊销方式,应收账款增加,有利于扩大销售,增加利润,但同时也会产生应收账款占用的机会成本、坏账损失、收账费用。因此,应收账款的规模受诸多因素的影响,在进行应收账款分析时,应结合企业的行业特点、经营方式、信用政策等方面,特别应结合内部管理尤其是信用政策来分析。

(2) 坏账损失的分析。基于应收账款信用风险较大,按照谨慎性原则的要求,对应收账款应该计提坏账准备金,以防范由于货款长期拖欠甚至无法收回给企业带来的损失。因此,应收账款分析,应分析坏账准备的计提范围、计提方法、提取比例的合理性,以防企业随意计提而虚增或虚减应收账款净额或利润。

(3) 应收账款质量的分析。一般来说,企业应收账款比重过大的原因主要有:在金融形势紧张的情况下,赊购是一种筹措资金的方式,购货单位希望采取这种方式来筹措资金;企业为扩大销售而放宽信用条件;企业应收账款管理不力,造成应收账款不能及时收回。对于应收账款应从四个方面进行质量分析:

第一，账龄分析，即对应收账款占用期限以及发生坏账的可能性进行分析，为企业制定和调整信用政策、组织和催收应收账款提供依据。

第二，对债务人的构成情况，如债务人的区域构成、与债权人的关联关系、业务稳定程度等方面进行分析。

第三，对长期挂账的应收账款予以密切关注，是否有抽逃注册资金等违规行为隐蔽于应收账款中，防止潜在亏损风险的发生。

第四，应注意企业是否有利用应收账款调节利润的行为。

4. 预付账款

预付账款是指企业为了购买商品、材料等而向供货单位预先支付的款项，是企业的一项特殊的流动资产。这项资金被对方无偿占用，因此，预付账款越少越好。预付账款与应收账款一样，也是企业的一种债权。不同之处在于应收账款通过收回货币资金实现其债权，预付账款通过收回货物实现其债权。企业是否会发生预付账款取决于其所处的市场环境，一般来说，在商品、材料供不应求的情况下，企业为了保证生产经营活动的顺利开展，预付账款发生的可能性会增大；反之，则预付账款发生的可能性小。因此，预付账款分析，应结合市场环境分析。如果企业处于买方市场的状态下，而预付账款的数额过大，说明企业的理财过程中存在问题。预付账款的主要风险取决于债务人的信用。通常，预付账款的账龄是在 1 年以内，实务中的预付账款一般在 3 个月以内，超过 1 年的预付账款就几乎可以肯定存在异常。因此，在资产负债表上发现存在超过 1 年的预付账款就应当警惕。因为这种情况的发生往往表示企业的资金以预付的名义被占用转移，企业资产面临较大的风险。

5. 其他应收款

其他应收款是指企业发生的非购销活动的应收债权，包括企业应收的各种赔款、存出保证金、备用金以及应向职工收取的各种垫付款项等。一般地，如果企业生产经营活动正常，其他应收款数额不应过大。

在实际工作中，一些企业常常把其他应收款作为企业调整成本费用和利润的手段。因此，分析其他应收款时，最主要的是观察其他应收款的增减变动趋势。如果企业的其他应收款余额过大，甚至超过应收账款，就应注意分析是否存在操纵利润的现象。

6. 存货

存货是指企业在生产经营活动中为销售或耗用而储存的各种资产，包括商品、产成品、半成品、在产品以及各类材料、燃料、包装物、低值易耗品。企业中存货占流动资产的比重较大，其管理的好坏直接影响企业的损益。企业保持适当的存货，有利于组织均衡生产，保证原材料的供应，满足销售。但是如果存货过多，会增加成本,影响流动资金的周转,不便于企业灵活地应付市场的变化。存货分析的最终目的在于:在保证企业正常经营活动需要的前提下,尽量减少存货资金的占用。

存货分析的要点如下:

(1) 存货质量的分析。存货质量的好坏直接影响企业资金周转速度的快慢。对于存货质量,可以从存货的物理质量和时效状况两个方面进行分析。比如,存货是否具备正常的销售状况,是否在存货储存期限之内等。

(2) 存货计价分析。存货发出采用不同的计价方法,对企业财务状况、盈亏情况会产生不同的影响,主要表现在以下三个方面:

第一,存货计价对企业损益的影响。期末存货如果计价过低,当期的收益减少;期末存货如果计价过高,当期收益增加。因此,分析存货时,应分析企业是否有利用改变存货计价方法调节利润的现象。

第二,存货计价对资产负债表有关项目的影响。存货计价方法直接影响流动资产总额、所有者权益等项目,分析时应引起重视。

第三,存货计价方法对所得税的影响。不同的计价方法,结转的当期销售成本不同,影响当期应纳税所得额,从而影响当期应交所得税。因此,在进行存货项目分析时,要对企业会计报表附注中揭示的会计政策给予特别关注。

(3) 存货结构分析。存货结构是指材料、在产品、产成品占存货的比例。正常情况下,存货结构应保持相对的稳定。一般在制造业中,材料存货、在产品存货所占的比重应大些,而产成品存货的比重则尽可能小些。分析时,如发现存货比重变化较大,则应进一步查明原因。

除以上各项以外,企业的流动资产还包括应收票据、应收股利、应收利息、待摊费用、其他流动资产等,这些项目如果数额不大,可进行一般的分析。如果数额较大,则应作为重点项目进行分析,如待摊费用过大,应查明是否有人为调节利润的情况。

延伸阅读 2-2

资产负债表里存货项目包括哪些内容

资产负债表中"存货"项目,反映企业期末在库、在途和在加工的各项存货的价值。"存货"项目应根据"材料采购""原材料""周转材料""库存商品""发出商品""委托加工物资""委托代销商品""受托代销商品""生产成本"等科目的期末余额合计,减去"受托代销商品款""存货跌价准备"等科目期末余额后的金额填列。如果材料采用计划成本核算,以及库存商品采用售价金额法核算的企业,还应按加或减材料成本差异、商品进销差价后的金额填列。

关于存货的范围还需要说明以下几点:

(1) 关于受托代销商品的归属。受托代销商品在售出之前应作为委托方的存货处理。但为了使受托方加强对受托代销商品的核算和管理,现行会计制度也要求受托方将其受托代销的商品纳入账内核算。

(2) 关于在途商品等的处理。对于销售方按销售合同协议规定已确认销售,但尚未发运给购货方的商品,应作为购货方的存货;对于购货方已收到但尚未收到销货方结算发票等的商品,应作为购货方的存货暂估入账;对于购货方已经确认为购进但尚未到达入库的在途商品,应作为购货方的存货处理。

(3) 对于约定未来购入的商品,不作为购入方的存货处理。

(二) 非流动资产项目分析

1. 长期股权投资

长期股权投资是指企业持有的不能或不准备在1年内变现的股权投资。企业进行长期股权投资的目的在于保持被投资企业的控制权;通过多元化经营来降低经营风险,稳定经营收益;或是为将来某些特定目的积累资金。

长期股权投资一般占用的资金时间长,数额大,对企业资金结构和经济效益影响较大。因此,对长期股权投资的分析重点在于长期股权投资的合理性和效益性。

长期股权投资的分析要点如下:

(1) 长期股权投资数量和规模的分析。从企业所拥有的长期股权投资的数量和规模,可分析企业对被投资企业的实际控制权。同时,可以分析企业的扩张能力和未来的发展前景。

(2) 长期股权投资方案合理性分析。长期股权投资方案合理与否,关键看是否有较高的收益,是否可以分散风险,安全性如何。长期股权投资对象应选择盈利能力较强并有发展前景的投资项目。因此,分析长期股权投资时,要注意项目的获利能力。

(3) 对企业资本结构和长期偿债能力影响的分析。长期股权投资的资金占用额较大,投资期限较长,其效益在短期内很难反映出来,而且长期投资的资金占用在一定程度上会削弱企业资产的流动性,直接影响企业的短期偿债能力。如果企业长期股权投资规模较大,也有可能是企业为了弥补长期股权投资造成的资金缺口,采取举债等方式筹集资金,从而影响企业的资本结构,削弱企业长期偿债能力。分析时,在考虑增加长期股权投资收益的同时,也应分析长期股权投资对企业资本结构和长期偿债能力的影响。

2. 固定资产

固定资产是指企业使用期限长、单位价值高、在使用中不改变其实物形态的资产。企业的固定资产是生产经营过程中必不可少的物质条件,企业拥有的固定资产数量和质量,是企业经济实力和生产发展水平的标志。由于固定资产周转期较长,因此,企业所拥有的固定资产越多,在总资产中的比重越大,企业资产的流动性和变现能力就越差。一般来说,固定资产的规模和结构与企业所处的行业性质直接相关。进行固定资产分析，其目的在于促使企业合理使用固定资产，充分发挥固定资产的生产能力，提高固定资产的运用效果，并在一定的固定资产规模下，增加企业的盈利。

固定资产分析的要点如下：

(1) 固定资产规模分析。企业进行固定资产规模分析时，应将本企业固定资产规模与同类企业相比，看是否存在较大的差距。如果企业固定资产规模小于同类企业的规模，则表明企业生产能力较弱。当然，企业的固定资产规模与当前所处经济发展时期相关。不同的经济发展时期，企业固定资产具有不同的规模特征。

(2) 固定资产构成分析。生产用固定资产和非生产用固定资产是固定资产的两大主要组成部分。生产用固定资产特别是其中的机器设备，同企业生产经营直接相关，在全部资产中占较大的比重；非生产用固定资产与生产经营间接相关。因此，固定资产增长应遵循优先生产用固定资产增长的原则。未使用和不需用固定资产会降低资产的使用效率，对这类固定资产应该查明原因，采取措施，积极处理，将其数量降到最低限度。

(3) 固定资产会计政策分析。固定资产会计政策主要是指计提固定资产折旧和固定资产减值准备两个方面。由于计提固定资产折旧和固定资产减值准备具有一定的灵活性，因此，如何进行固定资产折旧以及如何计提固定资产减值准备，会给固定资产账面价值带来很大的影响。因此，应注意利用固定资产会计政策选择的灵活性虚增或虚减固定资产账面价值和利润的现象。财务分析人员必须认真分析固定资产会计政策，正确评价固定资产会计政策，正确评价固定资产账面价值的真实性。固定资产折旧的分析包括以下两方面：

第一，分析企业固定资产预计使用年限和预计净残值确定的合理性。分析时，应注意固定资产预计使用年限和预计净残值的估计是否符合国家有关规定。因为固定资产预计使用年限的长短和预计净残值的大小，会影响折旧费用的高低，从而影响企业损益。若固定资产预计使用年限和预计净残值不符合企业的实际情况和制度规定，将导致会计信息失真。因此，报表使用者在分析时应持谨慎态度。

第二，分析企业固定资产折旧方法的合理性。企业会计制度规定，企业应当根据科技发展、环境及其他因素，选择合理的折旧方法。折旧方法一经确定不能随意改动，分析时，应结合报表附注判断企业有无利用折旧方法的改变来调整固定资产净值和利润的现象。

二、主要负债项目分析

1. 短期借款

短期借款数量的多少，往往取决于企业生产经营和业务活动对流动资金的需要量、现有流动资产的沉淀和短缺情况等。企业应结合短期借款的使用情况和使用效果分析该项目。为了满足流动资产的资金需求，一定数量的短期借款是必需的，但如果数量过大，超过企业的实际需要，不仅会影响资金利用效率，还会因超出企业的偿债能力而给企业的持续发展带来不利影响。短期借款适度与否，可以根据流动负债的总量、当前的现金流量状况和对企业未来会计期间现金流量的预期来确定。

短期借款发生变化，其原因不外乎两大方面：生产经营需要；企业负债筹资政策变化。其具体变动的原因可归纳为：

(1) 流动资产资金需要，特别是临时性占用流动资产需要发生变化。当季节性或临时性需要产生时，企业就可能通过举借短期借款来满足其资金需要，当这种季节性或临时性需要消除时，企业就会偿还这部分短期借款，从而造成短期借款的变化。

(2) 节约利息支出。一般来说，短期借款的利率低于长期借款和长期债券的利率，举借短期借款相对于长期借款来说，可以减少利息支出。

(3) 调整负债结构和财务风险。企业增加短期借款，就可以相对减少对非流动负债的需求，使企业负债结构发生变化。相对于非流动负债而言，短期借款具有风险大、利率低的特点，负债结构变化将会使负债成本和财务风险发生相应的变化。

(4) 增加企业资金弹性。短期借款可以随借随还，有利于企业对资金存量进行调整。

2. 应付账款及应付票据

应付账款及应付票据因商品交易产生，其变动原因有：

(1) 企业销售规模的变动。当企业销售规模扩大时，会增加存货需求，使应付账款及应付票据等债务规模扩大；反之，会使其降低。

(2) 充分利用无成本资金。应付账款及应付票据是因商业信用产生的一种无资金成本或资金成本极低的资金来源，企业在遵守财务制度、维护企业信誉的条件下充分加以利用，可以减少其他筹资方式的筹资数量，节约利息支出。

(3) 提供商业信用的企业的信用政策发生变化。如果其他企业放宽信用政策和收账政策，企业应付账款和应付票据的规模就会大些；反之，就会小些。

(4) 企业资金的充裕程度。企业资金相对充裕，应付账款和应付票据的规模就小些，当企业资金比较紧张时，就会影响到应付账款和应付票据的清欠。

在市场经济条件下，企业之间相互提供商业信用是正常的。利用应付票据和应付账款进行资金融通，基本上可以说是无代价的融资方式，但企业应注意合理使用，以避免造成企业信誉损失。

3. 应交税费和应付股利

应交税费反映企业应交未交的各种税金和附加费，包括流转税、所得税和各种附加费。交纳税金是每个企业应尽的法定义务，企业应按有关规定及时、足额交纳。应纳税金的变动与企业营业收入、利润的变动相关，分析时应注意查明企业是否有拖欠国家税款的现象。

应付股利反映企业应向投资者支付而未付的现金股利，是因企业宣告分派现金股利而形成的一项负债。支付股利需要大量现金，企业应在股利支付日之前做好支付准备。

4. 其他应付款

其他应付款分析的重点是：①其他应付款规模与变动是否正常；②是否存在企业长期占用关联方企业资金的现象。分析应结合财务报表附注提供的资料进行。本例中，华夏公司本年其他应付款余额高达 198 753.5 元，较上年增加了 19 353.5 元，增长率为 10.79%，应对其合理性作进一步分析。

5. 长期借款

影响长期借款变动的因素有：

(1) 银行信贷政策及资金市场的资金供求状况。

(2) 为了满足企业对资金的长期需要。

(3) 保持企业权益结构的稳定性。

(4) 调整企业负债结构和财务风险。

本章小结

本章主要学习了：资产负债表分析的目的与内容；资产负债表水平分析方法；资产负债表垂直分析方法；资产结构与资本结构的适应性分析；资产负债表项目分析内容及方法。

本章重要概念

资产　负债　所有者权益　资产负债表水平分析　资产负债表垂直分析　资产结构　负债结构　股东权益结构　资本结构

思考与练习

1. 资产负债表分析的目的是什么？

2. 如何对资产负债表的变动情况进行分析？
3. 如何评价资产负债表变动的几种类型？
4. 如何进行资产负债表结构分析？

推荐阅读资料

[1] 王海玉.基于管理视角的企业资产负债表分析[J].企业改革与管理，2015(11).
[2] 张新民.资产负债表：基于传统分析，我们能看到什么？[J].财务与会计，2015(11).
[3] 周钢柱."报表会说话"——资产负债表审阅、分析[J].财经界，2015(2).

第三章　所有者权益变动表分析

- 内容简介
- 学习目的和要求
- 引例
- 第一节　所有者权益变动表分析概述
- 第二节　所有者权益变动表的一般分析
- 第三节　股利决策对所有者权益变动影响的分析
- 本章小结
- 本章重要概念
- 思考与练习
- 推荐阅读资料

内容简介

本章在学习所有者权益变动表分析目的及意义的基础上，主要讲解了所有者权益变动表的水平分析、垂直分析及对主要项目的具体分析，并进一步理解分析了股利政策对所有者权益变动的影响。

学习目的和要求

通过本章学习，学生应掌握所有者权益变动表的内涵及其与其他对外报表内容与项目的钩稽关系，理解所有者权益变动表的编制与分析意义，掌握所有者权益变动表一般分析的具体内容。

引例　股票回购的尴尬

2013 年，A 股市场经过近 1 年的绵绵跌势，“破净股”(股价跌破净资产)已达 200 余家，数量已远超 2010 年沪综指最低(998 点)时的 176 家，然而跌破净资产却并不意味着个股跌势见底。在证监会发布回购新规后，中国人民银行又发布规定，允许上市公司发行中期票据回购股份。除中期票据之外，公司债也可为上市公司回购股份提供融资支持。然而，上市公司回购股票仍然面临“叫好不叫座”的尴尬。截至目前，在 A 股市场也只有天音控股和海马股份两家公司宣布回购自家股票。

天音控股和海马股份两家上市公司接连宣布回购股票，其动机也不仅仅局限于恢复投资者信心这样“单纯”。比如，海马股份在宣布回购前，也早已跌入“破净股”。其在年初发了 8.2 亿元的可转债，转股价格为 18.28 元/股，已于 7 月 16 日开始进入转股期。股价的惨跌使预期中的债转股不能顺利进行，公司不得不两次下调转股价格。因此，海马股份选择在股东大会决议前宣布回购不可不谓“用心良苦”。

在市场因上市公司的回购而追涨的同时，我们要清醒地看到股票回购是一柄“双刃剑”。在股价“破净”后，公司回购并注销股份，会导致总股本缩小，有利于提升每股盈利及净资产。然而，在经济低迷、预期利润下滑的情况下，企业大量采取现金回购方式，可能造成回购后公司资金短缺，财务风险加大，每股收益将会出现更大的波动，从而令其股价变化也面临很大的不确定性。

此外，由于公司的回购要在回购前予以公告，一般都会促使股价回升到净资产值附近。因此，公司进行股份回购既可能是为了稳定股价，也可能是为了炒作自己的股票，操纵二级市场的股价。

二者虽然主观目的不同，但客观上都达到了推动股价上涨的效果。当公司回购股份的价格高于实际价值时，未被回购股东的股份价值就相应地被稀释，此时回购就是一桩折本的买卖。上市公司回购股份的承诺兑现期均横跨数月，在这一过程中还充满了诸多变数。很多回购方案往往由于股价的上升最终没有实施，许多上市公司也就“说说而已”。

第一节 所有者权益变动表分析概述

一、所有者权益变动表的内涵

所有者权益变动表是反映公司本期(年度或中期)内截至期末所有者权益变动情况的报表。2007年以前，公司所有者权益变动情况是以资产负债表附表形式予以体现的。新《企业会计准则》颁布后，要求上市公司于2007年正式对外呈报所有者权益变动表，所有者权益变动表将成为与资产负债表、利润表和现金流量表并列披露的第四张财务报表。

所有者权益是指企业资产扣除负债后由股东享有的“剩余权益”，也称净资产，是股东投资资本与经营过程中形成的留存收益的集合，是股东投资和公司发展实力的资本体现。所有者权益变动表，是根据所有者权益变动的性质，分别按照当期净利润、直接计入所有者权益的利得和损失项目、股东投入资本和向股东分配利润、提取盈余公积等情况分析填列的。

所有者权益变动表一般应单独列报以下项目：

(1) 净利润。

(2) 直接计入所有者权益的利得和损失项目及其总额。

(3) 会计政策变更和会计差错更正的累积影响金额。

(4) 股东投入资本和向股东分配利润等。

(5) 按照规定提取的盈余公积。

(6) 实收资本、资本公积、盈余公积、未分配利润期初和期末余额及其调整情况。

根据华夏公司财务数据，具体编制所有者权益变动表(见表 1-4)。

资产负债表是报告某一时点的价值存量，利润表、现金流量表与所有者权益变动表反映的是两个时点之间的存量变化——流量，利润表反映了所有者权益变化的一部分，现金流量表则反映了现金的变化过程，所有者权益变动表反映的是资产负债表中所有者权益具体项目的变化过程。四张会计报表是用会计语言反映会计期间的总体财务状况和经营业绩。从存量与流量视角，四张会计报表的内在关联如图 3-1 所示。

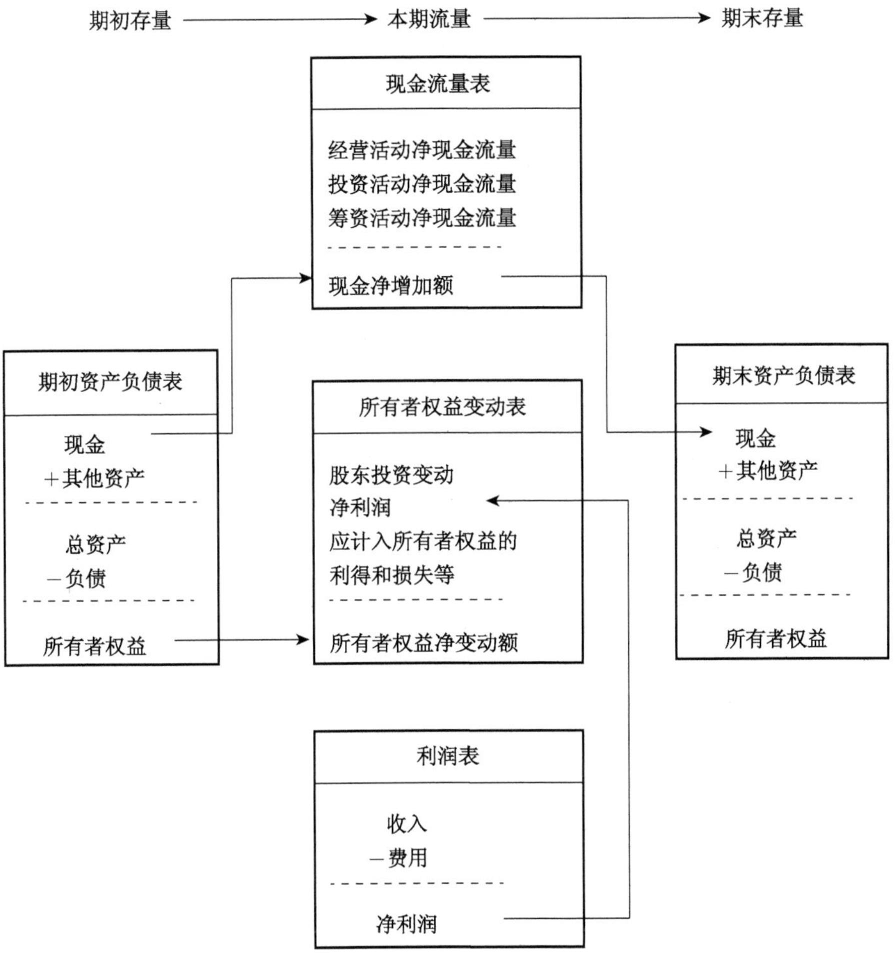

图 3-1　四张会计报表关联关系图

二、编制所有者权益变动表的意义

(一) 编制所有者权益变动表符合全面收益改革的国际趋势

1992年10月，英国会计准则委员会(ASB)要求对外编报的主要财务报表增加“全部已确认利得与损失表”;1997年美国会计准则委员会(FASB)要求财务报表中必须有一个独立的组成部分，突出显示企业的全部利得和损失，在收益表之外报告全面收益;1997年国际会计准则委员会(IASC)公布修订后IASI“财务报表表述”中，要求财务报表中必须有一个独立的组成部分，来突出显示企业的全部利得和损失。

从国外会计准则制定机构关于财务业绩报告的改革过程来看，改革业绩报告的目标基本一致，都要求报告更全面、更有用的财务业绩信息，以满足使用者投资、信贷及其他经济决策的需要。

我国在2007年适用的《企业会计准则——基本准则》中对所有者权益要素做了如下规定:“所有者权益的来源包括所有者投入的资本、直接计入所有者权益的利得和损失、留存收益等。”其中，直接计入所有者权益的利得和损失，“是指不应计入当期损益、会导致所有者权益发生增减变动的、与所有者投入资本或者向所有者分配利润无关的利得或者损失”。

由所有者权益变动表的内容可见，我国的所有者权益变动表的作用实际上就相当于英国ASB的“全部已确认利得与损失表”，美国FASB的“全面收益”，国际会计准则委员会IASC“权益变动表”。我国改革后的所有者权益变动表能更好地帮助投资者获得与其决策相关的全面收益信息。

(二) 编制所有者权益变动表是公司所有者权益日益受到重视的体现

所有者权益变动表可以反映股权所拥有的权益，据以判断资本保值增值的情况以及对负债的保障制度。该表将全面反映企业的所有者权益在年度内的变化情况，便于会计信息使用者深入分析企业所有者权益增减变化情况，进而对企业的资本保值增值情况作出正确判断，为决策提供有用的信息。投资人可以透过投资者权益变动表分析被投资方的投资价值，以及股利发放、员工红利等各项权益变动因素，以预测投资效益。

从受委托责任角度，编制所有者权益变动表，既是对投资者负责，也是对股东和公司自身负责。

(三) 编制所有者权益变动表将更好地为利润表和资产负债表提供辅助信息

编制所有者权益变动表中的“计入所有者权益的利得和损失”以及“利润分配”，与利润表之间存在较强的关联性。“计入所有者权益的利得和损失”与利益分配中的“公允价值变动净收益”相辅相成，共同反映了公允价值变动对企业的影响。

"利润分配"则提供了企业利润分配的去向和数量，为利润表提供了辅助信息。所有者权益变动表中提供的所有者结构变动信息与资产负债表中所有者权益部分相辅相成，提供了所有者权益具体项目变动的过程及其原因。

（四）编制所有者权益变动表能更清晰地体现会计政策变更和前期差错更正对所有者权益的影响

会计政策变更和前期差错更正对所有者权益本年年初余额的影响，原先主要在会计报表附注中体现，很容易被投资者忽略。新准则要求除了在附注中披露与会计政策变更、前期差错更正有关的信息外，还将在所有者权益变动表上直接列示会计政策变更和前期差错更正对所有者权益的影响，以使其得到更清晰的体现。

三、所有者权益变动表分析的目的

所有者权益变动表分析，是通过所有者权益的来源及其变动情况，了解会计期间内影响所有者权益增减变动的具体原因，判断构成所有者权益各个项目变动的合法性与合理性，为报表使用者提供较为真实的所有者权益总额及其变动信息。

所有者权益变动表分析的具体目的如下：

第一，通过所有者权益变动表分析，可以清晰体会会计期间构成所有者权益各个项目的变动规模与结构，了解其变动趋势，反映公司净资产的实力，提供保值增值的重要信息。

第二，通过所有者权益变动表分析，可以进一步从全面收益角度报告更全面、更有用的财务业绩信息，以满足报表使用者投资、信贷及其他经济决策的需要。

第三，通过所有者权益变动表分析，可以反映会计政策变更的合理性以及会计差错更正的幅度，具体报告会计政策变更和会计差错更正对所有者权益的影响数额。

第四，通过所有者权益变动表分析，可以反映股权分置、股东分配政策、再筹资方案等财务政策对所有者权益的影响。

四、所有者权益变动表分析的内容

所有者权益变动表的分析，包括如下内容：

第一，所有者权益变动表的水平分析。

第二，所有者权益变动表的垂直分析。

第三，所有者权益变动表的主要项目分析。

第四，管理层相关决策对所有者权益影响的分析。

第二节　所有者权益变动表的一般分析

一、所有者权益变动表的水平分析

所有者权益变动表水平分析，是将所有者权益各个项目的本期数与基准进行对比（可以是上期数等），揭示公司当期所有者权益各个项目的水平及其变动情况，解释公司净资产的变动原因，借以进行相关决策的过程。以华夏公司所有者权益变动表为基础资料，编制所有者权益水平分析表，如表 3-1 所示。

表 3-1　华夏公司所有者权益水平分析表

项　　目	本年（元）	上年（元）	变动额（元）	变动率
一、上年年末余额	958 259.25	955 169.18	3 090.07	0.32%
加：会计政策变更				
前期差错更正				
二、本年年初余额	958 259.25	955 169.18	3 090.07	0.32%
三、本期增减变动金额（减少以"－"号填列）				
（一）净利润	12 026.86	3 090.07	8 936.79	289.2%
（二）其他综合收益				
上述（一）和（二）小计	12 026.86	3 090.07	8 936.79	289.2%
（三）所有者投入和减少资本				
1. 所有者投入资本				
2. 股份支付计入所有者权益的金额				
3. 其他				
（四）利润分配				
1. 提取盈余公积				
2. 提取一般风险准备				
3. 对所有者（或股东）的分配				
4. 其他				
（五）所有者权益内部结转				
1. 资本公积转增资本（或股本）				
2. 盈余公积转增资本（或股本）				
3. 盈余公积弥补亏损				
4. 其他				
四、本期期末余额	970 286.11	958 259.25	12 026.86	1.26%

从表 3-1 中可以看出，华夏公司本年所有者权益比上年增加 12 026.86 元，增长幅度为 1.26%；从影响的主要项目来看，最主要的原因是本年净利润的大幅度增长，效益明显提高，净利润同期增加 8 936.79 元，增幅 2.89 倍，由此也说明净利润增加是经营资本增加的源泉，也是所有者权益增长的重要途径，正如定价理论信条所言：价值是股东在经营过程中产生的，而非股东在财务活动中产生。除上述原因外，尚有上年年末余额对本年年末余额的影响。公司没有发行新股，也没有发生回购库存股或其他影响股本规模的行为，因此，华夏公司的股本、资本公积保持不变。

二、所有者权益变动表的垂直分析

所有者权益表的垂直分析，是将所有者权益各个项目变动占所有者权益变动的比重予以计算，并进行分析评价，揭示公司当期所有者权益各个项目的比重及其变动情况，解释公司净资产构成的变动原因，借以进行相关决策的过程。以华夏公司的所有者权益变动表为基础资料，编制所有者权益垂直分析表，如表 3-2 所示。

表 3-2 华夏公司所有者权益垂直分析表

项　　目	本年(元)	上年(元)	变动额(元)	变动额构成
一、上年年末余额	958 259.25	955 169.18	3 090.07	25.69%
加：会计政策变更				
前期差错更正				
二、本年年初余额	958 259.25	955 169.18	3 090.07	25.69%
三、本期增减变动金额(减少以“—”号填列)				
(一) 净利润	12 026.86	3 090.07	8 936.79	74.3%
(二) 其他综合收益				
上述(一)和(二)小计	12 026.86	3 090.07	8 936.79	74.3%
(三) 所有者投入和减少资本				
1. 所有者投入资本				
2. 股份支付计入所有者权益的金额				
3. 其他				
(四) 利润分配				
1. 提取盈余公积				
2. 提取一般风险准备				
3. 对所有者(或股东)的分配				
4. 其他				

（续表）

项　　目	本年(元)	上年(元)	变动额(元)	变动额构成
（五）所有者权益内部结转				
1. 资本公积转增资本(或股本)				
2. 盈余公积转增资本(或股本)				
3. 盈余公积弥补亏损				
4. 其他				
四、本期期末余额	970 286.11	958 259.25	12 026.86	100%

从表 3-2 中可以看出，华夏公司本年年末余额比上年增加 12 026.86 元，若以其变动为 100%，则在此变动中占 74.3%的便是净利润的变动。此外，上年年末余额变动占所有者权益总变动的 25.69%。

三、所有者权益变动表主要项目的分析

所有者权益变动表的主要项目分析，是将组成所有者权益的主要项目进行具体剖析对比，分析其变动成因、合法合理性、有无人为操控的迹象等事项的过程。

所有者权益变动表的主要项目，可以从以下公式集体理解：

$$\text{净利润}+\begin{matrix}\text{直接计入所有}\\\text{者权益的损失}\end{matrix}+\begin{matrix}\text{会计政策和会计差}\\\text{错更正的累积影响}\end{matrix}+\begin{matrix}\text{股东投}\\\text{入资本}\end{matrix}-\begin{matrix}\text{向股东分}\\\text{配利润}\end{matrix}-\begin{matrix}\text{提取盈}\\\text{余公积}\end{matrix}=\begin{matrix}\text{本期所有者}\\\text{权益变动额}\end{matrix}$$

为了避免与资产负债表分析重复，本章所有者权益变动表主要项目的分析应该包括以下几个方面。

1. 直接计入所有者权益的利得和损失分析

利得是指企业非日常活动所形成的、会导致所有者权益增加的、与所有者投入资本无关的经济利益的流入。损失是指企业非日常活动所发生的、会导致所有者权益减少的、与向所有者分配利润无关的经济利益的流出。

直接计入所有者权益的利得和损失，是指不应计入当期损益、会导致所有者权益发生增减变动的、与所有者投入资本或者向所有者分配利润无关的利得或者损失。

一般而言，已实现确认的利得与损失在发生当年计入利润表，未实现确认的利得与损失可能在资产负债表中确认，同时，所有者权益变动表涵盖了这些信息。利润表反映公司在会计年度内已实现的损益。若出现未实现的损益，公司的资产价值会增减，公积也会随之增减，但未实现的损益不在年度利润表中披露，而是直接计入所有者权益。

利润表不予披露的未实现损益通常包括：固定资产重估产生的未实现损益、货

币折算价差产生的未实现损益以及长期商业投资重估产生的未实现损益等。

（1）固定资产重估产生的未实现损益。公司对固定资产（比如房地产）进行重估时，资产负债表中资产的价值就会增加，资本公积也会随之增加。除非公司后来将该资产出售，否则这笔重估收益就一直无法实现，也不在利润表中体现。

（2）货币折算价差产生的未实现损益。若美国某公司拥有英国一家子公司，在合并报表时，就要将该子公司资产价值折成等值的美元。不同报表日的汇率不同，都会造成资产价值的升降。这种由于货币折算而产生的资产价值的增减变化也是一种未实现损益。

（3）长期商业投资重估产生的未实现损益。对非子公司、非联营企业和合资企业的其他公司的股权投资，若股票市场上被投资方的股价发生变化，那么商业投资的价值就会发生变化，因此将出现未实现损益。

在所有者权益变动表中，直接计入所有者权益的利得和损失的内容包括：第一，可供出售金融资产公允价值变动净额；第二，权益法下被投资单位其他所有者权益变动的影响；第三，计入所有者权益项目相关的所得税影响；第四，其他。

通过直接计入所有者权益的利得与损失分析，可进一步说明会计期间所有者权益是如何增减变化的，具体理解见[例 3-1]。

【例 3-1】 某公司 2016 年实现净利润 290 万元，分配股利 80 万元，增发新股 200 万元，长期投资于 A 单位，股权占 40%，A 单位本年亏损 25 万元，试确定所有者权益变动额。

解：根据净利润与所有者权益变动额的关系公式，本题所有者权益变动额具体结果为：

$$290-10-80+200=400(\text{万元})$$

项　目	人民币（万元）
税后利润	290
＋直接计入所有者权益的利得与损失	－10(25×40%)
－股利	80
＋新增股本	200
所有者权益净增加额	400
期初所有者权益	3 650
期末所有者权益	4 050

2. 会计政策变更的分析

（1）会计政策与会计政策变更。会计政策是指会计主体在会计核算过程中所采用的原则、基础和会计处理方法，其中原则实质上包括了会计的基本假设、会计的一般原则和具体原则、会计处理方法，甚至还包含某些非会计假设。

会计政策变更是指在特定的情况下，企业可以对相同的交易或事项由原来采用的会计政策改用另一会计政策。企业采用的会计政策，在每一会计期间和前后各期应当保持一致，不得随意变更；但是，满足下列条件之一的，可以变更会计政策；第一，法律行政法规或者国家统一的会计制度等要求变更。例如，国家发布统一的关于增值税会计处理的核算办法后，企业应及时按照新的办法处理有关增值税事项。第二，会计政策变更能够提供更可靠、更相关的会计信息。例如，企业原先一直采用直接转销法核算坏账，由于信用环境的改变，应收账款演变为坏账的可能性增大，继续使用直接转销法核算坏账将会虚增企业某一会计期间的资产盈利，因此备抵法的会计政策更能体现应收账款的账面价值。

(2) 会计政策变更在表中的列示与分析。会计政策变更能够提供更可靠、更相关的会计信息的，主要应当采用追溯调整法进行处理，根据会计政策变更累积影响数调整列报前期最早期初留存收益。其中追溯调整法，是指对某项交易或事项变更会计政策，视同该项交易或事项初次发生时即采用变更后的会计政策，并以此对财务报表相关项目进行调整的方法。

会计政策变更的累积影响数，是指按照变更后的会计政策，对以前各期追溯计算的列报前期最早期初留存收益应有金额与现有金额之间的差额。会计政策变更的累积影响数需在所有者权益变动表中单独列示。

对会计政策变更的累积影响数的分析，主要目的在于合理区分属于会计政策变更和不属于会计政策变更的业务和事项。一般而言，不属于会计政策变更的业务或事项具体包括：①当期发生的交易或事项与以前相比具有本质差别而采用新的会计政策。例如，某企业一直通过经营租赁方式租入设备，进行生产，但从本年度起，新租入的设备采用融资租赁方式，故企业本年度采用融资租赁的会计处理方法进行设备租入和使用的记录与报告。由于经营租赁与融资租赁具有本质区别，因而这种变化不属于会计政策变更。②对初次发生的或不重要的交易或事项采用新的会计政策。例如，企业第一次发生跨年度的劳务供应合同项目，对这种项目采取完工百分比法于年末确认收入。对企业来说，虽然采取了新的收入确认方式，但是这种做法不属于会计政策变更。又如，企业一直将购买办公用品而发生的费用直接记入管理费用账户，从本期开始，企业凡购买的办公用品都要先记入物料用品账户，然后在领用后转入有关费用账户。由于办公用品支出属于企业的零星支出，且这种改变对资产、费用和利润的影响很小，属于不重要的事项，因而这种变更不必作为会计政策变更的内容进行专门披露。

3. 前期差错更正的分析

(1) 前期差错与前期差错更正。前期差错是指由于没有运用或错误运用以下两种信息,而对财务报表造成遗漏或误报:第一,编报前期财务报表时能够合理预计取得并应当加以考虑的可靠信息。第二,前期财务报表批准报出时能够取得的可靠信息。前期差错通常包括计算错误、应用会计政策错误、疏忽或曲解事实、舞弊产生的影响以及存货、固定资产盘盈等。

前期差错更正是指企业应当在重要的前期差错发现后的财务报表中,调整前期相关数据。前期差错更正主要采用追溯重述法,该法是指在发现前期差错时,视同该项前期差错从未发生过,从而对财务报表相关项目进行更正的方法。

(2) 前期差错更正在表中的列示与分析。本期发现与以前期间相关的重大数据差错,如果影响损益,应按其对损益的影响数据调整发现前期的期初留存收益,会计报表其他相关项目的期初数也应一并调整;如不影响损益,应调整会计报表相关项目的期初数。

对前期差错更正累计影响数据分析。主要目的在于及时发现与更正前期差错,合理判断和区分相关业务是属于会计政策变更还是属于会计差错更正,以达到信息的准确性。

会计差错发生的原因可归纳为三类:①会计政策使用上的差错。例如,按照国家统一的会计制度规定,为构建固定资产而发生的借款费用,在固定资产达到预定可使用状态后发生应计入当期损益,若继续予以资本化,则采用了法律或者会计准则等行政法规、法章所不允许的会计政策。②会计估计上的差错。由于经济业务中不确定因素影响,企业在会计估计过程中出现了差错。例如,国家规定企业可以根据应收账期末余额的一定比例计提坏账准备,企业有可能在期末多计提或少计提坏账准备,从而影响损益计算。③其他差错。在会计核算中,企业有可能发生除前述两种差错以外的其他差错。例如,错记借贷方向、错记账户、漏记交易或事项、对事实的忽视和滥用等。

会计差错只要发生就会使会计报表信息失真,按其影响程度不同,会计差错可分为重大会计差错和非重大会计差错。重大会计差错是指影响会计报表可靠性的会计差错,其特点是差错的金额比较大,足以影响会计报表的使用者对企业的财务状况和经营成果作出正确判断。按照重要性原则,如果某项差错占有关交易或事项金额的10%以上,则可以被认定为重大会计差错。非重大会计差错是指不足以影响会计报表使用者对企业财务状况和经营成果作出正确判断的会计差错。无论是否为重大会计差错,都应在发现前期差错的当期进行前期差错更正,在所有者权益表中适时披露。

第三节　股利决策对所有者权益变动影响的分析

一、派现与送股对公司所有者权益的影响

我国上市公司分红主要采取的是派现和送股两种形式。它们对公司财务状况的影响是不同的:派现使公司的资产和所有者权益同时减少,股东手中的现金会增加;送股使流通在外的股份数增加,公司未分配利润减少,股本增加,每股账面价值和每股收益稀释。

1. 派现

(1) 派现的含义。派现即现金股利,是指公司以现金向股东支付股利的形式,是公司最常见、最易被投资者接受的股利支付方式。这种形式能够满足大多数投资者希望得到稳定投资回报的要求。公司支付现金股利,除了必须有足额的可供分配的利润,还取决于公司的投资需要、现金流量和股东意愿等因素。

(2) 派现对所有者权益的影响。派现会导致公司现金流出,减少公司的投资和所有者权益规模,降低公司内部筹资的总量,既影响所有者权益内部结构,也影响整体资本结构。

【例 3-2】 某公司有流通在外的股票 100 万股,每股股价 5 元,公司的市值价值总额是 500 万元。表 3-3 呈现出了简化的上年末的资产负债表。

表 3-3　资产负债表(现金股利支付前)　　单位:元

现金	1 500 000	负债	0
其他资产	3 500 000	所有者权益	5 000 000
合计	5 000 000	合计	5 000 000

假设该公司管理当局本年末决定每股发放 1 元的派现,支付股利后的公司市值价值资产负债表如表 3-4 所示。

表 3-4　资产负债表(现金股利支付后)　　单位:元

资　产		负债及所有者权益	
现金	500 000	负债	0
其他资产	3 500 000	所有者权益	400 000
合计	4 000 000	合计	400 000

由表 3-4 可知,如果该公司决定每股发放 1 元的额外现金股利,则需支付现金 100 万元,由此使公司资产的市场价值和所有者权益均下降 400 万元,每股市价下

降到4元。

派现将减少公司的资产和留存收益规模，降低公司的财务弹性，并影响公司的整体的投资与筹资决策。所以，管理当局在决定派现时，应当权衡各方面的因素。一般而言，公司派现决策的动机如下：

(1) 消除不确定性动机。投资者对股利和资本利得有不同的偏好，大多数投资者认为，现金股利是在本期收到的实惠，而未来的资本利得则具有很大的不确定性，公司通过派现可以消除投资者期望收益的不确定性，树立良好的市场形象。

(2) 传递优势信息动机。根据股利传播信息论，在非完善资本市场中，派现常常被管理者作为用来传递公司未来前景的信息。当管理者对公司未来发展前景看好时，就会通过一定的派现向市场传递公司的绩优信息，从而提高公司的股票价格。

(3) 减少代理成本动机。将剩余的现金流量以股利的形式发给股东，可以降低经营者控制企业资源的能力，从而降低因所有者和经营者之间的冲突而产生的代理成本。

(4) 返还现金动机。每个公司都会走向成熟期，在这个阶段，公司很难找到投资收益率超过投资者要求的必要收益率的项目，这时就应该考虑向投资者派现，以稳定投资者的心态。

2. 送股

(1) 送股的含义。送股即股票股利，是指公司以股票形式向投资者发放股利的方式。其具体做法是：在公司注册资本尚未足额时，以股东认购的股票作为股利支付，也可以发放新股支付股利。实际操作过程中，有的公司增发新股时，预先扣除当年应分配股利，减价配售给老股东；也有的公司发行新股时进行无偿增资配股，即股东不需缴纳任何现金和实物即可取得公司发行的股票。

公司选择送股的动因如下：①送股固然不会增加股票的内在价值，但是对股东来说将收益作为本金留存公司是一种再投资行为。只要公司经营长线看好，股票红利就很诱人。②从市场评价来看，送股题材相当吸引人。大量送股后每股收益被稀释，填补每股盈利的缺口给公司经营提出了更高的要求。根据信息理论，大量送股给市场这样一个信号——公司对盈利增长有信心。③公司送股决策最直接的动因还是为了更好地筹资，如承销商会建议某些小盘股公司，先送红股将盘子做大，然后配股，这样配股价不致太高，还可以多筹资。④送股还有避税、降低交易成本等优点。

(2) 送股对所有者权益的影响。送股是一种比较特殊的股利形式，它不直接增加股东的财富，不会导致企业资产的流出或负债的增加，不影响公司的资产、负债及所有者权益总额的变化，所影响的只是所有者权益内部有关各项目及其结构的变化，即将未分配的利润转为股本（面值）或资本公积（超面值溢价）。

(3) 送股对每股收益和每股市价的影响。送股后，如果盈利总额不变，会由于普通股股数增加而引起每股收益和每股市价的下降；但由于股东所持股的比例不变，每位股东所持股票的市场价值总额仍保持不变。

发放股票股利对每股收益和每股市价的影响，可以通过对原每股收益、每股市价的调整直接算出。其计算公式如下：

$$\text{发放股票股利后的每股收益} = \frac{E_O}{1+D_S}$$

式中：E_O——发放股票股利前的每股收益；

D_S——股票股利发放率。

$$\text{发放股票股利后的每股市价} = \frac{M}{1+D_S}$$

式中：M——除权日的每股市价。

【例 3-3】 假设 X 公司本年净利为 25 000 万元，股利分配时的股票市价为 20 元/股，发行在外的流通股数为 20 000 万股，股利分配政策为 10 送 0.5 股，则每股收益和每股市价的影响计算如下：

$$\text{送股后的每股收益} = (25\,000 \div 20\,000) \div (1+5\%) = 1.19(\text{元})$$
$$\text{送股后的每股市价} = 20 \div (1+5\%) = 19.05(\text{元})$$

(4) 转增股本与送股。转增股本是指公司将资本公积转化为股本，它并没有改变股东的权益，但却增加了股本的规模，因而客观结果与送股相似。

二、股票分割对公司所有者权益的影响

1. 股票分割的含义

股票分割是指在保持原有股本总额的前提下，将每股股份分割为若干股，使股票面值降低而增加股票数量的行为。

股票分割对中小投资者购买股票更具吸引力，具体说来可归纳为：

(1) 股票分割可降低公司股票的市场价格，使其易于在市场上流通。这有利于吸引投资者买卖公司股票。

(2) 股票分割实际上是向投资者传递公司发展前景良好的信息。因为股票分割意味着公司想以较低的发行价吸引投资者购买公司的新股票，公司的股票价格有上升趋势。

(3) 如果股票分割后的每股现金股利比股票分割前的高，股东可获得较多的利益，从而对公司的发展充满信心，并不会随便出售手中持有的股票。这无疑有利

于稳定公司的股票价格。

当然，如果公司认为流通中的股票价格过低，可通过反分割的方法将每股价格提高。在国际上，股票的分割和反分割都会受到有关法律的限制。

2. 股票分割对所有者权益的影响

股票分割不属于股利分配，但与股票股利在效果上有一些相似之处，即股票分割也不直接增加股东的财富，不影响公司的资产、负债及所有者权益的金额变化。与送股不同之处在于，股票股利导致与所有者权益有关的各项目结构发生变化，而股票分割则不会改变公司的所有者权益结构。

3. 股票分割对每股收益和每股市价的影响

虽然股票分割不属于股利分配，但和股票股利一样，它会对公司的每股收益、每股市价等产生影响。在其他条件不变的情况下，进行股票分割会使公司的每股收益、每股市价下降。

三、所有者权益变动表中的库存股

1. 库存股的概念

如果公司不需要过度筹资，提高股利支付率是途径之一；另一途径即为股票回购，财务上称为库存股。库存股是发行总股本的减项，可以理解为将股利一次性支付给股东，属于间接股利分配形式。

库存股是指公司收回发行的且尚未注销的股票。它同时具备以下四个特点：①库存股是本公司的股票；②库存股是已发行的股票；③库存股是收回后尚未注销的股票；④库存股是可以再次出售的股票。根据定义，我们也可以做如下理解：凡是属于公司未发行的股票、公司持有的其他公司的股票或者是公司已收回并注销的股票都不能视为库存股。

除了股票回购外，本公司股东或债务人以股票抵偿公司的债务、股东捐赠本公司的股票等行为都会形成库存股。

2. 库存股对公司所有者权益的影响

(1) 库存股不是公司的一项资产，而是所有者权益的减项。其原因如下：①股票是股东对公司净资产要求权的证明，而库存股不能使公司成为该类股票的股东并且享有公司股东的权利，否则将会损害其他股东的权益。②资产不可以注销，而库存股可注销；在公司清算时，资产可变现而后分给股东，但库存股并无价值。正因为如此，西方各国都普遍规定：公司收购股份成本，不得高于留存收益或者留存收益与资本公积之和。③留存收益中把相当于库存股的那部分股本单独列示，是为了限制其分配股利，以免侵蚀法定资本的完整。这种限制只有在再次发行库存股或注销库存股时方可取消。

（2）库存股的变动不影响损益，只影响权益。由于库存股不是公司的一项资产，因此再次发行库存股时，其所产生的收入与取得时的账面价值之间的差额不会引起公司损益的变化，而是引起公司所有者权益的增加或减少。

（3）库存股的权益受限。由于库存股没有具体股东，因此库存股的权利会受到一定的限制。例如，它不具有股利分派权、表决权、优先认购权、分派剩余财产权等。

3. 对库存股进行分析时应该注意的问题

从实质影响看，股票回购可以认为是将股利一次性支付给股东，属于间接股利分配，但它比高股利政策更有财务影响力：①合理增加库存股能进一步提高股票价格，吸引投资者。公司通过增加库存股可以减少发行在外的流通股，从而达到提高每股净收益和每股股利的目的，以保持或提高股价。②合理增加库存股可减少股东人数，化解外部控制或减少施加重要影响的公司和企业，以避免公司自身被收购或者恶意运作。③公司通过库存股的合理运用，可以调整自身的资本结构，保证股东和债权人的利益。

库存股会影响到公司的股价、资本结构、公司形象等，因此在报表分析中应该注意以下几项：

（1）法律、法规、章程等对发行在外的股票数量及金额的限制。

（2）法律、法规、章程等因持有库存股而对其股利分配的限制。

（3）依法回收股票原因、库存股的增减变动状况。

（4）法律、法规、章程对库存股所享有的股东权利的限制。

（5）若子公司与母公司财务报表期间持有母公司股票，母公司利润表应揭示相关资料，并在财务报表附注中揭示子公司购入的股数及账面价值、再出售股数及售价、期末持有数及市价。

（6）有无利用股票回购内幕操纵股价、粉饰财务数据、误导投资者、满足公司管理层短期行为的动机，等等。

四、股权流通对价对公司所有者权益的影响

股权流通对价是指非流通股股东为获取流通权而付出的一种代价，对价的方式基本有四种：送股、送现金、送权证和缩股。前三种对价形式对股权分置改革的上市公司而言既没有导致经济利益流入，也没有导致经济利益流出，对公司本身的注册资本、股本总额和资产、负债、所有者权益总额及其内部结构没有影响，所以上市公司本身可以不作会计处理；而缩股使上市公司本身的注册资本和总股本减少，需要作相应的会计处理。

缩股虽然使公司本身的注册资本和总股本减少，但并没有导致实际经济利益

流出，公司资产、负债、所有者权益总额没有减少，只是所有者权益内部结构发生了变化，所以公司应按股本(注册资本)减少金额，借记“实收股本”科目，贷记“资本公积——其他资本公积”科目。例如，吉林敖东(000623)实施股权分置改革对价方案为：非流通股股东所持 16 255.20 万股股份按照 1∶0.607 4 的比例缩股，缩减为 9 873.408 5 万股，流通股股东持股数不变。股权分置改革实施后，公司资产、负债、所有者权益总额不变，公司总股本由 35 049.69 万股变为 28 667.898 5 万股，公司注册资本由 35 049.69 万元变为 28 667.898 5 万元。该公司对非流通股股东所持股份按照 1∶0.607 4 的比例缩股对价作如下会计处理：按股本(注册资本)减少金额 6 381.791 5 万元(16 255.20－9 873.408 5)，借记“股本”科目，贷记“资本公积——其他资本公积”科目。

本章小结

本章主要学习了：所有者权益变动表分析的内涵、意义、目的与内容；所有者权益变动表水平分析方法；所有者权益变动表垂直分析方法；股利决策对所有者权益变动影响的分析。

本章重要概念

所有者权益　实收资本　资本公积　盈余公积　会计政策变更　派现　股票分割　库存股　股权流通对价

思考与练习

1. 所有者权益变动表分析的目的及内容是什么?
2. 公司派现对所有者权益的影响有哪些?
3. 股票分割对每股收益和每股市价有哪些影响?
4. 股权流通对价对公司所有者权益有哪些影响?

推荐阅读资料

[1] 赵志红，熊玉红. 会计政策变更影响在所有者权益变动表的体现[J]. 财会月刊，2013(6).
[2] 尚素萍. 浅议企业所有者权益变动表质量分析[J]. 东方企业文化，2013(1).
[3] 黄申. 直接获得合并所有者权益变动表方法解析[J]. 财会月刊，2015(8).

第四章　利润表分析

内容简介

本章主要讲解了利润表分析的目的和内容；利润表综合分析，包括利润增减变动分析、利润结构变动分析和营业利润分析；利润表分部报告分析，包括业务分部报告分析和地区分部报告分析；产品销售利润因素分析；利润表分项分析，包括企业收入分析、成本费用分析、投资收益分析和营业外收支变动分析等。

学习目的和要求

通过本章学习，学生应了解利润表分析的目的，掌握利润表综合分析中的利润增减变动分析、利润结构变动分析和营业利润分析；理解利润表分部报告分析中的业务分部报告分析和地区分部报告分析；掌握产品销售利润因素分析；掌握利润表分项分析中的企业收入分析、成本费用分析；理解投资收益分析和营业外收支变动分析。

引例　揭秘S公司高利润的背后，要持续困难重重

在电子行业持续低迷的今天，S公司确实是一个例外，不仅与苹果共同把持了手机产业的超过90%的利润，还在液晶、存储、半导体等行业中保持引领和控制。2012年第三季度财报显示，S公司运营利润高达72.8亿美元，同比增长接近100%。

S公司的高利润是行业标杆和榜样，有很多值得学习和研究的，比如，S公司如何在一个低迷的低利润的行业实现了高利润和高增长，其运营利润结构是否合理，未来能否继续保持高利润？

手机业务是S公司的第一大利润来源，据《第一财经周刊》报道，2012年第一季度，S公司智能手机出货量达到4 220万部，已经超过苹果成为全球最大的智能手机厂商。第二季度S公司手机业务同比增长145%，净利润36.5亿美元。第三季度手机业务仍然是S公司最大的贡献

者，并持续抵销着芯片和显示屏订单的疲软。根据市场调研公司 Asymco 的报告，S 公司占据了 1/3 的手机市场利润，与苹果共同把持着手机市场 90%的利润空间。

S 公司高利润的另一大来源是其完整的产业链，包括了从 CPU、存储到 LCD 面板，这不仅可以降低 S 公司自有品牌产品的成本和市场响应周期，还可以控制竞争对手的产能。2010 年，苹果在 S 公司的采购总额接近 57 亿美元。S 公司掌握着近四成智能手机的关键零部件的生产和定价权，很容易利用产业链产能控制竞争对手。

《第一财经周刊》分析称，第三季度 72.8 亿美元的运营利润或许让 S 公司达到了顶峰，即将到来的第四季度，S 公司利润上升势头或许会终止，包括营销支持、专利战的消耗和芯片销售额下滑在内的多种因素将影响 S 公司的利润增长。

S 公司为伦敦奥运和之前发布的 Galaxy 手机的推广支出了庞大的营销费用，国际金融服务公司瑞士信贷集团预计，2012 年 7～9 月，S 公司大约有 27 亿美元的营销支出。

由于营销的高投入，第三季度 S 公司智能手机出货达到了 5 800 万部，Galaxy 发布 100 天内实现了 2 000 万部销量。同时高营销投入也让 S 公司与苹果可以正面竞争。

另外，8 月底，美国法院裁决了 S 公司与苹果的专利诉讼，S 公司面临 10.5 亿美元的赔偿，10 月份 S 公司发起系列反击，将苹果 iPhone5 作为反击对象，指控其侵犯 S 公司专利。

除了以上支出之外，S 公司的利润结构也存在一定问题。2012 年 7 月，S 公司通讯部负责人承认公司的获利结构不稳定。

第三季度，S 公司用于电脑和手机的 DRAM 芯片价格下降了 14%，虽然 S 公司在这个领域市场份额为第一，但受 PC 市场疲软和苹果减少对 S 公司的依赖影响，未来存储芯片业务将继续走低。

在智能手机上 S 公司押宝 Android 也不是一个好的办法，虽然可以节约软件开发成本和授权费用，但也因此缺乏 OS 和内容方面的竞争力，未来很难保持现有的利润。

第一节 利润表分析概述

利润表分析是分析企业通过组织收入、控制成本费用支出而实现盈利的能力，评价企业的经营成果。同时还可以通过收支结构和业务结构分析，评价各专业业绩成长对公司总体效益的贡献，以及不同分公司经营成果对公司总体盈利水平的贡献。通过利润表分析，可以评价企业的可持续发展能力，它反映了企业的盈利水平，是上市公司的投资者关注的重点。

一、利润表分析的目的

利润表分析的一般目的就是集中分析企业盈利的多少、盈利水平的高低、获取利润的渠道与方式的合理性以及盈利能力的稳定性和持久性。具体包括：

（1）正确评价企业一定时期的经营业绩。利润是企业一定时期经营业绩的集中表现和核心内容，它是评价企业一定时期经营业绩的主要指标。企业能否获取利润、能够获取多少利润、如何获取利润是企业利害关系各方关心的主要问题，因此，利润表分析是正确评价企业一定时期的经营业绩的基本手段和方式。当然，在现代市场经济环境下，企业在特定时期或特定条件下，没有实现盈利或者盈利较少，也不能认为企业经营业绩就一定很差，企业利润的实现受到许多客观因素的影响。因此，应具体问题具体分析，以便正确评价企业经营业绩。

(2) 及时准确发现企业经营管理中可能存在的问题。进行企业财务分析既可以总结成绩，更容易发现工作中存在的问题，特别是对照同行业先进企业或国际先进企业进行分析，就更容易发现经营管理中的不足和差距。因此，进行财务分析具有及时准确发现企业经营管理中可能存在的问题的积极作用。

(3) 为企业经营管理提供决策依据。通过分析发现问题并剖析存在问题的原因，可以为进一步的财务及经营管理决策提供依据，使企业少走弯路，减少决策差错，提高决策的科学水平。

二、利润表分析的内容

在明确利润表分析的目的基础上，利润表分析应依据利润表及相关信息进行。利润表分析主要包括以下内容。

(一) 利润表综合分析

利润表综合分析主要是对利润主表各项利润的增减变动、利润结构变动及营业利润进行分析。

(1) 利润增减变动分析。通过对利润表进行水平分析，从利润的形成角度，反映利润的变动情况，揭示企业在利润形成过程中的管理业绩及存在的问题。

(2) 利润结构变动分析。利润结构变动分析主要是在对利润表进行垂直分析的基础上，揭示各项利润及成本费用与收入的关系，以反映企业的各环节的利润构成、利润及成本费用水平。

(3) 营业利润分析。营业利润分析反映企业营业利润金额的增减变动，揭示影响营业利润的主要因素。

(二) 利润表分部分析

利润表分部分析主要是对分部报告和产品销售利润因素变动情况进行分析。

(1) 分部报告分析。通过对分部报告的分析，反映企业各经营分部的经营状况和成果，为加强企业内部组织结构、管理要求，优化产业结构，完善内部报告制度，进行战略调整指明方向。

(2) 产品销售利润因素分析。产品销售利润因素分析包括影响产品销售利润的因素、产品销售利润因素分析方法，并通过案例分析进一步揭示各因素变动对产品销售利润的影响，从而分清生产经营中的成绩与问题。

(三) 利润表分项分析

利润表分项分析主要是根据利润表附表所提供的详细信息,进一步分析说明企业利润表中重要项目的变动情况,深入揭示利润形成的主观原因与客观原因。具体包括企业收入分析、成本费用分析、资产减值损失分析、投资收益分析等。此外,还可以根据企业利润表的资料,对一些重要项目进行深入分析。

第二节 利润表综合分析

一、利润增减变动分析

(一) 分析资料与方法选择

分析资料见第一章表 1-2 及相关资料。分析方法采用水平分析法。

(二) 编制利润水平分析表

水平分析表的编制采用增减变动额和增减变动百分比两种方式。根据表 1-2 的资料,编制利润水平分析表,如表 4-1 所示。

表 4-1 华夏公司利润水平分析表

项 目	2×16 年度(元)	2×15 年度(元)	增减额(元)	增减率
一、营业收入	1 841 361.49	1 661 640.56	179 720.93	10.82%
减:营业成本	1 691 594.69	1 495 073.99	196 520.70	13.14%
税金及附加	36 908.26	34 112.51	2 795.75	8.20%
销售费用	34 392.00	38 374.00	−3 982.00	−10.38%
管理费用	73 665.71	62 355.80	11 309.91	18.14%
财务费用	18 765.02	18 604.16	160.86	0.86%
资产减值损失				
加:公允价值变动收益				
投资收益	20 000.00	1 000.00	19 000.00	1 900.00%
其中:对联营企业和合营企业的投资收益				
二、营业利润	6 035.81	14 120.10	−8 084.29	−57.25%
加:营业外收入	20 000.00	30 000.00	−10 000.00	−33.33%
减:营业外支出	10 000.00	40 000.00	−30 000.00	−75.00%
其中:非流动资产处置损失				

（续表）

项　　目	2×16 年度(元)	2×15 年度(元)	增减额(元)	增减率
三、利润总额	16 035.81	4 120.10	11 915.71	289.21%
减：所得税费用	4 008.95	1 030.03	2 978.92	289.21%
四、净利润	12 026.86	3 090.07	8 936.79	289.21%
五、每股收益				
（一）基本每股收益	0.60	0.60	0	0
（二）稀释每股收益	0.60	0.60	0	0

其中:增减额 = 本期金额 － 上期金额；增减率 = 增减额 ÷ 上期金额 × 100%。

通过对表 4-1 的利润组成项目的变动百分比进行绝对值增减变动分析，可以清晰地看出利润各形成要素的增减变化情况及对净利润的影响程度。

1. 净利润分析

净利润是企业获得的最终财务成果，是可供企业所有者使用或分配的财务成果。华夏公司 2×16 年实现净利润 12 026.86 元，较 2×15 年增加了 8 936.79 元，增幅为 289.21%。公司净利润的增长主要是利润总额比上年增加了 289.21%引起的；由于所得税费用也较上年增加了 289.21%，两者相抵，导致净利润比上年增加了 289.21%。

2. 利润总额分析

利润总额反映了企业全部活动的财务成果，它不仅包括营业利润，而且还有非流动资产处置损益及营业外收支净额等一系列财务数据。华夏公司 2×16 年利润总额较 2×15 年增加了 11 915.71 元，增幅为 289.21%。而该公司 2×16 年营业外净支出较上年减少了 20 000 元，降幅为 41.67%，而利润总额只增加了 11 915.71 元，这就意味着营业利润减少影响了利润总额增长。

3. 营业利润分析

营业利润反映了企业自身正常经营活动取得的财务成果，它的大小不仅受到营业收入、营业成本以及期间费用的影响，还受到资产减值损失、公允价值变动损益和投资收益的影响，是综合收益观的体现。该公司的营业利润比上年减少了 8 084.29 元，降低了 57.25%。虽然营业收入较上年增加了 10.32%，销售费用较上年减少了 10.38%，投资收益较上年增加了 1 900.00%，是有利因素，但营业成本、管理费用的增长幅度都大于营业收入增加的幅度，而且税金及附加和财务费用都较上年有所增加。几种情况增减相抵，营业利润减少了 8 084.29 元。

二、利润结构变动分析

（一）分析资料与方法选择

分析资料见第一章表 1-2 及相关资料。分析方法采用垂直分析法，即根据利润表中的资料，通过计算各因素或各种财务成果在销售收入中所占的比重，分析说明财务成果的结构及其增减变动的合理程度。

（二）编制利润垂直分析表

根据表 1-2 的资料，编制利润垂直分析表，如表 4-2 所示。

表 4-2 华夏公司利润垂直分析表

项　目	2×16 年	2×15 年	增减率
一、营业收入	100%	100%	0
减：营业成本	91.87%	89.98%	1.89%
税金及附加	2.00%	2.05%	−0.05%
销售费用	1.87%	2.31%	−0.44%
管理费用	4.00%	3.75%	0.25%
财务费用	1.02%	1.12%	−0.10%
资产减值损失			
加：公允价值变动收益			
投资收益	1.09%	0.06%	1.03%
其中：对联营企业和合营企业的投资收益			
二、营业利润	0.33%	0.85%	−0.52%
加：营业外收入	1.09%	1.81%	−0.72%
减：营业外支出	0.54%	2.41%	−1.86%
其中：非流动资产处置损失			
三、利润总额	0.87%	0.25%	0.62%
减：所得税费用	0.22%	0.06%	0.16%
四、净利润	0.65%	0.19%	0.47%

表 4-2 的数据可以从两个角度进行分析，其一是纵向分析，即分析同年度利润表的结构性数据所表现出来的构成比例的合理程度；其二是横向分析，即分析各年度哪些具体因素导致了企业经营业绩的变化，以及它们各自的影响程度。

1. 纵向分析

从纵向分析上看，2×16 年营业收入毛利率为 8.13%（100%－91.87%），较 2×15 年的 10.02%（100%－89.98%）下降了 1.89%，这表明华夏公司主营业务及其他业务的市场能力有所下降。营业利润占营业收入的比重为 0.33%，比上年度的 0.85%下降了 0.52%；本年度利润总额的构成为 0.87%，比上年度 0.25%增长了 0.62%；本年度净利润的构成 0.65%，比上年度 0.19%增长了 0.47%。从利润的构成情况看，华夏公司盈利能力比上年度略有提高，但是营业利润、利润总额及净利润占营业收入的比重较低，说明该公司的成本控制水平有待提高。

2. 横向分析

从横向分析上看，营业成本、管理费用上升是营业利润构成降低的根本原因。营业成本在营业收入比重已经较高的情况下，依然呈上涨趋势。不过投资净收益比重上升、销售费用和营业外支出的减少，对企业营业利润、利润总额和净利润都带来一定的有利影响。

三、营业利润分析

营业利润是指企业营业收入与营业成本及税费、期间费用、资产减值损失、资产变动净收益之间的差额。它既包括企业的主营业务利润和其他业务利润，又包括企业公允价值变动净收益和对外投资的投资收益，它反映了企业自身生产经营业务的财务成果。分析资料见第一章表 1-2 及相关资料。编制营业利润分析表，如表 4-3 所示。

表 4-3　华夏公司利润水平分析表

项　　目	2×16 年度(元)	2×15 年度(元)	增减额(元)	增减率
一、营业收入	1 841 361.49	1 661 640.56	179 720.93	10.82%
减：营业成本	1 691 594.69	1 495 073.99	196 520.70	13.14%
二、营业毛利	149 766.80	166 566.57	−16 799.77	−2.33%
税金及附加	36 908.26	34 112.51	2 795.75	8.20%
销售费用	34 392.00	38 374.00	−3 982.00	−10.38%
管理费用	73 665.71	62 355.80	11 309.91	18.14%
财务费用	18 765.02	18 604.16	160.86	0.86%
资产减值损失				
加：公允价值变动收益				
投资收益	20 000.00	1 000.00	19 000.00	1900.00%
三、营业利润	6 035.81	14 120.10	−8 084.29	−57.25%

营业利润增减变动水平分析评价应包括以下几个方面。

1. 营业利润分析

华夏公司 2×16 年实现的营业利润为6 035.81元，较 2×15 年减少了 8 084.29 元，降幅为 57.25%，减少幅度较大。虽然该企业的营业收入比上年增长了 10.32%、投资收益比上年增长了 1 900%、销售费用比上年减少了 10.38%，但是该企业的营业成本、税金及附加、管理费用、销售费用都较上年有所增加，而且营业成本和管理费用增长的幅度超过了营业收入的增长幅度，从而导致了营业利润减少了 8 084.29 元。

2. 营业毛利分析

营业毛利是指企业营业收入与营业成本之间的差额。2×16 年，华夏公司营业毛利比上年减少了 16 799.77 元，降幅为 2.33%，最关键的因素是营业成本大幅增加，由 2×15 年度的 1 495 073.99 元增加为 1 691 594.69 元，增幅为 13.14%；营业收入由 2×15 年度的 1 661 640.56 元增加为 1 841 361.49 元，增幅为 10.32%；增减相抵，导致营业毛利减少了 16 799.77 元。

延伸阅读 4-1

营业利润、利润总额与净利润的关系

利润表中不同层次的利润依次为：营业利润、利润总额和净利润。

营业利润＝营业收入－营业成本－税金及附加－销售费用－管理费用－财务费用－资产减值损失＋公允价值变动收益(－公允价值变动损失)＋投资收益(－投资损失)。

根据企业会计准则的规定，利润是指企业在一定会计期间的经营成果，利润包括收入减去费用后的净额、直接计入当期利润的利得和损失等。利润总额的计算公式如下：

利润总额＝营业利润＋营业外收入－营业外支出

利润总额是衡量企业经营业绩的十分重要的经济指标。

净利润是指在利润总额中按规定交纳了所得税后公司的利润留存，一般也称为税后利润或净收入。净利润的计算公式为：

净利润＝利润总额－所得税费用

净利润是一个企业的最终经营成果，净利润多，企业的经营效益就好；净利润少，企业的经营效益就差，它是衡量一个企业经营效益的主要指标。

相关案例 4-1

“死而复生”的史玉柱

1996—1997 年，盛极一时的巨人大厦陷入财务危机，导致史玉柱破产。那次破产，使史玉柱从中吸取了很多经验。在经营集团公司时，史玉柱学会了边做加法边做减法，一边不断的挑项目，而且专挑那些毛利率大的项目，一边同时转让掉一些不赚钱的项目，收回资金，而且是趁项目还好的时候赶紧转让。例如，发现游戏的毛利率大于保健品脑白金的毛利率，便转让保健品项目，转而开发游戏、开发软件；发现黄金搭档的毛利率大于脑白金，便转让脑白金项目；发现黄金酒的毛利率大于黄金搭档，便转作黄金酒。史玉柱的巨人大厦倒了，他的巨人网络集团有限公司又发展起来了，并成了在美国发行规模最大的中国民营企业，史玉柱更是荣升为全球富豪之一。

第三节　利润表分部分析

一、分部报告分析

分部报告是利润表的附表之一，是反映企业各经营分部的收入、成本、费用、营业利润、资产总额和负债总额等情况的报表。分析分部报告信息，能够帮助会计信息使用者更好地理解企业以往的经营业绩，更好地评估企业的风险和报酬，从而更好地把握企业整体的经营情况，对未来的发展趋势作出合理的预期。

根据《企业会计准则解释第 3 号》，企业应当以内部组织结构、管理要求、内部报告制度为依据确定经营分部，以经营分部为基础确定报告分部，并按规定披露分部信息。原有关确定地区分部和业务分部以及按照主要报告形式、次要报告形式披露分部信息的规定不再执行。

随着市场经济的日益激烈，华夏公司的生产规模日益扩大，经营的地域范围也不断地扩大，分别在国内不同的地区设立分公司或子公司。在这种情况下，我们应当分析其分部报告信息。根据华夏公司提供的信息，执行《企业会计准则解释第 3 号》后，分部报告并没有本质上的变化，本教材仍从业务分部报告和地区分部报告两方面进行分析。

(一) 业务分部报告分析

业务分部是指企业内可区分的，能够提供单项或一组相关产品或劳务的组成部分。业务分部报告分析包括业务分部增减变动分析和业务分部结构变动分析。

1. 业务分部增减变动分析

业务分部增减变动分析可运用水平分析法。华夏公司的业务 1 和业务 2 两个分部的营业收入都占公司所有分部营业收入合计的 10%以上，符合纳入分部报表编制范围的条件，所以我们以华夏公司的业务 1 和业务 2 为例，编制业务分部水平分析表，如表 4-4 所示。

表 4-4　业务分部水平分析表

项　目	业务 1(元)			业务 2(元)			本年(元)		
	本年	上年	差额	本年	上年	差额	业务 1	业务 2	差额
一、营业收入	276 204	249 246	26 958	202 551	182 780	19 771	276 204	202 551	73 653
其中：对外营业收入	203 716	148 842	54 874	151 913	127 946	23 967	203 716	151 913	51 803
分部间营业收入	72 488	100 404	−27 916	50 638	54 834	−4 196	72 488	50 638	21 850
二、营业费用	230 768	214 725	16 043	169 636	170 589	−953	230 768	169 636	61 132

（续表）

项　　目	业务1(元)			业务2(元)			本年(元)		
	本年	上年	差额	本年	上年	差额	业务1	业务2	差额
三、营业利润(亏损)	45 436	34 521	10 915	32 915	12 191	20 724	45 436	32 915	12 521
四、资产总额	551 728	552 400	−672	263 315	263 630	−315	551 728	263 315	288 413
五、负债总额	137 932	147 491	−9 559	96 110	108 010	−11 900	137 932	96 110	41 822
六、补充信息	149 449	133 418	16 031	68 462	63 798	4 664	149 449	68 462	80 987
1. 折旧和摊销	16 552	16 572	−20	10 533	10 545	−12	16 552	10 533	6 019
2. 资本性支出	6 000	6 366	−366	5 266	5 800	−534	6 000	5 266	734
3. 折旧和摊销以外的非现金费用	126 897	110 480	16 417	52 663	47 453	5 210	126 897	52 663	74 234

根据表4-4分析评价如下：

(1) 业务1本年实现的营业利润为45 436元，比上年度增长了10 915元，从水平分析表看，本年营业利润增长的原因主要是收入增加。由于业务1的本年营业收入为276 204元，比上年增长了26 958元，本年的营业费用比上年度增加了16 043元，两者相抵，本年营业利净增了10 915元。

(2) 业务2本年实现的营业利润为32 915元，比上年度增长了20 724元，从水平分析表看，其增长的原因不仅在于收入增加，更重要的是营业费用的下降。业务2本年的营业费用为169 636元，比上年度降低了953元，是本年度营业利润增长的原因之一。从负债总额来看，业务2本年的负债要比上年度减少11 900元，所以本年度营业费用的下降，很可能是由财务费用的下降引起的。

(3) 本年度业务1的营业利润为45 436元，要比业务2多12 521元，从资产总额和负债总额来看，业务1的资产、负债都比业务2高，可见业务1的经营规模较大，其创造收入的能力也较强。从补充信息来看，由于业务1的资产规模大于业务2，因此，其折旧和摊销费用、资本性支出、折旧和摊销以外的非现金费用都高于业务2。至于资产的盈利能力、资产的利用效果如何，还有待进一步分析。

2. 业务分部结构变动分析

业务分部结构变动分析可运用垂直分析法进行。以华夏公司的业务1和业务2为例，编制业务分部垂直分析表，如表4-5所示。

表4-5　业务分部垂直分析表

项　　目	业务1(元)		业务2(元)	
	本年	上年	本年	上年
一、营业收入	100.00	100.00	100.00	100.00
其中：对外营业收入	73.76	59.72	75.00	70.00

（续表）

项　目	业务1(元)		业务2(元)	
	本年	上年	本年	上年
分部间营业收入	26.24	40.28	25.00	30.00
二、营业费用	83.55	86.15	86.75	93.33
三、营业利润(亏损)	16.45	13.85	13.25	6.67
四、资产总额	100.00	100.00	100.00	100.00
五、负债总额	25.00	26.70	36.50	40.97
六、补充信息				
1. 折旧和摊销				
2. 资本性支出				
3. 折旧和摊销以外的非现金费用				

根据表4-5分析评价如下：

(1) 业务1本年的营业利润占营业收入的比重为16.45%，比上年度的13.85%增长了2.6%；业务2本年的营业利润占营业收入的比重为13.25%，比上年度的6.67%增长了6.58%，可见，业务1和业务2本年的盈利能力比上年度都有所提高，但提高的原因各不相同。从营业利润的结构增长来看，业务1本年的营业费用占营业收入的比重为83.55%，比上年度的86.15%下降了2.6%；而业务2本年营业费用占营业收入的比重为86.75%，比上年度的93.33%下降了6.58%。这说明成本费用的下降是业务1和业务2本年利润提高的主要原因。

(2) 从资产负债率来看，业务2本年的资产负债率为36.5%，比上年度的40.97%下降了4.47%，所以业务2本年利润提高的主要原因在于营业费用的下降，至于营业费用中哪一部分费用的下降对本年利润的提高起主导作用，还有待于进一步分析。另外，无论是本年度还是上年度，业务1的营业利润占营业收入的比重都比业务2要高，可见业务1的盈利能力要强于业务2。

(二) 地区分部报告分析

1. 地区分部增减变动分析

地区分部报告是分部报告的次要报告形式。同样运用水平分析法对地区分部增减变动进行分析。以华夏公司的地区1和地区2为例，编制地区分部水平分析表，如表4-6所示。

表 4-6　地区分部水平分析表

项　　目	地区 1(元)			地区 2(元)			本年(元)		
	本年	上年	差额	本年	上年	差额	地区 1	地区 2	差额
一、营业收入	276 204	245 196	31 008	176 976	173 206	3 770	276 204	176 976	99 228
其中：对外营业收入	227 454	192 822	34 632	129 635	122 335	7 300	227 454	129 635	97 819
分部间营业收入	48 750	52 374	−3 624	47 341	50 871	−3 530	48 750	47 341	1 409
二、营业费用	236 652	219 819	16 833	178 710	157 236	21 474	236 652	178 710	57 942
三、营业利润(亏损)	39 552	25 378	14 174	−1 734	15 970	−17 704	39 552	−1 734	41 286
四、资产总额	475 488	477 281	−1 793	371 190	386 038	−14 848	475 488	371 190	104 298
五、负债总额	191 907	182 083	9 824	207 421	140 325	67 096	191 907	207 421	−15 514
六、补充信息	129 616	76 380	53 236	88 361	79 945	8 416	129 616	88 361	41 255
1. 折旧和摊销	14 247	16 814	−2 567	5 752	5 079	673	14 247	5 752	8 495
2. 资本性支出	4 503	14 612	−10 109	3 530	2 378	1 152	4 503	3 530	973
3. 折旧和摊销以外的非现金费用	110 866	44 954	65 912	79 079	72 488	6 591	110 866	79 079	31 787

根据表 4-6 分析评价如下：

(1) 地区 1 本年实现的营业利润为 39 552 元，比上年度增长了 14 174 元，增长的原因主要是由于业务量扩大使收入增加。地区 1 的本年营业收入为 276 204 元，比上年增长了 31 008 元，本年的营业费用为 236 652 元，比上年增长了 16 833 元，两者相抵，本年营业利润增长了 14 174 元。

(2) 地区 2 本年实现的营业利润为－17 34 元，比上年度下降了－17 704 元，通过水平分析可以看出，其下降不是由收入引起的，而是营业费用的大幅度上升造成的。地区 2 本年的营业费用为 178 710 元，比上年度增长了 21 474 元，上升幅度较大，使地区 2 本年出现亏损。至于营业费用中哪一部分费用大幅度上升对营业利润的下降起了主导作用，还有待于进一步分析。

(3) 本年度地区 1 的营业利润为 39 552 元，要比地区 2 多了 41 286 元，从资产总额和负债总额来看，地区 1 的资产总额比地区 2 资产总额多 104 298 元，而负债却比地区 2 少 15 514 元。可见地区 1 的经营规模较大，创造收入的能力较强，所以地区 1 的利润远大于地区 2。从补充信息来看，地区 1 按照权责发生制计算的折旧和摊销费用、资本性支出以及折旧和摊销以外的非现金费用均大于地区 2。至于资产的盈利能力和营运能力，还有待进一步分析。

2. 地区分部结构变动分析

地区分部结构变动分析可运用垂直分析法进行。以华夏公司的地区 1 和地区 2 为例，编制业务分部垂直分析表，如表 4-7 所示。

表 4-7　地区分部垂直分析表

项　目	地区 1(元)		地区 2(元)	
	本年	上年	本年	上年
一、营业收入	100.00	100.00	100.00	100.00
其中：对外营业收入	82.35	78.64	73.25	70.63
分部间营业收入	17.65	21.36	26.75	29.37
二、营业费用	85.68	89.65	100.98	90.78
三、营业利润(亏损)	14.32	10.35	−0.98	9.22
四、资产总额	100.00	100.00	100.00	100.00
五、负债总额	40.36	38.15	55.88	36.35
六、补充信息				
1. 折旧和摊销				
2. 资本性支出				
3. 折旧和摊销以外的非现金费用				

通过对表 4-7 进行分析可知，地区 1 本年的营业利润占营业收入的比重为 14.32%，比上年度的 10.35%增加了 3.97%，增长的幅度不大，增长的原因主要是营业费用占营业收入的比重略有下降，由上年度的 89.65%降为本年的 85.68%，下降了 3.97%；地区 2 本年的营业利润占营业收入的比重为−0.98%，比上年度的 9.22%增加了 10.2%，下降的幅度较大，主要是由本年营业费用占营业收入的比重比上年度增长了 10.2%引起的。再进一步分析地区 2 本年的资产负债率可知，地区 2 本年的资产负债率为 55.88%，比上年度的 36.35%上升了 19.53%，负债规模的扩大必然导致财务费用负担加重，从而使地区 2 营业费用上升，营业利润下降。通过两个地区的比较可以看出，无论本年度还是上年度，地区 1 的营业利润占营业收入的比重都比地区 2 要高，可见地区 1 的盈利能力要强于地区 2。

二、产品销售利润因素分析

通常，在企业中，产品销售利润的高低是影响营业利润最重要的因素。

$$
\begin{aligned}
\text{产品销售利润} &= \text{产品销售收入} - \text{产品销售成本} - \text{产品销售税金} \\
&= \sum\{\text{产品销售数量} \times [\text{单价} \times (1 - \text{税率}) - \text{销售成本}]\}
\end{aligned}
$$

从上式可以看出，影响产品销售利润的基本因素有销售量、单价和单位销售成本。在生产多种产品的企业，它还受产品销售品种构成的影响；在生产等级品的企业，由于优质优价，它又受产品等级的影响。

以华夏公司2×15年和2×16年主要产品销售利润明细资料为例进行分析，如表4-8和表4-9所示。

表4-8　2×15年产品销售利润明细表

产品名称	销售数量	销售收入		销售成本		销售利润	
		单位售价	总额(元)	单位成本	总额(元)	单位利润	总额(元)
甲	1 240.00	500.00	620 000.00	450.00	558 000.00	50.00	62 000.00
乙	900.00	950.00	855 000.00	900.00	810 000.00	50.00	45 000.00
丙	85.00	1 260.00	107 100.00	1 000.00	85 000.00	260.00	22 100.00
合计			1 582 100.00		1 453 000.00		129 100.00

表4-9　2×16年产品销售利润明细表

产品名称	销售数量	销售收入		销售成本		销售利润	
		单位售价	总额(元)	单位成本	总额(元)	单位利润	总额(元)
甲	1 450.00	550.00	797 500.00	400.00	580 000.00	150.00	217 500.00
乙	950.00	950.00	902 500.00	880.00	836 000.00	70.00	66 500.00
丙	105.00	1 260.00	132 300.00	1 030.00	108 150.00	230.00	24 150.00
合计			1 832 300.00		1 524 150.00		308 150.00

本年销售利润比上年销售利润增加了179 050元(308 150－129 100)。现将各因素变化对销售利润变动的影响分析如下。

(一) 销售量变动对利润的影响分析

产品销售量是影响利润的一个重要因素。在产品单位利润一定的情况下，销售量的增减速度直接决定着利润的增减速度，因此，销售量变动对利润的影响，可用下式计算：

$$\text{销售量变动对利润的影响} = \text{产品销售利润基期数} \times (\text{产品销售量完成率} - 1)$$

其中：

$$\text{产品销售量完成率} = \frac{\sum[\text{产品实际销售量} \times \text{基期单价(或单位成本)}]}{\sum[\text{产品基期销售量} \times \text{基期单价(或单位成本)}]} \times 100\%$$

$$= \frac{1\,450 \times 500 + 950 \times 950 + 105 \times 1\,260}{1\,240 \times 500 + 900 \times 950 + 85 \times 1\,260} \times 100\%$$

$$= 111.23\%$$

$$\text{销售量变动对利润的影响} = 129\,100 \times (111.23\% - 1) = 14\,497.93(\text{元})$$

产品销售量完成率主要考察销售量的完成情况，因此，在生产一种产品时，可直接用实物量进行计算，但在生产多种产品时，实物量不能直接相加，通常乘以价格或成本参数，以便于汇总，因此，计算销售量完成率时所用的单价或单位成本，都应使用基期数。至于用单价还是单位成本，理论界与实践中有不同做法，一般按单价计算较多，但在各种产品比较不合理时，用单位成本计算可能更好。

（二）销售品种结构变动对利润的影响分析

企业生产多种产品时，必然存在着产品品种构成问题。所谓产品品种构成，是指某种产品的产量或销售量在全部产品产量或销售量中所占的比重。企业多生产利润率水平高的产品，少生产利润率水平低的产品，必然引起综合利润率或企业平均利润率的提高，使企业利润额增加；反之，则会使利润额下降。

$$\begin{aligned}\text{品种构成变动对利润的影响} &= \sum\left(\text{产品实际销售量}\times\text{产品基期单位利润}\right)-\text{基期产品营业利润}\times\text{产品销售完成率}\\ &= 1\,450\times50+950\times50+105\times260-129\,100\times111.23\%\\ &= 3\,702.07(\text{元})\end{aligned}$$

（三）销售价格变动对利润的影响分析

总价格与销售利润成正比，即在其他条件不变的情况下，价格越高，利润越高。价格成为影响企业产品销售利润的重要因素。价格变动对利润的影响一般可用下式计算：

$$\begin{aligned}\text{价格变动对销售利润的影响} &= \sum[\text{产品实际销售量}\times(\text{实际销售价格}-\text{基期销售价格})]\\ &= 1\,450\times(550-500)+950\times(950-950)+105\times(1\,260-1\,260)\\ &= 72\,500(\text{元})\end{aligned}$$

实践中，价格变动的原因是多种多样的，如国家调整地区差价、批零差价、质量差价等。因此，分析价格变动对利润的影响，可分不同情况加以计算与评价。但是，概括地说，价格变动无非是质量差价和非质量差价两种情况。对于质量差价对利润的影响，我们将在质量变动对利润的影响中分析，非质量差价通常可按上式计算。但是，如果属于等级品的价格变动，则应按下式进行计算：

$$\text{价格变动对销售利润的影响}=\sum\left[\text{等级产品实际销售量}\times\left(\text{实际等级实际平均单价}-\text{实际等级基期平均单价}\right)\right]$$

其中：

$$\text{实际等级实际平均单价}=\frac{\sum(\text{各等级实际销售量}\times\text{该等级的实际单价})}{\text{各等级实际销售量之和}}$$

$$\text{实际等级基期平均单价}=\frac{\sum(\text{各等级实际销售量}\times\text{该等级的基期单价})}{\text{各等级实际销售量之和}}$$

（四）销售成本变动对利润的影响分析

销售成本变动对利润有着直接影响，在其他因素不变情况下，销售成本降低多少利润就会增加多少，即销售成本与利润成反比。计算成本变动对利润影响的公式是：

$$\begin{aligned}\text{成本变动对利润的影响} &= \sum[\text{产品实际销售量}\times(\text{单位产品基期成本}-\text{单位产品实际成本})]\\ &= 1\,450\times(450-400)+950\times(900-880)+105\times(1\,000-1\,030)\\ &= 88\,350(\text{元})\end{aligned}$$

（五）税率变动对利润的影响分析

在现行税收体制下，企业缴纳的税金主要有增值税、消费税等。由于产品销售价格中不含产品销项税额在内，产品成本中也不含进项税额，因此，增值税对产品销售利润没有直接影响。应当注意，由于企业缴纳的城建税及教育费附加等的计税依据与增值税有关，因此，增值税变动可通过城建税及教育费附加间接影响销售利润。但是，因为其金额较小，且销售量关系复杂，分析时通常将其作为期间费用处理，将其增减变动额单独作为对分析对象的影响额。

如果企业生产并销售烟、酒、化妆品、贵重首饰、鞭炮、汽油、柴油、汽车轮胎、摩托车、小汽车等应缴纳消费税的产品，消费税率或单位税金变动将影响产品销售利润。消费税率变动对产品销售利润影响的计算公式是：

$$\text{消费税率变动对利润的影响} = \sum[\text{产品实际销售收入}\times(\text{基期消费税率}-\text{实际消费税率})]$$

这一公式主要适用于企业实行从价定率法计算消费税的情况。如果企业实行从量定额法计算消费税额，则单位消费税额变动对利润影响的计算公式是：

$$\text{消费税额变动对利润的影响} = \sum\left[\text{产品实际销售量}\times\left(\begin{matrix}\text{单位产品}\\\text{基期消费税额}\end{matrix}-\begin{matrix}\text{单位产品}\\\text{实际消费税额}\end{matrix}\right)\right]$$

在实行从价定率计税时，前述价格和质量变动对利润影响的计算公式后都应乘以（1－基期消费税率）。

（六）等级构成变动对利润的影响分析

产品等级构成是指在等级产品总产销量中，各等级产品产销量所占的比重，它是反映等级产品质量的重要指标。由于不同等级产品的价格不同，因此，等级构成变动必然引起等级产品平均价格的变动，从而引起产品销售利润的变动。确定等级质量变动对利润的影响，可用下式计算：

$$\text{质量变动对利润的影响} = \sum\left[\begin{matrix}\text{等级产品}\\\text{实际销售量}\end{matrix}\times\left(\begin{matrix}\text{实际等级}\\\text{基期平均单价}\end{matrix}-\begin{matrix}\text{基期等级}\\\text{基期平均单价}\end{matrix}\right)\right]$$

其中：

$$\text{基期等级基期平均单价} = \sum [\text{产品实际销售量} \times (\text{单位产品基期成本} - \text{单位产品实际成本})]$$

上式只适用于等级产品质量变动对利润的影响分析。对于一般产品优质优价变动对利润的影响，只要能计算出质量变动对单价的影响，套用前面公式就可计算出质量变动对利润的影响。

假设甲产品是等级产品，其有关补充资料如表 4-10 所示。

表 4-10　甲产品有关等级及销售资料表

等级	销售量		价　格(元)		2×15 年销售额(元)	2×16 年销售额(元)	
	2×15 年	2×16 年	2×15 年	2×16 年		2×15 年基期	2×16 年实际
一等品	840.00	1 150.00	520.00	556.00	436 800.00	598 000.00	639 400.00
二等品	400.00	300.00	458.00	527.00	183 200.00	137 400.00	158 100.00
合计	1 240.00	1 450.00			620 000.00	735 400.00	797 500.00

根据表 4-10 的资料可确定等级产品质量变动对利润的影响。

(1) 计算等级产品平均单价：

上年等级构成的上年平均单价 = 620 000 ÷ 1 240 = 500(元)
本年等级构成的上年平均单价 = 735 400 ÷ 1 450 = 507.17(元)
本年等级构成的本年平均单价 = 797 500 ÷ 1 450 = 550(元)

(2) 确定等级产品价格变动对利润的影响：

1 450 × (550 − 507.17) = + 62 103.5(元)

(3) 确定等级构成变动对利润的影响：

1 450 × (507.17 − 500) = + 10 396.5(元)

可见，价格变动对利润的影响数 62 103.5 元和质量变动对利润的影响数 10 396.5 元之和，正是上例中价格变动对利润的影响数 72 500 元。说明上例中的价格变动对利润的影响，实际上受到了纯价格因素和质量因素两个因素的影响。

延伸阅读 4-2

评价产品销售利润完成情况

第一，分清影响产品销售利润的有利因素与不利因素。一般来说，凡是使利润增加的因素都被看作有利因素，使利润减少的因素都被看作不利因素。

第二，分清影响产品销售利润的主观因素与客观因素。通常，把销售量、成本、质量因素等看成是主观因素，如果企业自行安排产品品种生产，那么，品种构成因素也属于主观因素。价格因素要具体分析，除国家政策调价等客观原因外，在市场经济条件下，价格因素也可看成是主观因素，税率因素属于客观因素，当然，对具体情况要具体分析。评价中，应排除客观因素，抓住主观因素。

第三，分清生产经营中的成绩与问题。一般来说，企业的成绩与问题都应从主观因素看。凡是经过主观努力产生的对利润的有利影响，属于企业的成绩；凡是主观不努力产生的对利润的不利影响，属于企业的问题。对于品种构成，要结合具体情况具体分析：一是要考虑国家计划与合同的完成情况；二要将品种构成与其相应的资产投入结合起来分析。因为在一些情况下，品种构成变动使销售利润增加，但可能使总资产报酬率下降。

第四节 利润表分项分析

一、企业收入分析

（一）企业收入确认与计量分析

1. 企业收入确认分析

我国《企业会计准则——基本准则》对收入的定义是：收入是指企业在日常活动中形成的、会导致所有者权益增加、与所有者投入资本无关的经济利益的总流入。其中“日常活动”是指企业为完成其经营目标所从事的经常性活动以及与之相关的活动。收入具体包括销售商品收入、提供劳务收入和让渡资产使用权收入。

企业收入的确认在明确收入内涵的基础上，应着重进行以下几方面分析：

(1) 收入确认时间合法性分析，即分析本期收入与前期收入或后期收入的界线是否清晰。

(2) 特殊情况下企业收入确认的分析，如商品需要安装或检验时收入的确认；买主有退货权时的收入确认；建造合同收入的确认等，其收入的确认与一般性收入确认不同。

(3) 收入确认方法合理性的分析，如采用完工百分比法的条件与估计方法是否合理等的分析。

2. 企业收入计量分析

企业收入计量分析主要是指营业收入计量分析。企业的营业收入是指全部营业收入减去销售退回、折扣与折让后的余额。因此，营业收入计量分析，关键在于确认销售退回、折扣与折让的计量是否准确。根据企业会计准则规定，销售退回与折让的计量比较简单，而销售折扣问题相对比较复杂，应作为分析重点。分析时应根据商业折扣与现金折扣的特点，分别分析折扣的合理性与准确性以及对企业收入的影响。

无论是收入确认分析，还是收入计量分析，关键在于明确分析的目的是确认收入的正确性，而其正确与否的关键在于分析时选择的会计政策、会计方法的准确性与合理性。

（二）销售数量与销售价格分析

企业营业收入的多少主要受销售数量和销售价格影响。因此，营业收入分析，应在分析收入总量变动的基础上，进一步确认销售量和价格对其的影响程度。分析步骤如下：

1. 计算营业收入增长额和增长率

$$营业收入增长额 = 本期实际营业收入 - 基期营业收入$$

$$营业收入增长率 = \frac{营业收入增长额}{基期营业收入} \times 100\%$$

2. 计算销售量变动对营业收入的影响

$$销售量变动对营业收入的影响 = 基期营业收入 \times 销售量增长率$$

$$销售量增长率 = \left(\frac{\sum(产品实际销售量 \times 基期单价)}{\sum(产品基期销售量 \times 基期单价)} - 1\right) \times 100\%$$

3. 计算价格变动对营业收入的影响

$$价格变动对营业收入的影响 = 营业收入增长额 - 销售量变动对营业收入的影响$$

通过销售量与价格对营业收入的影响分析，不仅可明确企业销售量及价格对营业收入的影响程度，而且可了解企业的竞争战略选择及其效果。

（三）企业收入构成分析

对企业收入进行分析不仅要研究其总量，而且应分析其构成及其变动情况，以了解企业的经营方向和会计政策选择。收入构成主要可从主营业务收入与其他收入、现销收入与赊销收入构成两方面进行分析。

1. 主营业务收入与其他收入构成分析

企业收入包括主营业务收入、其他业务收入、投资收入等。通过对主营业务收入与其他业务收入的构成情况进行分析，可以了解与判断企业的经营方针、方向及效果，进而可分析预测企业的持续发展能力。如果一个企业的主营业务收入结构较低或不断下降，其发展潜力和前景显然是值得怀疑的。

对于企业的其他业务收入，由于不是企业的主要经营范围的收入，其比重较小，不是企业经常性的利润来源，通常不作为分析重点。但如果企业其他业务收入增长速度较快，其比重逐年增加，则应考察企业经营战略是否改变。

2. 现销收入与赊销收入构成分析

企业收入中的现销收入与赊销收入构成受企业的产品适销程度、企业竞争战略、会计政策选择等多个因素的影响。通过对两者构成及其变动情况进行分析,可了解与掌握企业产品销售情况及其战略选择,分析判断其合理性。当然,在市场经济条件下,赊销作为商业秘密并不要求企业披露赊销收入情况,所以,这种分析方法更适用于企业内部分析。

另外,企业收入构成分析还可以从地区构成和主营业务内部构成角度进行分析。通过企业收入分析的地区构成分析,可了解企业主营业务构成变动情况。这些对企业进行地区战略调整和经营业务战略调整都是十分有益的。

二、成本费用分析

销售成本费用是营业成本、销售费用、管理费用及财务费用的统称。从各项财务成果的分析可以看出,成本费用对财务成果有着十分重要的影响,降低成本费用是增加财务成果的关键或重要途径。因此,进行财务成果分析,应在揭示财务成果完成情况的基础上,进一步对影响财务成果的基本要素成本费用进行分析,以找出影响成本升降的原因,为降低成本费用、促进财务成果增长指明方向。

(一) 产品营业成本分析

产品营业成本分析包括全部营业成本分析和单位营业成本分析两部分。

1. 全部营业成本分析

全部营业成本分析,是根据产品生产、营业成本表的资料,将企业全部营业成本的本年实际完成情况与上年度实际情况进行对比分析,从产品类别角度找出各类产品或各主要产品营业成本升降的幅度,以及对全部营业成本的影响程度。全部营业成本分析的一般步骤是:

(1) 将本年度全部产品销售总成本与按本年实际销售量计算的上年实际销售总成本进行对比,求出营业成本的增减额和增减率。其计算公式是:

$$\text{全部销售成本降低额} = \text{本年实际销售总成本} - \text{按本年实际销售量计算的上年实际销售总成本}$$

$$\text{全部销售成本降低率} = \frac{\text{全部营业成本降低额}}{\text{按本年实销量计算上年销售总成本}} \times 100\%$$

(2) 计算主要产品和非主要产品的营业成本降低额和降低率,以及对全部营业成本降低率的影响。主要产品和非主要产品营销成本降低额和降低率可用上式进行计算,只是产品的范围不同。它们对全部营业成本降低率的影响的计算公式是:

$$\frac{\text{主要产品营业成本降低对}}{\text{全部营业成本降低率的影响}}=\frac{\text{主要产品营业成本降低额}}{\text{按本年实销量计算的上年销售总成本}}\times 100\%$$

$$\frac{\text{非主要产品营业成本降低对}}{\text{全部营业成本降低率的影响}}=\frac{\text{非主要产品营业成本降低额}}{\text{按本年实销量计算的上年销售总成本}}\times 100\%$$

(3) 计算各主要产品营业成本降低额和降低率,以及它们对全部产品销售总成本降低率的影响。计算方法可采用上述全部营业成本降低额和降低率的计算公式,以及主要产品营业成本降低对全部营业成本降低率的影响的公式,只是产品的口径和范围不同。

通过以上三个步骤,不仅分析了全部营业成本的完成情况,而且从产品类别上找出了销售总成本增减变动的原因,为加强成本管理指明了方向。

下面举例说明全部营业成本完成情况分析的方法。根据华夏公司 2×15 年度和 2×16 年度生产、营业成本表的资料,按照分析的目的和要求整理出所需资料,如表 4-11 所示。

表 4-11　产品营业成本资料表

产品名称	实际销售量	实际单位营业成本(元)		实际销售总成本(元)	
		上年	本年	上年	本年
主要产品				1 612 500.00	1 524 150.00
其中:甲	1 450.00	450.00	400.00	652 500.00	580 000.00
乙	950.00	900.00	880.00	855 000.00	836 000.00
丙	105.00	1 000.00	1 030.00	105 000.00	108 150.00
非主要产品				5 500.00	6 000.00
其中:丁	20.00	200.00	210.00	4 000.00	4 200.00
全部产品				1 618 000.00	1 530 150.00

根据表 4-11 数据,按照全部产品营业成本完成情况分析的步骤,对该企业全部销售成本分析如下:

(1) 计算全部营业成本增减变动额和变动率:

全部营业成本降低额 = 1 530 150 − 1 618 000 = − 87 850(元)

全部营业成本降低率 = − 87 850 ÷ 1 618 000 = − 5.43%

可见企业全部营业成本比上年有所下降,降低额为 87 850 元,降低率为 5.43%。

(2) 确定主要产品和非主要产品成本变动情况及其对全部营业成本的影响:

主要产品营业成本降低额 = 1 524 150 − 1 612 500 = − 88 350(元)

主要产品营业成本较低率 =－88 350÷1 612 500 =－5.48%

主要产品对全部成本较低率的影响 =－88 350÷1 618 000 =－5.46%

非主要产品营业成本降低额 = 6 000－5 500 = 500(元)

非主要产品营业成本降低率 = 500÷5 500 = 9.09%

非主要产品对全部成本较低率的影响 = 500÷1 618 000 = 0.03%

从第二步骤分析可看出，全部营业成本之所以比上年有所下降，主要是由主要产品营业成本下降引起的。主要产品营业成本比上年降低了5.48%，使全部营业成本降低了5.46%。而非主要产品的营业成本却比上年提高了，成本超支率为9.09%，使全部营业成本上升了0.03%。

(3) 分析各主要产品营业成本完成情况及其对全部成本的影响：

甲产品营业成本降低额 = 580 000－652 500 =－72 500(元)

成本降低率 =－72 500÷652 500 =－11.11%

对全部营业成本降低率的影响 =－72 500÷1 618 000 =－4.48%

乙产品营业成本降低额 = 836 000－855 000 =－19 000(元)

成本降低率 =－19 000÷855 000 =－2.22%

对全部营业成本降低率的影响 =－19 000÷1 618 000 =－1.17%

丙产品营业成本降低额 = 108 150－105 000 = 3 150(元)

成本降低率 = 3 150÷105 000 = 3%

对全部营业成本降低率的影响 = 3 150÷1 618 000 = 0.19%

可见，企业全部营业成本比上年下降主要是由主要产品营业成本下降引起的，而非主要产品的成本是上升的；在主要产品中，甲产品和乙产品的营业成本都有所下降，而丙产品营业成本却有所上升，应抓住关键产品对其成本升降情况进行进一步的分析。

2. 主要产品单位营业成本分析

从上述产品营业成本分析可看出，单位营业成本是影响和决定它们是重要因素，因此深入地对单位营业成本进行分析是十分必要的。进行单位营业成本分析，首先应明确单位营业成本与单位生产成本的关系，它们之间的关系可通过以下关系式反映出来：

某产品单位营业成本 = 某产品销售总成本÷该产品销售量

某产品销售总成本 = 本期生产总成本＋期初结存成本－期末结存成本

某产品单位生产成本 = 该产品本期生产总成本÷当期生产量

可见，当期单位营业成本与单位生产成本的差异主要受期初和期末结存成本变动的影响，如果企业当期生产产品当期全部销售出去，或者产品单位营业成本采用后进先出法计算，则当期单位营业成本与当期单位生产成本可能是相同的，或差异较小。在这种情况下，对单位营业成本的分析与对单位生产成本的分析是一致的，可利用主要产品单位成本表的资料进行。

假设丙产品期初无库存，且当期生产的产品当期全部销售，其产品单位成本简表如表4-12所示。

表4-12 丙产品单位成本表

成本项目	上年度实际(元)		本年度实际(元)	
直接材料	540.00		600.00	
直接人工	220.00		250.00	
制造费用	240.00		180.00	
产品单位成本	1 000.00		1 030.00	
补充明细项目	单位用量	金额(元)	单位用量	金额(元)
直接材料:A	8.00	320.00	7.00	350.00
B	11.00	220.00	10.00	250.00
直接人工工时	2.00		1.80	
产品产销量	100.00		105.00	

根据表4-12的资料，运用水平分析法对单位成本完成情况进行分析，如表4-13所示。

表4-13 丙产品单位成本分析表 单位:元

成本项目	上年实际成本(元)	本年实际成本(元)	增减变动情况		项目变动对单位成本影响(%)
			增减额(元)	增减(%)	
直接材料	540.00	600.00	+60.00	11.11	6.00
直接人工	220.00	250.00	+30.00	13.64	3.00
制造费用	240.00	180.00	-60.00	-25.00	-6.00
合计	1 000.00	1 030.00	+30.00	3.00	3.00

根据表4-13的分析可看出，企业丙产品单位营业成本比上年增加了30元，增长了3%，主要原因是直接人工成本和直接材料成本的上升，它们使单位成本增加了90元，但制造费用的下降，使单位成本又降低了60元。因此综合来看，单位成本上升30元，上升率3%。至于材料和人工成本上升的原因以及制造成本下降的原因，还应进一步结合企业的各项消耗和价格的变动进行分析，以找出单位成本升降的最根本原因。

（二）各项费用完成情况的分析

与财务成果直接相关的费用有销售费用、管理费用和财务费用等。对各项费用进行分析可采用水平分析法和垂直分析法。运用水平分析法可将各项费用项目的实际数与上期数或预算数进行对比，以揭示各项费用的完成情况及产生差异的原因。运用垂直分析法则可揭示各项费用的构成变动，说明费用构成变动的特点。

1. 管理费用分析

分析管理费用时，应注意：

（1）管理费用与主营业务收入配比。通过与行业平均水平以及本企业历史水平的比较分析，考察其合理性。一般情况下，费用越低，收益越高。然而事实并非如此，企业管理层可以通过调节某些费用在不同期间内的支出时间，从而达到影响报告收益的目的。对此，应当考虑企业当前经营状况、以前各期费用水平以及对未来预测支出的合理性，而不应单纯强调绝对值的下降。

（2）管理费用与财务预算配比。从成本习性看，企业管理费用多数属于固定性费用，在企业业务量一定、收入量一定的情况下，有效控制与压缩那些固定性行政管理费用，将会给企业带来更多的收益。

从华夏公司利润表实际情况来看，管理费用在各项费用总额中的比例最大，下面就通过对该企业管理费用的分析，说明企业费用分析的方法。该公司2×16年度和2×15年度管理费用资料如表4-14所示。

表4-14 管理费用明细表

项 目	行次	2×15年实际（元）	2×16年实际（元）
1. 工资		29 256.00	31 952.13
2. 福利费		4 095.84	4 473.30
3. 折旧费		5 284.58	8 773.37
4. 修理费			
5. 办公费		9 613.50	10 168.06
6. 差旅费		3 600.00	3 458.45
7. 物料消耗			
8. 低值易耗品摊销			
9. 社会保险费		9 361.92	10 224.68
10. 住房公积金			
11. 业务招待费		1 143.96	4 615.72
12. 通信费			

（续表）

项　　目	行次	2×15年实际(元)	2×16年实际(元)
13. 汽车费用			
14. 房租			
15. 物业水电费			
16. 快递费			
17. 其他			
管理费用合计		62 355.80	73 665.71

根据表4-14资料，运用水平分析法分析管理费用完成情况如表4-15所示。

表4-15　管理费用完成情况分析表

项　　目	2×15年实际(元)	2×16年实际(元)	增减额(元)	增减率
1. 工资	29 256.00	31 952.13	2 696.13	9.22%
2. 福利费	4 095.84	4 473.30	377.46	9.22%
3. 折旧费	5 284.58	8 773.37	3 488.79	66.02%
4. 办公费	9 613.50	10 168.06	554.56	5.77%
5. 差旅费	3 600.00	3 458.45	−141.55	−3.93%
6. 社会保险费	9 361.92	10 224.68	862.76	9.22%
7. 业务招待费	1 143.96	4 615.72	3 471.76	303.49%
管理费用合计	62 355.80	73 665.71	11 309.91	18.14%

根据表4-15可看出，企业管理费用比上年度增加了11 309.91元，增长幅度为18.14%；管理费用变动的主要原因，一是业务招待费有较大增长，比上年度增长了303.49%，二是折旧费比上年增长了66.02%。除此之外，工资、福利费、办公费、社会保险费都有所增长。为了深入说明管理费用变动情况及其合理性，还应进一步从结构方面及百元销售收入管理费用方面进行分析。分析指标和方法如表4-16所示。

表4-16　管理费用结构分析表

项　　目	产品管理费用构成			百元销售收入管理费用(元)		
	2×15年	2×16年	差异	2×15年	2×16年	差异
1. 工资	46.92%	43.37%	−3.54%	1.76	1.74	−0.02
2. 福利费	6.57%	6.07%	−0.50%	0.25	0.24	−0.01
3. 折旧费	8.47%	11.91%	3.43%	0.32	0.48	0.16
4. 办公费	15.42%	13.80%	−1.61%	0.58	0.55	−0.03

（续表）

项目	产品管理费用构成			百元销售收入管理费用(元)		
	2×15 年	2×16 年	差异	2×15 年	2×16 年	差异
5. 差旅费	5.77%	4.69%	−1.08%	0.22	0.19	−0.03
6. 社会保险费	15.01%	13.88%	−1.13%	0.56	0.56	0
7. 业务招待费	1.83%	6.27%	4.43%	0.07	0.25	0.18
管理费用合计	100%	100%	0	3.75	4.00	0.25

从表 4-16 中可看出，2×16 年管理费用结构中工资支出占的比重最大。另外，折旧费、办公费和社会保险费也占了较大的比重。从动态上看，本年折旧费和业务招待费比重较上年有所增加，工资、福利费、办公费、差旅费及社会保险费比重有所下降，两者增降幅度都不大。从百元销售收入的管理费用看，本年度比上年度增加了 0.25 元，增幅最大的是业务招待费，百元销售收入管理费用增加了 0.18 元；其次折旧费增加了 0.16 元。至于各项管理费用增减变动的具体原因，应结合实际进一步分析。

关于销售费用的分析可采用相同的分析方法。

2. 财务费用分析

财务费用是企业为筹集经营所需资金而发生的费用。具体包括利息支出（减利息收入）、汇兑损失（减汇兑收益）、金融机构手续费以及筹集生产经营资金发生的其他费用等。

在分析财务费用时，应注意：

(1) 财务费用与主营业务收入配比。通过结合该比率的行业平均值、企业规模以及企业经营周期、历史水平分析，考察其合理性。

(2) 财务费用赤字问题。通常而言，财务费用不会出现赤字。这种情况往往出现在当企业的存款利息收入大于贷款利息费用的时候，如果数额较大，也不正常。例如，深圳市一家上市公司某年利润表的财务费用项目出现巨额赤字（银行存款利息收入），通过解读报表发现，该公司将以增资扩股吸收的大量资金长期存放在银行，并没有按照招股说明书的预算使用资金。

(3) 财务风险程度。对待有大量外汇业务的企业，通过分析汇兑损益，可以掌握外汇市场风险对企业理财的影响程度。

根据华夏公司会计报表附注中有关财务费用的资料，可以进一步对财务费用进行分析，所编制的财务费用明细表如表 4-17 所示。

表 4-17 财务费用明细表

项 目	2×15 年(元)	2×16 年(元)	增减额(元)
利息支出	12 354.62	9 900.00	−2 454.62
减：利息收入	1 788.87	1 617.75	−171.12
汇兑损失	1 723.39	6 988.87	5 265.48
现金折扣及贴息	2 706.20	813.00	−1 893.20
银行手续费	3 608.82	2 680.90	−927.92
合 计	18 604.16	18 765.02	160.86

从表 4-17 中可看出，华夏公司财务费用本年度比上年度增加 160.86 元，其主要原因是汇兑损失所引起的。2×16 年度汇兑损失较上年增加了 5 265.48 元，利息支出、现金折扣及贴息和银行手续费减少了 5 104.62 元，增减相抵，华夏公司 2×16 年度财务费用增加了 160.86 元。

三、投资收益分析

利润表中的投资收益是指企业在一定的会计期间对外投资所取得的回报。投资收益包括对外投资所分得的股利和收到的债券利息、投资到期收回或到期前转让所得款项高于账面价值的差额，以及按权益法核算的股权投资在被投资单位增加的净资产中所拥有的数额等。投资也可能遭受损失，投资收益减去投资损失则为投资净收益。利润表中反映的就是投资净收益，是企业营业利润的重要组成部分。

投资收益表现出两面性。如美国《商业周刊》就认为，上市公司以股票投资为主的投资收益占利润总额绝大部分的情况非常可怕，“一旦股价真正开始回落，公司将不得不在收入报表中减记这些投资损失，导致利润下滑。反过来，利润下滑可能会引发这些公司自身股价的下跌，从而导致股市出现更迅猛和更深幅的下跌行情”。而若从企业长远发展来考虑，上市公司如果要做大做强，就必须坚持主营业务可持续成长。过度地关注短期投资收益很容易忽略企业可持续发展能力的培养，对企业的长期发展不利。

通过分析华夏公司投资类报表项目及报表附注及相关的明细资料，编制华夏公司 2×16 年度投资收益明细表，如表 4-18 所示。

表 4-18 投资收益明细表

类 别	2×15 年(元)	2×16 年(元)	增减额(元)
按权益法核算的长期股权投资收益		17 000.00	17 000.00
收到的股利			

（续表）

类　别	2×15年(元)	2×16年(元)	增减额(元)
交易性金融资产投资收益	1 000.00	3 000.00	2 000.00
处置权益投资的收益			
合　计	1 000.00	20 000.00	19 000.00

从表4-18中可看出，华夏公司投资净收益本年比上年大幅度增加，其主要是由长期股权投资收益所引起的，另外交易性金融资产收益也有所增加。

四、营业外收支变动分析

营业外收支净额是指企业在一定会计期间内正常经营活动以外所发生的收入与支出的差额，包括营业外收入和营业外支出两部分。营业外收入具有偶发性，是企业不应重复的业务，对企业净利润的影响具有一次性，不能依赖它作为增加利润的手段。营业外支出在一定程度上反映了企业管理方面存在的问题。事实上，如果营业外收支净额在企业税前收益中所占比重较大，甚至与营业利润在数量上具有互补性变化，即营业利润较高的会计期间营业外收支净额往往较低，营业利润较低的会计期间营业外收支净额往往较高，往往表明存在企业管理层对利润形成过程的操纵，也是会计信息质量低下的一种表现。

从利润表主表分析可以看出，华夏公司营业外收入和营业外支出变动较大，从会计报表附注中可找到营业外收支净额明细表如表4-19所示。

表4-19　营业外收支净额明细表

项　目	2×15年(元)	2×16年(元)	增减额(元)
营业外收入：			
政府补助	20 000.00	20 000.00	0
财政补助	10 000.00		−10 000.00
债务重组收益			
小　计	30 000.00	20 000.00	−10 000.00
营业外支出：			
处置固定资产损失	25 475.00		−25 475.00
非货币性资产交换损失	4 525.00	10 000.00	5 475.00
非常损失	10 000.00		−10 000.00
小　计	40 000.00	10 000.00	−30 000.00

从表4-19中可以看出，华夏公司2×16年营业外收入减少，主要是财政补助

减少导致的。营业外支出的减少主要是因为处置固定资产损失和非常损失有了大幅度的降低，而非货币性资产交换损失增加了 5 475 元，综合作用下，营业外支出共减少 30 000 元。

相关案例 4-2

汶川地震给企业经营者的教训

汶川地震以后，很多企业产生大量的营业外支出。怎么防范营业外支出？按照亡羊补牢的思路，就是把羊圈建结实点。有人说买保险，但是地震险不给保，尤其进入多发期以后不给保。它提醒企业经营者：作为企业经营者，就跟领军打仗的将军一样，要上通天文下知地理。假如企业所在地最经常发生水灾，那么房子就要建高一点；若是总发生地震，则房子要建得疏一点。此外，企业还得考虑最主要的客户、最大的客户的所在地以及其沿线最容易发生什么样的自然灾害。企业经营者必须想到，一旦出现这种情况，应有什么样的做法来缓解。假如企业经常进行运输，在夏天用飞机运输，最害怕打雷下雨。在签订合同的交货时间时，就需要考虑自然因素，否则营业外支出就要变大。

本章小结

本章主要学习了：利润表分析的目的与内容；利润表综合分析主要包括利润增减变动分析、利润结构变动分析和营业利润分析；利润表分部报告分析主要包括业务分部报告分析和地区分部报告分析；产品销售利润因素分析包括销售量变动分析、销售价格变动分析、销售品种构成变动分析、等级构成变动分析；利润表分项分析包含收入分析、成本费用分析、投资收益分析和营业外收支变动分析等。

本章重要概念

利润表分析　利润表综合分析　利润表分项分析　营业利润分析　收入分析　成本费用分析　产品销售利润　水平分析法　垂直分析法

思考与练习

1. 利润表分析的作用与内容是什么？
2. 对利润水平分析表应如何进行分析与评价？
3. 如何进行全部销售成本完成情况分析？
4. 利润表中期间费用越小对企业越有利吗？

推荐阅读资料

[1] 张先治,陈友邦.财务分析[M].东北财经大学出版社,2011.
[2] 樊行健.财务分析[M].清华大学出版社,2010.
[3] 谢志华.财务分析[M].高等教育出版社,2013.

第五章　现金流量表分析

- 内容简介
- 学习目的和要求
- 引例
- 第一节　现金流量表分析概述
- 第二节　现金流量表一般分析和水平分析
- 第三节　现金流量表结构分析和项目分析
- 本章小结
- 本章重要概念
- 思考与练习
- 推荐阅读资料

内容简介

本章主要讲解了现金流量表的内涵、格式和现金流量表分析的目的;现金流量表的一般分析和水平分析;现金流量表的结构分析和项目分析。

学习目的和要求

通过本章学习,学生应了解现金流量表分析的目的,掌握现金流量表的一般分析、水平分析、结构分析、项目分析的思路与评价方法,能够运用财务分析基本程序与方法对现金流量表进行分析。

引例　企业界有一个奇特的现象,那就是“盈利破产”。

盈利怎么会破产呢?这是因为损益核算与现金实际收付不一致的缘故。从财务损益核算的角度来讲,只要产品一卖出去,收入就会形成了;只要机器一动用,支出就发生了,而不管实际上有无现金流入或流出。故财务账表上的营业收入,不一定都是现金收入,财务账表上的支出,不一定都是现金支出;财会核算出来的利润数额也不一定是实际溢出的现金数额。这样一来,企业在一定时期内发生的营业收入与现金收入、成本费用与现金支出就不一致,因而会出现企业账面上有盈利,但手上没有钱的现象。若企业的现金入不敷出,或没有足够的现金支付到期的付款,情况严重时,会导致企业破产倒闭,这就是财务管理上说的“盈利破产”。

正因为这样,现代公司认为,现金流量比净利润更重要。财务信息使用者必须判断企业盈利的质量,即盈利能否转化为企业可用的现金流。

第一节 现金流量表分析概述

一、现金流量表的内涵

现金流量表是反映企业一定会计期间内有关现金和现金等价物的流入、流出情况及其净流量的会计报表。它是以收付实现制为基础编制的，包括现金、银行存款、其他货币资金和现金等价物等。其中，现金等价物是指企业持有的期限较短（一般在 3 个月之内）、流动性较强、易于转换为已知金额的现金且价值变动风险很小的短期投资。

现金流量包括现金流入量和现金流出量，是用来表示企业现金和现金等价物的增减变动情况的，现金及现金等价物的增加被称为现金流入量，现金及现金等价物的减少被称为现金流出量。

现金流量根据企业经济活动的性质，通常分为经营活动的现金流量、投资活动现金流量和筹资活动现金流量。现金流量根据现金的流程，分为现金流入、现金流出和现金流量净额。我国《企业会计准则》，规定现金流量表主表的编制格式按经济业务活动的性质分别归集经营活动、投资活动和筹资活动产生的现金流入量、现金流出量和现金流量净额，最终得出净现金流量。现金流量表补充资料的编制格式为以净利润为基础调整相关项目，得出经营活动净现金流量。

二、现金流量表的格式

现金流量表有直接法和间接法两种编制方法。这两种编制方法都是相对于经营活动产生的现金流量净额的不同表现形式而言的。其中，直接法是以营业收入为起算点，通过调整与经营活动有关的各个项目的增减变动，计算经营活动的现金流量；间接法是以净利润为起算点，通过调整不涉及现金（但涉及利润）的收入、费用、资产减值准备等有关项目，以及不涉及利润（但涉及现金）的应收、应付款项目以及存货等有关项目的增减变动，计算经营活动的现金流量。两种方法与格式的区别主要在于如何计算和反映经营活动的现金流量净额。

现金流量表的具体格式如表 1-3 所示。

三、现金流量表分析的目的

现金流量表反映了企业在一定时期内的现金数额，揭示了在一定时期内现金流动的状况，通过现金流量表分析可以达到以下三个目的。

1. 从动态上了解企业现金变动情况和变动原因

资产负债表中货币资金项目反映了企业一定时期现金变动的结果，是静态上的现金存量，企业从哪里取得现金，又将现金用于哪些方面，只有通过现金流量表的分析，才能从动态上说明现金的变动情况，并揭示现金变动的原因。

2. 判断企业获取现金的能力

现金余额是企业现金流动的结果，并不表明现金流量的大小，通过对现金流量表进行现金流量分析，能够对企业获取现金的能力作出判断。

3. 评价企业盈利的质量

利润是按权责发生制计算的，用于反映当期的财务成果，利润不代表真是实现的收益，账面上的利润满足不了企业的资金需求，因此，盈利企业仍然可能发生财务危机，高质量的盈利必须有现金流入做保证。

延伸阅读 5-1

现金流量表直接法如何计算

计算公式：

$$\begin{array}{c}\text{销售商品、提供}\\\text{劳务收到的现金}\end{array}=\begin{array}{c}\text{本期营业}\\\text{收入净额}\end{array}+\begin{array}{c}\text{本期应收账款减少额}\\\text{(－应收账款增加额)}\end{array}+\begin{array}{c}\text{本期应收票据减少额}\\\text{(－应收票据增加额)}\end{array}+\begin{array}{c}\text{本期预收账款增加额}\\\text{(－预收账款减少额)}\end{array}$$

按规定，企业应当采用直接法，列示经营活动产生的现金流量。

直接法是按现金流入和现金流出的主要类别列示企业经营活动产生的现金流量。在直接法下，一般是以利润表中的营业收入为起算点，调整与经营活动有关的项目的增减变动，然后计算出经营活动产生的现金流量。采用直接法具体编制现金流量表时，可以采用工作底稿法或T型账户法。业务简单的，也可以根据有关科目的记录分析填列。

1. "销售商品、提供劳务收到的现金"项目

本项目可根据"主营业务收入""其他业务收入""应收账款""应收票据""预收账款"及"库存现金""银行存款"等账户分析填列。

本项目的现金流入可用下述公式计算求得：

$$\begin{array}{c}\text{销售商品、提供}\\\text{劳务收到的现金}\end{array}=\begin{array}{c}\text{本期营业}\\\text{收入净额}\end{array}+\begin{array}{c}\text{本期应收账款减少额}\\\text{(－应收账款增加额)}\end{array}+\begin{array}{c}\text{本期应收票据减少额}\\\text{(－应收票据增加额)}\end{array}+\begin{array}{c}\text{本期预收账款增加额}\\\text{(－预收账款减少额)}\end{array}$$

注：上述公式中，如果本期有实际核销的坏账损失，也应减去（因核销坏账损失减少了应收账款，但没有收回现金）。如果有收回前期已核销的坏账金额，应加上（因收回已核销的坏账，并没有增加或减少应收账款，但却收回了现金）。

2. "收到的税费返还"项目

该项目反映企业收到返还的各种税费。本项目可以根据"库存现金""银行存款""应交税费""税金及附加"等账户的记录分析填列。

3.“收到的其他与经营活动有关的现金”项目

本项目反映企业除了上述各项目以外收到的其他与经营活动有关的现金流入，如罚款收入、流动资产损失中由个人赔偿的现金收入等。本项目可根据“营业外收入”“营业外支出”“库存现金”“银行存款”“其他应收款”等账户的记录分析填列。

4.“购买商品、接受劳务支付的现金”项目

本项目可根据“应付账款”“应付票据”“预付账款”“库存现金”“银行存款”“主营业务成本”“其他业务成本”“存货”等账户的记录分析填列。

本项目的现金流出可用以下公式计算求得：

购买商品、接受劳务支付的现金＝营业成本＋本期存货增加额(－本期存货减少额)＋本期应付账款减少额(－本期应付账款增加额)＋本期应付票据减少额(－本期应付票据增加额)＋本期预付账款增加额(－本期预付账款减少额)

5.“支付给职工以及为职工支付的现金”项目

该项目反映企业实际支付给职工、以及为职工支付的工资、奖金、各种津贴和补贴等(含为职工支付的养老、失业等各种保险和其他福利费用)。但不含为离退休人员支付的各种费用和固定资产购建人员的工资。

本项目可根据“库存现金”“银行存款”“应付职工薪酬”“生产成本”等账户的记录分析填列。

6.“支付的各项税费”项目

本项目反映的是企业按规定支付的各项税费和有关费用。但不包括已计入固定资产原价而实际支付的耕地占用税和本期退回的所得税。

本项目应根据“应交税费”“库存现金”“银行存款”等账户的记录分析填列。

7.“支付的其他与经营活动有关的现金”项目

本项目反映企业除上述各项目外，支付的其他与经营活动有关的现金，包括罚款支出、差旅费、业务招待费、保险费支出、支付的离退休人员的各项费用等。本项目应根据“管理费用”“销售费用”“营业外支出”等账户的记录分析填列。

第二节 现金流量表一般分析和水平分析

一、现金流量表一般分析

进行现金流量表的一般分析，需要根据现金流量表的数据，对企业现金流量情况进行分析与评价。下面以华夏公司现金流量表的资料(见表 1-3)为基础，对华夏公司 2×16 年的现金流量进行一般分析。

(1) 华夏公司资产负债表货币资金项目年末比年初增加 4 519.72 元。其中，经营活动产生净现金流量 335 269.20 元；投资活动产生净现金流量－452 349.48 元；筹资活动产生净现金流量 121 600.00 元。它们之间的关系式为：

资产负债表货币资金项目年末比年初增加额 = 经营活动产生净现金流量 + 投资活动产生净现金流量 + 筹资活动产生净现金流量

(2) 华夏公司本年经营活动净现金流量产生的主要原因是销售商品、提供劳务收到的现金 2 465 897.46 元，支付给职工以及为职工支付的现金 1 196 930.61 元，购买商品、接受劳务支付的现金 619 810.40 元。

在三类业务活动引起的现金流量中，经营活动现金流量的稳定性和再生性较好，一般情况下应占较大比例。如果经营活动现金流入量大于现金流出量，即经营活动的净现金流量大于 0，反映企业经营活动的现金流量自我适应能力较强，通过经营活动收取的现金，不仅能够满足经营本身的需要，而且剩余部分还可以用于再投资或偿债。反之，经营活动净现金流量小于 0，说明经营活动的现金流量自我适应能力较差，经营现金流量不仅不能支持投资或偿债的资金需要，而且还要借助于收回投资或举借新债取得的现金才能维持正常的经营。形成这种情况的主要原因可能是销货款回笼不及时，或存货大量的挤压无法变现。具体原因要根据企业的具体情况进行分析。

(3) 投资活动现金流量主要是由购建固定资产等长期资产引起的。大规模购建固定资产等长期资产可以增加企业未来的生产能力。华夏公司 2×16 年用于投资活动的现金净额是 −452 349.48 元，主要是购建固定资产、无形资产和其他长期资产支付的现金 204 649.48 元，投资支付的现金 270 000.00 元。说明华夏公司 2×16 年进行了大规模的投资活动。

(4) 筹资活动现金流量的增加主要来自于吸收投资收到的现金 170 000.00 元，偿还债务支付的现金 30 000.00 元。筹资活动净现金流量分析应同企业理财政策以及前两项业务活动引起的现金流量方向结合起来分析。如果筹资活动现金流出量远远大于现金流入量，有可能是企业执行了高股利分配政策，或者是进入债务偿还期；联系经营活动现金流量也是负值，企业可能出现较大的资金缺口，有可能是企业前期经营不善导致的。如果企业筹资活动的现金流入明显大于现金流出，说明企业举债或吸收资本的步伐加快。华夏公司 2×16 年筹资活动产生的现金流量净额为 12 160 000 元，原因在于吸收资本。

相关案例 5-1

现金哪里去了

小王是一位股票投资者，他十分注重利用会计信息指导投资决策。有一次他在阅读 ABC 公司的财务报告时，一个现象让他迷惑不解。该公司年末“货币资金”项目余额为 11.77 亿元，而现金流量表中“期末现金及现金等价物”项目余额为 3.46 亿元，差额 8.31 亿元，货币资金哪里去了呢？小王不得其解，于是向从事“财务分析”课程教学的陈老师请教。

陈老师首先让他根据“货币资金”项目的附注信息去寻找线索。小李注意到:“货币资金”项目附注中披露“人民币 8.31 亿元用于质押开具银行承兑汇票。”这是怎么回事呢？小王依然不明白,陈老师为他解释道:“根据现行的银行承兑汇票操作模式,企业在申请开立银行承兑汇票时,必须向银行缴存一定比例的保证金。这部分保证金在票据到期支付前不得取回和随意动用。在约定的付款日期,保证金将作为票款的一部分支付给持票人。这部分保证金在资产负债表上仍然列为‘货币资金’,但是因不能随时用于支付,不符合现金流量表中关于‘现金’或者‘现金等价物’的定义,因此需要从现金和现金等价物的年初、年末余额中排除。”

“那这部分资金如何在现金流量表中反映呢?”小王问。

陈老师说:“将银行存款转为银行承兑汇票的保证金时,可将所划转的金额在现金流量表上列示为‘投资所支付的现金’。这是因为此时该项目保证金尚未对外支付,只是改变了在企业内部的储存形式,本质上与银行定期存款等没有区别。”

小王赶紧查阅现金流量表“投资所支付的现金”,果然找到了相对应的金额。

二、现金流量表水平分析

现金流量表一般分析说明了企业当期现金流量产生的原因,而现金流量表的水平分析是揭示本期现金流量与前期或预计现金流量的差异,是比较分析不同时期的现金流量表数据的关系。下面以华夏公司为例进行分析。

从现金流量表(表 1-3)可以看出,华夏公司 2×16 年净现金流量比 2×15 年增加了 4 519.72 元。2×16 年华夏公司经营活动、投资活动和筹资活动产生的净现金流量较上年的变动额分别是 311 475.19 元、-301 949.48 元和-40 400.00 元。

2×16 年经营活动净现金流量比上年增长了 311 475.19 元,增长率为 1 309.05%。经营活动现金流入量与流出量分别比上年增长了 588 370.40 元和 276 895.21 元,增长率为 30.55%和 14.56%。经营活动现金流入量的增长远远快于经营活动现金流出量的增长,致使经营活动现金净流量有了巨幅增长。经营活动现金流入量的增加主要因为销售商品、提供劳务收到的现金增加了 560 379.34 元,增长率为 29.41%。

2×16 年投资活动产生的现金流量净额较上年减少了 301 949.48 元。其中投资活动现金流入较上年增长了 18 100 元,增长率为 430.95%;投资活动流出较上年增长了 320 049.48 元,增长率为 207.02%。主要原因是购建固定资产、无形资产和其他长期资产支付的现金增长了 80 049.48 元,增长率为 64.25%,取得投资收益收到的现金增长了 19 000.00 元,增长率为 1 900.00%。说明华夏公司在进行大规模的投资,且前期的投资有了收益流入。

2×16 年筹资活动净现金流量比上年减少了 40 400.00 元,主要是因为筹资活动现金流出的增长额比筹资活动现金流入的增长额要大。从表中可以看出华夏公司的融资方式发生了变化,2×16 年是债务性融资,2×15 年是权益性融资。

第三节 现金流量表结构分析和项目分析

一、现金流量表结构分析

现金流量表结构分析是在现金流量表有关数据的基础上，进一步明确现金流入、现金流出的构成及现金净流量的形成形式。具体来说，现金流量结构分析可以分别从现金流入结构、现金流出结构及现金净流量结构三方面进行。

对现金流入结构的分析是指分析经营活动、投资活动、筹资活动的现金流入在全部现金流入中的比重以及各项具体业务活动现金流入的具体情况，重点在于分析确定企业的现金来源。对于现金流出结构的分析则侧重于分析和反映经营活动、投资活动、筹资活动的资金使用方向。而对现金流量净额的结构分析主要是了解企业的经营活动、投资活动、筹资活动所产生的现金净流量对企业全部现金流量净额的贡献大小，并由此推测企业未来的资金走势情况。

以华夏公司的现金流量表(表 1-3)为例，经过处理，可得出现金流量结构分析表，如表 5-1 所示。

表 5-1 华夏公司现金流量结构分析表

编制单位:华夏公司　　2016 年 12 月　　单位:元

项　目	金额	流入结构	流出结构	内部结构
一、经营活动产生的现金流量:				
销售商品、提供劳务收到的现金	2 465 897.46	91.11%		98.08%
收到的税费返还				
收到其他与经营活动有关的现金	48 187.00	1.78%		1.92%
经营活动现金流入小计	2 514 084.46	92.89%		100%
购买商品、接受劳务支付的现金	619 810.40		22.94%	28.45%
支付给职工以及为职工支付的现金	1 196 930.61		44.30%	54.93%
支付的各项税费	331 422.70		12.27%	15.21%
支付其他与经营活动有关的现金	30 651.55		1.13%	1.41%
经营活动现金流出小计	2 178 815.26		80.64%	100%
经营活动产生的现金流量净额	335 269.20			
二、投资活动产生的现金流量:				
收回投资收到的现金				

（续表）

项　　目	金额	流入结构	流出结构	内部结构
取得投资收益收到的现金	20 000.00	0.74%		89.69%
处置固定资产、无形资产和其他长期资产收回的现金净额	2 300.00	0.08%		10.31%
收到其他与投资活动有关的现金				
投资活动现金流入小计	22 300.00	0.82%		100%
购建固定资产、无形资产和其他长期资产支付的现金	204 649.48		7.57%	43.12%
投资支付的现金	270 000.00		10%	56.88%
支付其他与投资活动有关的现金			17.57%	
投资活动现金流出小计	474 649.48			100%
投资活动产生的现金流量净额	−452 349.48			
三、筹资活动产生的现金流量：				
吸收投资收到的现金	170 000.00	6.29%		100%
取得借款收到的现金				
收到其他与筹资活动有关的现金				
筹资活动现金流入小计	170 000.00	6.29%		100%
偿还债务支付的现金	30 000.00		1.11%	61.98%
分配股利、利润或偿付利息支付的现金	18 400.00		0.68%	38.02%
支付其他与筹资活动有关的现金				
筹资活动现金流出小计	48 400.00		1.79%	100%
筹资活动产生的现金流量净额	121 600.00			
现金流入总额	2 706 384.46	100%		
现金流出总额	218 868.32		100%	
四、汇率变动对现金及现金等价物的影响				
五、现金及现金等价物净增加额	4 519.72			
加：期初现金及现金等价物余额	212 048.60			
六、期末现金及现金等价物余额	216 568.32			

（一）现金流入结构分析

现金流入结构反映企业的各项业务活动现金流入的比重，如经营活动、投资活动、筹资活动的现金流入等在全部现金流入中的比重，以及各项业务活动现金流入的具体项目的构成情况，以明确企业的现金来源。

其计算公式如下：

$$\frac{\text{经营活动产生的现金流入}}{\text{现金流入总计}}\times 100\%$$

$$\frac{\text{投资活动产生的现金流入}}{\text{现金流入总计}}\times 100\%$$

$$\frac{\text{筹资活动产生的现金流入}}{\text{现金流入总计}}\times 100\%$$

华夏公司2×16年现金流入总量约为2 706 384.46元，其中经营活动现金流入量、投资活动现金流入量和筹资活动现金流入量所占比重分别为92.89%、0.82%和6.29%。可见企业的现金流入量主要是由经营活动产生的，占据了90%以上，其次是筹活动产生的，投资活动产生的现金流量最小。这说明企业的生产经营活动是正常的；筹资活动产生的现金流量说明企业在本年度有大规模的融资；投资活动产生的现金流量占的比重微乎其微，说明投资的收益少，或者有大规模的投资，结合华夏公司的现金流量表可知，公司在2×16年度有规模较大的筹资和投资。

总体来说，企业的现金流入量中，经营活动的现金流入量应当占较高的比例，特别是其销售商品、提供劳务收到的现金应明显高于其他业务活动流入的现金，但是对于不同性质的企业，这个比例也可能有较大的差异。比如，对于一个单一经营、专心于某一特定经营业务、不愿意进行其他投资、筹资政策保守、不愿意举债经营的企业来说，该比例可能尤其高。

(二) 现金流出结构分析

现金流出结构反映企业的各项业务活动现金流出的比重，如经营活动、投资活动、筹资活动的现金流出等在全部现金流出中的比重，以及各项业务活动现金流出具体项目的构成情况，以明确企业的现金用在哪些方面。

其计算公式如下：

$$\frac{\text{经营活动产生的现金流出}}{\text{现金流出总计}}\times 100\%$$

$$\frac{\text{投资活动产生的现金流出}}{\text{现金流出总计}}\times 100\%$$

$$\frac{\text{筹资活动产生的现金流出}}{\text{现金流出总计}}\times 100\%$$

华夏公司2×16年现金流出总量约为218 868.32元，其中经营活动现金流出量、投资活动现金流出量和筹资活动现金流出量所占比重分别为80.64%、17.57%和1.79%。可见，在现金流出总量中经营活动现金流出量所占的比重最大,投资活动现金流出量所占比重次之。在经营活动现金流出量中支付给职工以及为职工支付的现金所占的比重最大,占 54.93%;购买商品、接受劳务支付的现金占 28.45%,支付的各项税费占经营活动现金流出的 15.21%。说明华夏公司的工资支付水平比较高,职工的收入水平比较高。支付的各项费用所占的比重高,说明企业承担了较高的税负,企业可以通过纳税筹划来降低税负。

在一般情况下,购买商品、接受劳务支付的现金往往要占较大的比重,投资活动和筹资活动的现金流出比重则因企业的投资政策及其筹资政策和状况的不同而存在很大的差异。

(三) 现金净流量结构分析

现金净流量结构是指企业的各项业务,包括经营活动、投资活动、筹资活动等现金净流量占全部现金净流量的百分比,以反映企业的现金净流量是如何形成的。

其计算公式如下:

$$\frac{\text{经营活动产生的现金流量净额}}{\text{现金流量净额合计}}\times 100\%$$

$$\frac{\text{投资活动产生的现金流量净额}}{\text{现金流量净额合计}}\times 100\%$$

$$\frac{\text{筹资活动产生的现金流量净额}}{\text{现金流量净额合计}}\times 100\%$$

华夏公司现金净流量结构分析表如表 5-2 所示。

表 5-2　华夏公司现金净流量结构分析表

编制单位:华夏公司　　2×16 年 12 月　　单位:元

项　目	金额	结构百分比
经营活动产生的现金净流量	335 269.20	7 417.92%
投资活动产生的现金净流量	−452 349.48	−10 008.35%
筹资活动产生的现金净流量	121 600.00	2 690.43%
现金净流量	4 519.72	100.00%

从现金净流量的构成看,生产经营活动产生的现金净流量为 335 269.20 元,联系利润表(表 1-2)可知,华夏公司生产经营正常,盈利能力一般。企业本年度现金净流量为 4 519.72 元,金额较小,出现这种情况的主要原因是投资活动产生的现金流量净额为−452 349.48 元。2×16 年华夏公司进行了大规模的投资,而融资的规模远远小于投资的规模。

在一般情况下,一个企业生产经营正常、投资和筹资规模不变的情况下,现金流量净额越大,则企业的活力越强。换句话说,如果企业的现金流量净额主要是由经营活动产生的现金流量净额引起的,则说明企业的收现能力强,坏账风险小,营销能力也不错;如果企业的现金流量净额主要是由投资活动产生的,甚至是由处置固定资产、无形资产和其他长期资产引起的,则可能说明企业生产经营能力衰退,从而处置非流动资产以缓解资金矛盾,但也可能是企业为了走出不良境地而调整资产结构,还须结合资产负债表和利润表作深入分析;如果企业现金流量净额主要是由筹集活动引起的,则意味着企业将支付更多的股利或利息,它未来的现金流量净额必须更大才能满足偿付的需要,否则,企业就可能承受较大的财务风险。

现金流量净额也可能是负数,即现金流出大于现金流入。这就要视不同情况予以区别:如果企业产生的现金流量净额是负数且金额较大,而企业整体上现金流出主要是由购建固定资产、无形资产或其他长期资产或对外投资引起的。这样的企业一般正在进行设备更新或扩大生产能力,或投资开拓更广阔的市场。那么,现金净额为负数,并不意味着企业经营能力不佳,而是意味着企业未来可能有更大的现金流入。

二、现金流量表项目分析

(一) 经营活动现金流量项目分析

企业的现金流量产生于多种多样的业务与经济行为。这些行为的性质不同,对现金流量的可持续影响也有所不同。经营活动产生的现金流量,是企业在日常的营业活动中从事正常经营业务所产生的现金流量,包括物资的采购、商品的销售、提供或接受劳务、缴纳税款、支付工资、发生相关经营销售费用等行为中所涉及的现金流量。在持续经营的会计基本假设前提下,经营活动现金流量反映的是企业经常性的、持续性的资金流入和流出情况。

(1) 销售商品、提供劳务收到的现金。该项目反映企业本期销售商品、提供劳务收到的现金,以及前期销售商品、提供劳务在本期收到的现金(包括销售收入和增值税销项税额)和本期预收的款项,减去本期销售本期退回的商品和前期销售在本期退回的商品支付的现金。

此项目是企业现金流入的主要来源,通常具有数额大、所占比例高的特点。正常情况下,企业的资金所得主要依赖其日常经营业务,而销售商品、提供劳务收到的现金就反映了企业日常经营活动中所能够提供的、有一定可持续性的资金流入。

以应收票据为基础的出售和融资事项的会计处理应遵循"实质重于形式"的原则,即关注应收票据相关的风险和报酬是否已实质转移。对于风险和报酬已实质转移,因而在资产负债表上未作为短期质押借款处理的应收票据贴现业务,于发生时,在现金流量表上直接将收到的贴现款项作为"销售商品、提供劳务所收到的现金"处理。由于票据的付款期限和贴现期限一般较短,因此从重要性出发,对带息票据所计提的应收利息,以及贴现时银行所扣的贴现息和手续费等均可不单独反映。

(2) 收到的税费返还。该项目反映企业收到返还的增值税、所得税、消费税、关税和教育费附加等各种税费。返还增值税记“补贴收入”;返还消费税、教育费附加等,冲减“主营业务税金及附加”;返还所得税,冲减“所得税”。结合相关项目信息对该项目进行分析。

(3) 收到其他与经营活动有关的现金。该项目反映企业除了销售商品、提供劳务收到的现金,例如,收到的捐赠收入、罚款收入、经营租赁收到的租金、流动资产损失中由个人赔偿的现金收入等其他与经营活动有关的现金流入金额,金额较大的应当单独列示。此项目具有不稳定性,数额不应过大。华夏公司 2×16 年收到的其他与经营活动有关的现金为 331 422.70 元,可以根据报表附注的内容进行分析。

(4) 购买商品、接受劳务支付的现金。该项目反映企业本期购买商品、接受劳务实际支付的现金(包括增值税进项税额),以及本期支付前期购买商品、接受劳务的未付款项和本期预付款项,本期发生的购货退回收到的现金应从本项目内扣除。

此项目应是企业现金流出的主要方向,通常具有金额大、所占比重大的特点。将其与利润表营业成本相比较,可以判断企业购买商品付现率的情况,借此可以了解企业资金的紧张程度或企业的商业信用情况,从而可以更加清楚地认识到企业目前所面临的财务状况。华夏公司 2×16 年为购买商品、接受劳务支付现金619 810.40 元。

(5) 支付给职工以及为职工支付的现金。该项目反映企业本期实际支付给职工的工资、奖金、各种津贴和补贴等职工薪酬,以及为这些职工支付的五险一金。此项目也是企业现金流出的主要方向,金额波动不大。华夏公司 2×16 年支付给职工以及为职工支付的现金为 1 196 930.61 元。

(6) 支付的各项税费。该项目反映企业本期发生并支付的、本期支付以前各期发生的、预交的教育费附加、矿产资源补偿费、印花税、房产税、土地增值税、车船税等税费,计入固定资产价值、实际支付的耕地占用税、本期退回的增值税和所得税等税费除外。此项目会随着企业销售规模的变化而变动。华夏公司 2×16 年支付的各项税费金额为 331 422.70 元,占现金流出总量的比重为 12.27%。

(7) 支付其他与经营活动有关的现金。该项目反映企业支付的罚款支出,支付的差旅费、业务招待费、保险费,经营租赁支付的现金等其他与经营活动有关的现金流出,金额较大的应当单独列示。该项目主要与利润表的销售费用、管理费用项目相对应。华夏公司 2×16 年支付的其他与经营活动有关的现金为 30 651.55 元,占现金流出总量的比重为 1.13%。

经营活动现金流量的最大特点,在于它与企业日常营运活动的直接的密切关系。无论是从现金流入量还是流出量,都体现了企业在维持目前生产能力和生产规模状态下对现金及其等价物的获得与支付水平。

(二) 投资活动现金流量项目分析

投资活动是指企业对外进行股权或债权投资,以及对内进行非货币性长期资产(如固定资产、无形资产和其他长期资产等)投资的活动。而"投资活动现金流量"便是反映企业在股权和债权投资中,以及与非货币性长期资产的增减变动相关的活动中所产生的现金收付金额。

企业对外进行股权和债权投资,并不直接影响其当期的经营活动,但是其日后的转让和收回,却是企业未来一笔不小的资金流入;此外,股权投资对被投资方的控股或重大影响,也有可能对企业未来获得经营物资或打开销售渠道提供潜在的和良好的帮助。

企业购建或处置固定资产、无形资产及其他长期资产等非货币性长期资产,会在很大程度上影响企业未来的经营规模与生产能力,甚至在一定程度上还会改变企业的资产结构与经营方向,购建此类非货币性长期资产的现时资金的大量流出,可能意味着企业未来营运规模的扩大、生产技能的提高与经营策略的调整;而处置此类非货币性长期资产的现时资金的过多流入,也可能预示着企业压缩经营规模,或出于转变经营方向的需要而大量处置原有设备等长期资产。

(1) 收回投资所收到的现金。该项目反映企业出售、转让或到期收回除现金等价物以外的交易性金融资产、长期股权投资而收到的现金,以及收回长期债权投资本金而收到的现金,但长期债权投资收获的利息除外。投资扩张是企业未来使利润增长的关键点,缩小投资可能意味着企业在规避投资风险、投资战略改变或企业存在资金紧张的情况。

(2) 取得投资收益所收到的现金。该项目反映企业因股权性投资而分得的现金股利,从子公司、联营公司或合营企业分回利润而收到的现金,以及因债权性投资而取得的现金利息收入,但股票利息除外。此项目存在发生额说明企业进入投资回收期。将该项目金额同利润表当中的投资收益项目进行对比分析,可以考察投资收益的收现情况,同资产负债表当中的投资资产金额进行对比分析,可以考察投资资产的现金回报请况。华夏公司 2×16 年取得投资收益所收到的现金为20 000.00元,占现金流入总量的比重为0.74%。

(3) 处置固定资产、无形资产和其他长期资产所收回的现金净额。该项目是指企业在当期由于处置固定资产、无形资产和其他长期资产时收到的现金扣除由于处置行为而产生的现金支付之后的净现金流入量,以及由于自然灾害造成企业该类长期资产损失而获得的保险赔偿所收到的现金。该项目的现金流入量与企业日常运营没有直接的必要联系,通常也不具有持续性。因此,在分析考虑企业未来获取现金的能力时,对该项指标不应该过多考虑。然而,如果该项现金流入量的金额过大，则可能意味着企业大量处置现有的固定资产、无形资产等来压缩生产经营规模，或者为转变经营方向进行相应的调整。华夏公司 2×16 年由于处置固定资产、无形资产和其他长期资产而收回的现金净额为 2 300.00 元，占现金流入总量的比重为 0.08%。

(4) 处置子公司及其他营业单位所收到的现金净额。该项目反映企业处置公司及其他营业单位所取得的现金减去相关处置费用后的净额。

(5) 购建固定资产、无形资产和其他长期资产所支付的现金。该项目反映企业购买、建造固定资产、取得无形资产和其他长期资产所支付的现金及增值税税款、支付的应由在建工程和无形资产负担的职工薪酬现金支出，但为购建固定资产而发生的借款利息资本化部分、融资租入固定资产所支付的租赁费除外。此项目反映企业扩大再生产能力的强弱，可以了解企业未来的经营方向和活力，揭示企业未来经营方式和经营战略的发展变化。华夏公司 2×16 年购建固定资产、无形资产和其他长期资产所支付的现金为 204 649.48 元，占现金流出总量的比重为 7.57%。可见公司生产规模将进一步扩大，生产能力将增强。

(6) 投资支付的现金。该项目反映企业当期在各项对外投资(包括股权投资、债权投资、联营投资等)行为中所支付的全部现金，不但包含企业购买股票、债券等直接发生的交易或投资的现金支出，也包括因此而支付的佣金、手续费等附加费用。此项目反映企业参与资本市场运作、实施股权和债权投资能力的强弱，分析投资方向与企业的战略目标是否一致。华夏公司 2×16 年投资支付的现金金额为 270 000.00 元，增强了在资本市场中的参与程度。

(7) 收到其他与投资活动有关的现金、支付其他与投资活动有关的现金。该项目反映企业除上述(1)～(6)项外收到或支付的其他与投资活动有关的现金流入或流出，金额较大的应当单独列示。此项目可以结合报表附注来分析。

投资活动现金流量的最大特点在于：就当期而言，它与企业日常营运活动几乎没有多少直接的关系，但是却对企业未来的现金流量产生着一定的甚至有时是不容忽视的影响；目前现金的大量流入可能意味着未来相关现金流入的大幅度萎缩；而目前的大量该类现金流出，又可能蕴含着未来会产生或促使大量的相应现金流出。

(三) 筹资活动现金流量项目分析

筹资活动现金流量反映了企业出于各种需求而进行资金筹措活动所产生的现金流入与流出金额。对于这类现金流量的分析，关键在于理解企业所筹措资金的来源渠道及其规模大小，推测企业筹集资金的动机和用途，以及可能对未来产生的资金压力等。

(1) 吸收投资收到的现金。该项目反映企业以发行股票、债券等方式筹集资金实际收到的款项减去直接支付给金融企业的佣金、手续费、宣传费、咨询费、印刷费等发行费用后的净额。此项目表明企业通过资本市场筹集资金的能力。华夏公司2×16年因吸收投资而收到的现金为170 000.00元，占现金流入总量的6.29%，吸收投资是华夏公司当年所采取的主要筹资方式。

(2) 取得借款收到的现金。该项目反映企业举借各种短期、长期借款而收到的现金。此项目数额的大小，表明企业通过举债筹集资金的能力，在一定程度上代表了企业的商业信用。

(3) 偿还债务支付的现金。该项目反映企业以现金偿还债务的本金。此项目有助于分析企业资金周转是否已经达到良性循环状态。华夏公司偿还债务支付的现金额为30 000.00元，占现金流出总量的比重是1.11%。

(4) 分配股利、利润或偿还利息支付的现金。该项目反映企业实际支付的现金股利、支付给其他投资单位的利润或用现金支付的借款利息、债券利息。利润分配情况可以反映企业现金的充裕程度。华夏公司2×16年分配股利、利润或偿付利息支付的现金为18 400.00元。说明华夏公司的现金较充裕。

(5) 收到的其他与筹资活动有关的现金、支付其他与筹资活动有关的现金。该项目反映企业除上述(1)～(4)项外，收到或支付的其他与筹资活动有关的现金流入和流出，包括以发行股票、债券等方式筹集资金而由企业直接支付的审计和咨询等费用、为购建固定资产而发生的借款利息资本化部分、融资租入固定资产所支付的租赁费、以分期付款方式购建固定资产以后各期支付的现金等。

筹资活动现金流量的最大特点在于它现时现金流量与未来现金流量在一定程度上的对应性，即目前该类现金流入量的发生，在一定程度上意味着未来存在相应的现金流出量；而且目前该类现金流出量的存在，则是以往相应的现金流入量所引起的必然结果。

(四) 汇率变动对现金的影响分析

(1) 企业外币现金流量及境外子公司的现金流量折算为记账本位币时，所采用的现金流量发生日的即期汇率或按照系统合理的方法确定的、与现金流量发生日即期汇率近似的汇率折算的金额。

(2) "现金及现金等价物净增加额"项目中外币现金净增加额按期末汇率折算的金额。此项目如果金额较大，需要借助会计报表附注的相关内容分析其原因及合理性。

(五) 现金及现金等价物

(1) "现金及现金等价物净增加额"项目金额等于"经营活动产生的现金流量净额""投资活动产生的现金流量净额"和"筹资活动产生的现金流量净额"三者的代数和，再调整外币现金资产汇率变动影响金额。华夏公司2×16年经营活动、投资活动和筹资活动产生的现金流量净额分别为 335 269.20 元，−452 349.48 元和 121 600.00 元，当年“现金及现金等价物的净增加额”为 4 519.72 元。

（2）“年初现金及现金等价物余额”项目可结合资产负债表“货币资金”项目期初余额进行分析。华夏公司 2×16 年初货币资金余额为 212 048.60 元。

延伸阅读 5-2

现金流量表的阅读重点

现在，假如我们打开一张现金流量表，需要看些什么呢？

首先，我们应该主要关注合并现金流量表。母公司现金流量表仅仅代表了公司内部的资金调动，对投资者而言观察价值不大。

其次，需要关注现金流量表传达的异常信息。

经营现金活动现金流量中的异常现象主要有：

持续的经营活动现金流量净额为负。

虽然经营活动现金流量净额为正，但主要是因为应付账款和应付票据的增加。应付账款和应付票据的大量增加，可能意味着企业拖欠供应商货款，是企业资金链断裂前的一种异常征兆。

经营活动现金流量净额远低于净利润，这一迹象在提示投资者需要注意企业利润造假的可能。

投资现金活动现金流量中的异常现象：

购买固定资产、无形资产等的支出，持续高于经营活动现金流量净额，说明企业持续借钱维持投资行为。出现这种情况，要么是某项目给了管理层信心，要么就是某种特殊原因造成企业必须流出现金。若投资者找不到信心的来源，可能就要选择后者的假设，这通常是营业收入造假和利润造假的资金源头。

投资活动现金流入中，有大量现金是因出售固定资产或其他长期资产而获得的。这可能是企业经营能力衰败的标志，是企业经营业绩下滑的信号。

筹资现金活动现金流量中的异常现象：

企业取得借款收到的现金，远小于归还借款支付的现金。这可能透露出银行降低了对该企业的贷款意愿，使用了“骗”回贷款的手段（银行常用手法：“王老板，请你先找笔钱还了到期贷款，我们要应付上面的检查，上面没意见，我才好安排新贷款给你呀。放心啦，你我好兄弟讲义气，所有的关系和手续都已经搞定了，一周时间给你批下来。”唐老板借了一笔高利贷还了银行贷款，然后银行就遇到一堆“意外情况”，之后就没有下文了）。“春江水暖鸭先知”，这种“骗贷”行为可能意味着企业出现某种圈内人士才知道的危机。

企业为筹资支付了显然高于正常水平的利息或中间费用——体现在“分配股利、利润或偿付利息支付的现金”和“支付其他与筹资活动有关的现金”两个科目的明细里。当然，这也可能意味着企业遇到的生存危机。

如果想通过现金流量表寻找优质企业，关注以下 5 组数据（这里只列出基本条件）：

经营活动产生的现金流量净额＞净利润＞0；

销售商品、提供劳务收到的现金≥营业收入；

投资活动产生的现金流量净额<0，且主要是投入新项目，而非用于维持原有生产能力；

现金及现金等价物净增加额>0，可放宽为排除分红因素，该科目>0；

期末现金及现金等价物余额≥有息负债，可放宽为期末现金及现金等价物+应收票据中的银行承兑汇票>有息负债。

最后，以上因素不可以只看某一年的财报，衡量标准是数年持续如此。所以，需要投资者阅读并统计该公司历年财报。

本章小结

本章主要学习了：现金流量表分析概述，包括现金流量表的内涵、现金流量表的格式、现金流量表分析的目的；现金流量表的分析方法，包括一般分析和水平分析、结构分析和项目分析。

本章重要概念

现金流量表　现金流量表结构分析　销售商品、提供劳务收到的现金　购买商品、接受劳务支付的现金　收到的税费返还　支付给职工以及为职工支付的现金

思考与练习

1. 现金流量表的内涵是什么？
2. 现金流量表分析的目的是什么？
3. 现金流量表结构分析包含哪些内容？

推荐阅读资料

[1] 范歆然，李长福. 现金流量表及其分析[J]. 财税研究，2015(7).
[2] 李艳艳，冯谦璞，黎艳平. 财务报表分期与企业价值研究[J]. 商，2016(23).
[3] 刘玉杰. 财务报表分析[J]. 经济期刊，2015(6).

第六章　盈利能力分析

- 内容简介
- 学习目的和要求
- 引例
- 第一节　盈利能力分析概述
- 第二节　一般企业盈利能力分析
- 第三节　上市公司盈利能力分析
- 本章小结
- 本章重要概念
- 思考与练习
- 推荐阅读资料

内容简介

本章主要介绍了企业盈利能力分析的基本理论与方法。具体包括盈利能力分析的含义、目的和内容；盈利能力的影响因素；一般企业盈利能力和上市公司盈利能力分析指标及其计算；各种盈利能力分析指标在企业财务分析中的具体应用等。本章重点为上市公司盈利能力分析指标的具体含义及其应用等。

学习目的和要求

通过本章的学习，学生应明确盈利能力分析的含义、目的和内容；了解影响盈利能力的因素；掌握一般企业盈利能力分析指标与计算，包括销售毛利率、销售净利率、成本费用利润率、总资产报酬率、净资产收益率的计算；掌握上市公司盈利能力指标计算与分析，包括每股收益、每股现金流量、每股股利、市盈率、股利支付率、股利收益率的计算；能够运用盈利能力相关指标对企业盈利能力及其状况进行合理评价。

引例　蓝田股份的停牌

蓝田股份曾经一直以“中国农业神话第一股”的身份笑傲于资本市场。作为一家以农业为主的综合性经营企业，自 1996 年 6 月上市以来一直保持了业绩优良、高速成长的特性，其 1996 年、1997 年、1998 年、1999 年、2000 年的每股收益分别达到了 0.61 元、0.64 元、0.82 元、1.15 元和 0.97 元。从 2000 年的年报看，蓝田股份创造的盈利 4.31 亿元的净利润大部分均来自主营业务，在主营业务收入基本持平的情况下，虽由于成本略有增加，每股收益下降了 0.18 元，但摊薄后 19.81％的净资产收益率以及每股经营活动产生的 1.76 元的现金流量额都表现出蓝田股份的稳定回报。

然而,2002 年 1 月 21 日、22 日,蓝田股份的股票突然被停牌。此后,蓝田股份的高管因涉嫌提供虚假财务信息受到公安机关调查,蓝田股份资金链断裂并受到中国证监会的深入稽查,这些似乎都预示着这只绩优股的神话正走向终结。2000 年 6 月 19 日,蓝田股份的股价曾经高达 20.75 元,然而,2002 年 1 月 23 日,蓝田股份的股价全线跌停,以 5.89 元收盘。

从蓝田股份的案例可以看出,上市公司的盈利能力是投资者是否进行投资的主要依据。如何对上市公司的盈利能力进行全面、综合的分析,为投资决策作出合理可靠的判断呢?同行业的盈利状况对本公司的盈利能力判断有怎样的参考作用呢?这就需要我们了解并掌握盈利能力分析的技术和方法。

第一节 盈利能力分析概述

一、盈利能力分析的含义

盈利能力是指企业获取利润的能力。利润是企业内外有关各方都关心的中心问题,利润是投资者取得投资收益、债权人收取本息的资金来源,是经营者经营业绩和管理效能的集中表现,也是职工集体福利设施不断完善的重要保障。因此,企业盈利能力分析十分重要。盈利能力的分析是企业财务分析的重点,财务结构分析、偿债能力分析等,其根本目的是通过分析及时发现问题、改善企业财务结构,提高企业偿债能力、经营能力,最终提高企业的盈利能力,促进企业持续稳定地发展。对企业盈利能力的分析主要指对利润率的分析。因为尽管利润额的分析可以说明企业财务成果的增减变动状况及其原因,为改善企业经营管理指明方向,但是,利润额受企业规模或投入总量的影响较大,一方面使不同规模的企业之间不便于对比;另一方面它也不能准确地反映企业的盈利能力和盈利水平。因此,仅进行利润额分析一般不能满足各方面对财务信息的要求,还必须对利润率进行分析,这样可摒除企业规模因素影响。计算出来的利润率应该与行业平均水平相比较。总的来说,利润率越高,企业盈利能力越强;利润率越低,企业盈利能力越弱。

二、盈利能力分析的目的

盈利能力的大小是一个相对的概念,即利润相对于一定的资源投入、一定的收入而言。利润率越高,盈利能力越强;利润率越低,盈利能力越弱。企业经营业绩的好坏最终可通过企业的盈利能力来反映。无论是企业的经理人员、债权人,还是股东(投资人)都非常关心企业的盈利能力,并重视对利润率及其变动趋势的分析与预测。

(一) 从企业的角度来看

从企业的角度来看,企业从事经营活动的直接目的是最大限度地赚取利润并维持企业持续稳定的经营和发展。持续稳定地经营和发展是获取利润的基础;而最大限度地获取利润又是企业持续稳定发展的目标和保证,只有在不断地获取利润的基础上,企业才可能发展;同样,盈利能力较强的企业比盈利能力较弱的企业具有更大的活力和更好的发展前景;因此,盈利能力是企业经理人员最重要的业绩衡量标准,也是其发现问题、改进企业管理的突破口。对企业经理人员来说,进行企业盈利能力分析的目的具体表现在以下两个方面:

(1) 利用盈利能力的有关指标反映和衡量企业经营业绩。企业经理人员的根本任务,就是通过自己的努力使企业赚取更多的利润。各项收益数据反映着企业的盈利能力,也表现了经理人员工作业绩的大小。用已达到的盈利能力指标与标准、基期、同行业平均水平、其他企业相比较,则可以衡量经理人员工作业绩的优劣。

(2) 通过盈利能力分析发现经营管理中存在的问题。盈利能力是企业各环节经营活动的具体表现,企业经营的好坏,都会通过盈利能力表现出来。通过对盈利能力的深入分析,可以发现经营管理中的重大问题,进而采取措施解决问题,提高企业收益水平。

(二) 从债权人的角度来看

对于债权人来讲,利润是企业偿债的重要来源,特别是对长期债务而言。盈利能力的强弱直接影响企业的偿债能力。企业举债时,债权人势必审查企业的偿债能力,而偿债能力的强弱最终取决于企业的盈利能力。因此,分析企业的盈利能力对债权人也是非常重要的。

(三) 从股东的角度来看

对于股东(投资人)而言,企业盈利能力的强弱更是至关重要的。在市场经济下,股东往往会认为企业的盈利能力比财务状况、营运能力更重要。股东们投资的直接目的就是获得更多的利润,因为对于信用相同或相近的几个企业,人们总是将资金投向盈利能力强的企业;股东们关心企业赚取利润的多少并重视对利润率的分析,是因为他们的股息与企业的盈利能力是紧密相关的;此外,企业盈利能力增加还会使股票价格上升,从而使股东们获得资本收益。

延伸阅读 6-1

盈 利 质 量

盈利质量即收益质量。收益质量是指会计收益所表达的与企业经济价值有关的信息的可靠程度。

收益既可以指企业会计报表中披露的收益数据,也可以指企业实际获得的收入和利得。

换句话说,收益可以从两个角度来理解:一方面,从信息角度看,收益主要是指会计报表上揭示的收益信息，是由企业提供并用来满足使用者需要的。因此，可以将其看作是一种信息产品，并且这种产品会随着需要的变化而变化。既然收益信息这种产品是用来满足一定需要的，那么它就存在质量问题，收益信息必须具备一定的质量特征。信息的质量特征是有用性，为了满足有用性，信息必须首先具备两个主要特性：相关性和可靠性，其次还有可比性。另一方面，从经济角度看，收益是指会计期间内经济利益的增加，反映了企业的盈利能力，而报表使用者利用收益信息的主要目的也是评价企业的收益状况，预测企业获得收益的前景。既然收益是指经济利益的增加，那么就有收益多少之分，相应地企业的盈利能力也有强弱之别，因此也存在质量问题。所以，收益质量也应该包含收益在经济层面上的含义，此时收益质量是反映企业收益水平和收益能力的尺度。

高质量的收益是指报表收益对企业过去、现在的经济成果和未来经济前景的描述是可靠和可信任的。反之，如果报表收益对企业过去、现在经济成果和未来经济前景的描述具有误导性，那么该收益就被认为是低质量的。

三、盈利能力分析的内容

企业盈利能力分析会受到企业类型、所在行业、经营方式及是否上市的影响，由于上市公司因为股权流通、股票价格公开等因素而具有一些特殊的指标，因而本章内容除了介绍一般企业盈利能力分析的指标之外，还将介绍上市公司的盈利能力指标等内容。

（一）一般企业盈利能力分析

盈利能力是指企业创造价值的能力，从长期来看，主要是指企业的产出持续地超过其资源消耗的能力。在一般情况下，企业的产出超过投入的金额越大，持续性越强，则往往意味着企业的盈利能力越强。企业的产出是指企业可以从产品销售市场或者服务提供市场获取的资源。这也就是我们通常意义上所谓的收入。企业的资源消耗是指为了获取一定的收入，企业耗费了多少的资源，包括人工成本、机器损耗和原材料成本。在盈利能力分析中，资源消耗是与当期的收入相对应的，是指当期已经通过销售实现的收入所对应的那部分资源消耗。对一般企业而言，我们可以通过比较资产投入与获得的收益来评价其盈利能力。

（二）上市公司盈利能力分析

在上市公司的业绩中，投资者特别关注其收益状况及未来的发展能力。如何评价公司的盈利能力和盈利质量，一直是会计界、投资业的热门话题。随着我国社会主义市场经济体制的建立、发展和完善，我国的企业管理体制正在由传统的管理体制向现代企业制度转变。在这种转轨经济特点下，公司股份制改造成为建立现代企业制度的重要形式。随着股份制企业的增多和资本市场的完善，上市公司也越来越多。由上市公司自身特点所决定，其盈利能力除了可以通过一般企业盈利能力的指标进行分析外，还应进行一些特殊指标的分析，特别是一些与企业股票价格或者市场价值相关的指标。

第二节 一般企业盈利能力分析

一、影响企业盈利能力的因素

企业盈利能力的影响因素分为财务和非财务两个方面，财务因素主要是针对企业资金产生的效益进行分析，非财务影响因素则侧重于企业实施的策略和长远发展。

（一）影响企业盈利能力的财务因素分析

1. 商品经营盈利能力分析

生产经营业务的盈利能力是指在企业实现一定营业收入或消耗一定资金时取得的利润额，它反映企业在生产经营活动中赚取利润的能力，是企业最基本的盈利能力。企业经营管理能力包含的企业规模、产品结构、营销能力等，都会影响企业的盈利能力。企业规模直接影响产品的各项成本和费用，最终影响利润额；产品结构反映了企业生产要素的利用状况及满足社会需求的程度，企业的产品只有得到社会需求的认可，才能实现产品的销售收入；营销能力也会影响企业的销售收入。

2. 资产经营盈利能力分析

公司在一定时期占用和耗费的资产越少，获得的利润越大，获利能力就越强。也就是说，资产的运转效率越高，营运能力越好，盈利能力就越强，盈利能力与资产运转效率是相辅相成的。如果资产的获利能力超过社会平均的资产利润率，则说明企业能够吸收投资，获得长远发展。

3. 资本经营盈利能力分析

所有者的投资形成企业的资本，而所有者投资的目的是获得投资报酬，一个公司投资报酬的高低直接影响现有投资者是否继续投资以及潜在投资者是否追加或重新投资，这就要考虑净资产报酬是否满足投资者的利益要求。资本经营盈利能力越强，企业资本获得报酬越多，则企业的盛利能力越强。反之，企业盈利能力越弱。

延伸阅读6-2

商品经营与资本经营两者的关系

企业生产经营与企业资本经营的联系表现在以下几个方面：

(1) 资本经营和生产经营的关系不是独立的，而是相互联系、相互促进的。这是因为：由于资本有着货币、生产和产品等多种形态，所以无论是货币经营，还是生产经营、产品经营，在本质上都是对资本本身的使用价值的运用,从而都是一种资本经营,这是企业资本运作范畴中最基本的运作方式。也就是说,生产经营是资本经营的一部分,资本经营包括生产经营。由此决定了资本经营不可能排斥生产经营,而且在相当程度上,资本经营需要生产经营作为其实现形式。只有通过生产经营的途径,资本经营的目标才能最终实现。

(2) 资本经营不可能取代生产经营,企业获得利润的手段依然是为客户提供满意的商品或服务。资本经营只是通过改变生产经营的规模或者治理结构来实现其竞争战略,达到最佳状态;企业通过资本经营实现战略意图,最终还需要通过提供商品或服务来获得利润。

(3) 企业应将资本经营与生产经营有机结合起来,共同为企业的战略目标服务。利用资本经营完善生产经营管理,当生产经营活动的改进遇到巨大障碍时,可利用资本经营调整内部生产结构或管理结构,对企业内部资源进行重新组合,克服生产经营中的障碍。

(4) 生产经营和资本经营是企业密不可分的两种经营行为,是企业获取利润和企业资产增值的两种极为重要的方式和手段。资本经营的实质其实就是一种资本扩展战略,是企业经营运作的最高层次。任何企业的生产经营都是建立在一定资本的基础上,如果企业没有资本作为载体存在,生产经营就无法推行。从这个意义上讲,企业的生产经营就是利用了资本的使用价值,使资本取得收益最大化和增值。由于资本具有二重性,因此就决定了生产经营与资本经营在现代大型企业经营活动中不可或缺。没有生产经营,企业就会失去生存基础,失去企业形象,资本经营的运用空间也将受到限制。任何企业的生产经营都是资本经营的实现形式。因而,生产经营与资本经营两者的关系可以概括为:生产经营是实现资本经营的基础和手段,资本经营是生产经营的高级形态和最终目标。两者相互依存,相互影响,共同促进企业的发展,切不可偏执一隅。

(5) 企业的资本经营主要是指企业利用资本市场发行债券和股票。当企业的生产经营达到一定的规模时,它就会对资本经营提出较高的要求,为了有效的占有市场并与竞争对手抗衡,生产经营要依赖资本经营的高层次运作;同时资本经营的效益最终将通过生产经营来实现。

(二) 影响企业盈利能力的非财务因素分析

1. 市场占有率

企业的盈利能力高于还是低于行业的平均水平,取决于它的竞争地位。竞争地位的优劣,又取决于企业是否具有竞争优势。竞争优势主要来自于成本领先和产品(包括服务)优异,成本低、质量好的产品必然有广阔的市场。因此,市场占有率可以间接地反映盈利能力。市场占有率是指长期、稳定的市场占有率,一味地靠削价扩大销售,虽可能在短期内扩大市场占有率,但不可能持久。所以,只有具备持久性竞争优势的企业,才能长期维持优于平均水平的盈利能力。

2. 顾客满意度

随着我国市场经济体制的发展和市场竞争的日益激烈,企业的运作重点逐步从产品导向过渡到市场导向,企业开始关注顾客满意度。基于此种原因,我国企业要提高顾客的满意度,必须在价格、交通、服务、商品质量、商品特色和购物环境上做到令人满意,才能留住老顾客,增加新顾客,进而提高顾客的忠诚度,提升品牌的声誉,获得更为可观的企业盈利。

3. 企业创新

在市场经济条件下,企业只有不断创新,才能保持自身的竞争力。企业的盈利能力是靠不断创新来维持的,在关键技术和成本改进方面的创新能力以及适应技术变革的能力,是公司盈利能力的一个重要方面。

4. 雇员培训

雇员培训是企业在人力资源方面的投资,它和企业的长期盈利相关联。提高雇员胜任工作的能力,是企业提高盈利能力的途径之一。雇员培训可以分为新职工上岗培训和后续培训两部分,通过培训,职工可以学到工作所需的知识,提升自身的工作效率,最终促进企业盈利能力的提高。

5. 税收政策

税收政策对于企业的发展有很重要的影响,符合国家税收政策的企业能够享受税收优惠,增强企业的盈利能力;不符合国家税收政策的企业,则被要求缴纳高额的税收,从而不利于企业盈利能力的提高。因此,分析企业的盈利能力,离不开对其所面临的税收政策环境的评价。

6. 盈利模式

企业的盈利模式是企业赚取利润的途径和方式,即企业将内外部资源要素巧妙而有机地进行整合,为企业创造价值的经营模式。独特的盈利模式是企业获得超额利润的法宝,也是企业的核心竞争力。

二、一般企业盈利能力指标的计算与分析

分析一般企业的盈利能力,通常可运用一系列反映盈利能力的指标来进行。一般企业在这里泛指除上市公司以外的其他各种形式的经济组织,一般企业盈利能力通常与销售和投资回报有关。因此,一般企业盈利能力的指标分析,主要可采用资产投入与收益对比的指标,包括销售毛利率、销售净利率、成本费用利润率、总资产报酬率、净资产收益率等。

(一) 销售毛利率

销售毛利率是毛利占销售收入的百分比,通常简称为毛利率。其中毛利是销售收入与销售成本的差额。其计算公式是:

$$销售毛利率=\frac{销售收入-销售成本}{销售收入}\times 100\%$$

毛利最大的特点在于没有扣除期间费用。因此,它能够排除管理费用、财务费用、营业费用对主营业务利润的影响,直接反映销售收入与支出的关系。销售毛利

率的值越大，说明在主营业务收入净额中主营业务成本占的比重越小，企业通过销售获得利润的能力更强。正是因为销售毛利率的以上特点，它才能够更为直观地反映企业主营业务在利润创造中的贡献。

企业的销售毛利率越高，最终的利润空间越大。例如，甲企业的销售毛利率为 50%，乙企业的销售毛利率为 20%。这意味着甲企业每卖出 100 元钱产品，产品的成本只有 50 元，毛利为 50 元，只要每 100 元销售收入需要抵补的各项费用低于 50 元，企业就能盈利。而乙企业每卖出 100 元钱产品，产品的成本高达 80 元，毛利只有 20 元，只有每 100 元销售收入需要抵补的各项费用低于 20 元时企业才能盈利。

对销售毛利率可以进行横向和纵向的比较。通过与同行业平均水平或竞争对手的比较，可以洞悉企业主营业务的利润空间在整个行业中的地位以及与竞争对手相比的优劣。如果通过横向比较，发现企业的销售毛利率过低，则应进一步查找原因，并采取措施及时调整。通过与企业以往各期的销售毛利率进行比较，可以看出企业主营业务盈利空间的变动趋势。如果在某一期间内销售毛利率突然恶化，作为内部分析则应进一步查找原因，看看是由降价引起，还是由于成本上升所致，并及时找出改善的对策。

【例 6-1】 根据表 1-2 利润表的资料，运用销售毛利率指标对华夏公司盈利能力进行分析。

(1) 从横向上分析，主要是计算与分析华夏公司 2×16 年年末的销售毛利率：

$$\text{销售毛利率} = \frac{1\ 841\ 361.49 - 1\ 691\ 594.69}{1\ 841\ 361.49} \times 100\% = 8.13\%$$

假设华夏公司所在行业的平均销售毛利率为 6%，从华夏公司 2×16 年年末销售毛利率来看，公司销售毛利率高于行业平均水平，说明该公司通过销售获得利润的能力处于行业靠前水平。

(2) 从纵向上分析，是将华夏公司 2×15 年销售毛利率与 2×16 年的销售毛利率进行对比，以反映公司盈利能力的变动情况。2×15 年的销售毛利率为：

$$\text{销售毛利率} = \frac{1\ 661\ 640.56 - 1\ 495\ 073.99}{1\ 661\ 640.56} \times 100\% = 10.02\%$$

根据上述计算结果可知，华夏公司 2×15 年的销售毛利率为 10.02%，而2×16 年该公司销售毛利率为 8.13%，显然，2×16 年华夏公司的销售毛利率与 2×15 年相比，略有降低，这说明该公司盈利能力较去年相比有所下降，应采取措施增加收入，降低成本，提高销售毛利率水平。

延伸阅读6-3

销售毛利率的影响因素

影响毛利率指标的因素可以分成直接因素和间接因素两大类。

1. 直接因素

各个因素对毛利率的影响情况如下：

(1) 销售数量变动的影响。当其他因素不变时，销售数量正比例地影响毛利。其中，对毛利绝对数的影响额为：

某产品销售数量变动的影响额＝(本期销售数量－上期销售数量)×上期单位销售毛利

(2) 销售单价变动的影响。销售单价的变动，会正比例地影响到毛利和毛利率的变动。其中，对毛利绝对数影响额为：

某产品销售单价变动的影响额＝本期销售数量×(本期销售单价－上期销售单价)

(3) 单位销售成本变动的影响。销售成本的变动，会导致单位销售毛利的反方向、等额的变动，从而反比例地影响毛利额，同样反比例影响销售毛利率。其中，对毛利绝对数的影响额为：

某产品单位销售成本变动的影响额＝本期销售数量×(上期单位销售成本－本期单位销售成本)

2. 间接因素

(1) 市场供求变动。市场供求关系对产品的价格起绝对作用。市场上，某产品的需求只是指消费者在一定时期内、在可接受的价格水平上、能够购买到的该商品的数量；某商品的供给是指生产者在一定时期内、在可实现的价格水平上、愿意而且能够提供的可售商品数量。当市场上商品的需求数量与供给数量相等时，便形成一个均衡价格，即某商品的价格。市场供求关系影响商品价格，进而影响企业的销售毛利率。所以，销售毛利率大小取决于市场供需状况、竞争者的数量和实力等因素。

(2) 成本管理水平。成本费用是企业为了获取收益而付出的代价。对于企业，其特定目的就是要实现利润，因此企业的成本费用就是指企业为了获得利润而必须发生的一切支付额。众所周知，减少成本便可提高利润，在市场价格维持一定的情况下，成本优势创造利润优势。如果一个企业实施的所有价值活动的累积成本低于其竞争对手的成本，那么它具有成本优势，成本优势的战略价值在于其持续性。企业的成本管理水平直接影响着产品成本的大小。提高成本管理水平，可以有效地降低产品成本，进而增加企业利润。所以，企业的成本管理水平和业绩影响着企业的毛利率大小。

(3) 产品构成及其独特性。一个企业不可能仅仅生产一种产品，每一种产品的市场需求状况不同，产品组合可以在盈利水平上相互弥补、取长补短，以使企业获利最大。同理，如果产品组合不当，也会制约每个产品的获利能力，而削弱了产品组合带来的利润。同时，如果企业生产的产品是某种独特、有价值的产品而不仅仅因价格低廉而取胜时，它便可以获得溢价，以一定的价格售出更多的产品。所以，产品构成决策的正确与否、产品的差别性也会影响毛利大小。

(4) 行业差别。企业所处的行业大环境不同,这对其经营状况有很大的影响。一个企业是否有长期发展的前景,首先同它所处的行业本身的性质有关。身处高速发展的行业,对任何企业来说都是一个财富,当一个企业处于弱势发展行业中,即使财务数据优良,也因大环境的下行趋势而影响其未来的获利能力,各个行业的企业数量和各自的实力不同,不同行业的产品数量及产品市场竞争力也不会相同,这使不同的产品获利的空间也不同。所以行业间的平均毛利率比较是盈利分析的重要环节。

(二) 销售净利率

销售净利率是指企业净利润与销售收入的比率,其计算公式是:

$$销售净利率 = \frac{净利润}{销售收入} \times 100\%$$

该比率表示每1元销售收入可实现的净利润是多少。销售净利率越高,说明企业通过扩大销售获取收益的能力越强。通过分析销售净利率的变化,不仅可以促使企业扩大销售,还可以让企业注意改善经营管理,控制期间费用,提高盈利水平。

同时,销售净利率的分子是企业的净利润,也即企业的收入在扣除了成本和费用以及税收之后的净值,是企业最终为自身创造的收益,反映了企业能够自行分配的利润额。之后的提取公积金、发放股利等行为,都是建立在这个净利润的基础上。因此,将它与销售收入相比,能够从企业生产经营最终目的的角度看待销售收入的贡献。

销售净利率越高,说明企业在正常经营的情况下由盈转亏的可能性越小,并且通过扩大主营业务规模获取利润的能力越强。

对销售净利率也可以进行横向和纵向的比较。

从横向来说,通过将企业的销售净利率与同行业平均水平或竞争对手进行比较,可以了解企业销售业务的盈利空间在整个行业中的地位以及与竞争对手相比的优劣。通过进一步的分析,如企业规模、产品结构、营销方式等具体方面的比较,找出差距,发现不足,提高企业利用销售业务盈利的能力。

通过纵向比较,可以发现企业销售净利率的变动情况,即与以往的水平相比,是上升还是下降。如果企业的销售净利率有所降低,则应进一步查找原因,分析究竟是收入水平降低还是成本提高造成的,在此基础上及时找出改善的对策。

【例6-2】 根据表1-2利润表的资料,运用销售净利率指标对华夏公司盈利能力进行分析。

(1) 从横向上分析,主要是计算与分析华夏公司2×16年年末的销售净利率:

$$销售净利率=\frac{12\ 026.86}{1\ 841\ 361.49}\times 100\%=0.65\%$$

假设华夏公司所在行业的平均销售净利率为2%，从华夏公司2×16年年末销售毛利率来看，公司销售毛利率低于行业平均水平，说明该公司企业通过销售获得净利润的能力处于行业靠后水平。

（2）从纵向上分析，是将华夏公司2×15年销售净利率与2×16年的销售净利率进行对比，以反映公司盈利能力的变动情况。2×15年的销售净利率为：

$$销售净利率=\frac{3\ 090.07}{1\ 661\ 640.56}\times 100\%=0.19\%$$

华夏公司2×15年销售净利率为0.19%，2×16年销售净利率0.65%，显然，华夏公司2×16年销售净利率比2×15年的要高，说明华夏公司销售净利率有所提高，通过销售获取净利润的能力较去年相比有较大进步。

延伸阅读6-4

“股神”也喜欢的指标

从巴菲特过去40多年致股东的信来看，巴菲特非常关注下属公司的销售利润率。销售利润率，即利润除以销售收入。巴菲特有时会分别用税前利润和税后净利润计算销售利润率，但多数情况下是用税后利润。因此，所谓的销售利润率，一般是指销售净利率。

不同行业的企业销售利润率差异较大。巴菲特1965年收购伯克希尔纺织厂后发现纺织业务销售净利率非常低。但他收购报纸后，发现报纸行业的销售利润率明显高得多。虽然规模相当的报纸的高新闻成本与低新闻成本占营业收入的比率差异约为3%，但这些报纸的税前销售利润率往往是这种差异的10倍以上。

巴菲特衡量企业销售净利率好坏的标准，主要是和行业水平相比，并适当考虑所在地区环境因素：1983年布法罗新闻日报盈利略微超过原来设定的10%目标销售净利率。这主要受益于两个因素：①前期巨额亏损冲抵使得州所得税费用低于正常水平；②每吨新闻印刷成本大幅降低(1984年情况可能同样出乎意料但完全相反)。虽然布法罗日报的销售净利率只不过相当于报纸行业平均水平，但如果考虑到布法罗日报所在当地环境，要想提高销售利润率，按照其驱动因素，有以下四个方法：提高销量、提高价格、降低营业成本、降低营业费用。

巴菲特1986年分析喜诗巧克力，发现其高销售净利率主要靠稳定销量和控制成本。喜诗巧克力1986年的销售磅数增加约2%。和前几年相比，销量趋势有所好转。过去6年单店销量磅数持续下滑，只能靠增开新店面使销量提高或维持不变。但是1986年圣诞节期间的销量出奇地强劲，导致当年销量没有继续下滑。尽管价格只是略微提高，但依靠稳定单店销量和努力控制成本费用，喜诗仍然能够维持非常优异的销售利润率。

巴菲特1990年分析喜诗的销售净利率提高主要靠提价和控制费用，喜诗巧克力1990年的实物销售数量又创出历史新高，不过增长率较低，而且只是因为1990年早期销售实在太好。在伊拉克入侵科威特之后，美国西部地区消费者到商场购物的人数大幅减少。喜诗巧克力圣诞节期间销量磅数稍微下滑，但因为价格调高了5%，营业收入仍然实现增长。销售收入的增长，加上对费用的良好控制，使销售利润率得到提高。

巴菲特指出，主要营业成本项目大幅变化对销售利润率影响非常大。巴菲特1987年预测：1988年布法罗日报不管是销售利润率还是利润都会下滑。新闻纸成本飞涨将是主要原因。

巴菲特1996年指出，当销售收入增长不佳时，提高销售利润率的关键是控制费用。1996年唯一让我们感到失望的是珠宝业务，波仙珠宝做得相当不错，不过Helzberg珠宝盈利大幅下滑。最近几年单店销售收入大幅增长的同时，费用支出也相应增长，与此同时最近几个盈利也持续增长。但当销售收入不再增长时，销售利润率自然下滑。Helzberg珠宝总裁Jeff Comment已经采取果断措施应对费用支出上升问题，1997年盈利将会有所改善。

提高销售净利率的措施能否成功，与管理层有很大关系。巴菲特1989年说，StanLipsey，布法罗日报的发行人，创造的利润已经完全达到我们报纸产品能力的最大限度。和同样的经营环境下一个普通的经理人相比，StanLipsey的管理能力至少使我们报纸的销售利润率额外增加5个百分点以上。这是非常令人吃惊的业绩表现，只有一个非常熟悉也非常关心企业大大小小每个方面的天才经理人才能创造出来。

巴菲特1987年指出，绝对不会只是为了提高销售利润率而降低公司产品和服务的品质。我们不相信所谓的灵活营业预算。难道我们只是因为盈利下降，就真的减少布法罗日报的新闻版面，或者降低喜诗巧克力的产品和服务的质量吗？或者相反，只是因为盈利持续增长，我们就应该做出增聘一位经济学家、一个公司战略专家，打一场机构广告战等诸如此类的事情对公司一点好处都没有。这些做法对我们来说没有任何意义。

（三）成本费用利润率

成本费用利润率是企业一定期间的利润总额与成本、费用总额的比率。其计算公式为：

$$成本费用利润率=\frac{利润总额}{成本费用总额}\times 100\%$$

式中的利润总额和成本费用总额来自企业的利润表。成本费用一般指主营业务成本、主营业务税金及附加和三项期间费用。成本费用利润率指标表明每付出1元成本费用可获得多少利润，体现了经营耗费所带来的经营成果。该项指标越高，反映企业的经济效益越好。

分析时，可将成本费用与营业利润对比，计算成本费用营业利润率指标。其计算公式如下：

$$成本费用营业利润率=\frac{营业利润}{成本费用总额}\times 100\%$$

如利润中还包括其他业务利润，而其他业务利润与成本费用也没有内在联系，分析时，应将其他业务利润扣除。

【例 6-3】 根据表 1-2 利润表的有关资料，运用成本费用利润率指标对华夏公司盈利能力进行分析。

$$2\times16\text{年成本费用利润率}=\frac{16\ 035.81}{1\ 691\ 594.69+36\ 908.26+34\ 392.00+73\ 665.71+18\ 765.02}\times100\%=0.86\%$$

$$2\times15\text{年成本费用利润率}=\frac{4\ 120.10}{1\ 495\ 073.99+34\ 112.51+38\ 374.00+62\ 355.80+1\ 8604.16}\times100\%=0.25\%$$

成本费用利润率指标表明每付出 1 元成本费用可获得多少利润，体现了经营耗费所带来的经营成果。该项指标越高，反映企业的经济效益越好。从计算结果可以看出，华夏公司成本费用利润率 2×16 年比 2×15 年有所提高，说明该企业 2×16 年的盈利水平有所增长。

（四）总资产报酬率

总资产报酬率又称总资产利润率、总资产回报率、资产总额利润率，是指企业一定时期内息税前利润与资产平均总额的比率，其计算公式为：

$$\text{总资产报酬率}=\frac{\text{息税前利润}}{\text{平均总资产}}\times100\%$$

$$\text{息税前利润}=\text{利润总额}+\text{财务费用}$$

该指标可用来评价企业管理者运用各种来源资金赚取报酬的能力。公式中的资产总额包括两部分：一是负债；二是所有者权益或企业自有资本。利息费用是债权人所提供资产的报酬；所得税是企业对国家应尽的义务，只有税后利润才最终归属于企业。因此在计算总资产报酬率时，应在税前利润额的基础上加上利息费用，得到息税前利润，以便正确评价企业资产的运营效率。

总资产报酬率越高，表明资产利用效率越高，说明企业在增加收入、节约资金使用等方面取得了良好的效果；该指标越低，说明企业资产利用效率越低，应分析差异原因，提高销售利润率，加速资金周转，提高企业经营管理水平。该指标表示企业全部资产获取收益的水平，全面反映了企业的获利能力和投入产出状况。通过对该指标的深入分析，可以增强各方面对企业资产经营的关注，促进企业提高单位资产的收益水平。

一般情况下，企业的经营者可将资产收益率与借入资金成本率进行比较，以决定企业是否要负债经营。若资产收益率大于借入资金成本率，则净资产收益率大于资产收益率，说明企业充分利用了财务杠杆的正效应，不但投资人从中受益，而且债权人的债权也是比较安全的。若资产收益率小于借入资金成本率，则净资产收益率小于资产收益率，说明企业遭受杠杆负效应所带来的损失，不但投资人遭受损失，而且债权人的债权也不安全。不论投资人还是债权人都希望总资产收益率高于借入资金成本率。

【例 6-4】 根据表 1-1 资产负债表及表 1-2 利润表的资料，运用总资产报酬率指标对华夏公司盈利能力进行分析。

$$总资产报酬率=\frac{34\ 800.83}{2\ 519\ 463.08}\times 100\%=1.38\%$$

$$息税前利润=16\ 035.81+18\ 765.02=34\ 800.83(元)$$

$$总资产平均余额=\frac{2\ 678\ 310.97+2\ 360\ 615.19}{2}=2\ 519\ 463.08(元)$$

从计算结果可以看出，华夏公司 2×16 年总资产报酬率为 1.38%，表明该公司每 1 元资产投入，可获得息税前利润 0.013 8 元，总资产报酬率越高，说明企业资产的运用效率越好，也意味着企业的资产盈利能力越强。评价总资产报酬率时，需要与企业前期的比率、同行业其他企业的这一比率等进行比较，并进一步找出影响该指标的不利因素，以利于企业加强经营管理。

延伸阅读 6-5

总资产报酬率的表现形式

总资产报酬率的分子可以有以下几种表现形式：

(1) 以净利润作为收益。理论依据是企业归投资人所有，企业的收益应该是归投资人所有的净利润，因此企业的收益的计算就应该将所得税和筹资方式的影响都考虑在内。

(2) 以税前息后利润作为收益。理论依据是企业收益应该是收入与费用相抵后的差额，即利润总额，无论归投资人所有的净利润还是上交国家的所得税都是企业收益的组成部分，所以收益的计算应该排除所得税税率影响而不排除筹资方式的影响。

(3) 以税后息前利润作为收益。理论依据是企业的资产是归投资人和债权人共同所有的，企业的收益就应该由归投资人所有的净利润和归债权人所有的利息费用组成，企业收益的计算排除筹资方式的影响而包含所得税税率影响。

(4) 以企业的息税前利润为收益。理论依据是无论是归投资人所有的净利润，还是向国家缴纳的所得税和支付给债权人的利息，都是企业运用资产所获得的收益一部分，因此收益的计算应排除所得税率和筹资方式的影响。

(五) 净资产收益率

净资产收益率又称股东权益收益率、净值收益率或所有者权益收益率，是企业净利润与其平均净资产之间的比值，反映股东投入的资金所获得的收益率。

该指标的计算有两种方法。

1. 全面摊薄净资产收益率

$$全面摊薄净资产收益率 = \frac{净利润}{期末净资产} \times 100\%$$

该指标强调年末状况，是一个静态指标，说明期末单位净资产对经营净利润的分享。

2. 加权平均净资产收益率

$$加权平均净资产收益率 = \frac{净利润}{净资产平均额} \times 100\%$$

$$净资产平均额 = \frac{期初净资产 + 期末净资产}{2}$$

该指标强调经营期间净资产赚取利润的结果，是一个动态的指标，说明经营者在经营期间利用企业净资产为企业新创造利润的多少，是一个说明企业利用单位净资产创造利润能力大小的平均指标，有助于企业相关利益人对公司未来的盈利能力作出正确的判断。

从经营者使用会计信息的角度看，应使用加权平均净资产收益率，该指标反映了过去一年的综合管理水平，对于经营者总结过去、制定经营决策意义重大。从企业外部相关利益人所有者角度看，应使用全面摊薄净资产收益率。该指标反映股东权益的收益水平，用以衡量公司运用自有资本的效率。指标值越高，说明投资带来的收益越高。该指标体现了自有资本获得净收益的能力。

相关案例 6-1

为什么净资产收益率难以持续？

观察一家上市公司连续几年的净资产收益率表现，我们会发现一个有意思的现象：上市公司往往在刚刚上市的几年中都有不错的净资产收益率表现，但之后这个指标会明显下滑。

这是因为，一家企业随着规模的不断扩大、净资产的不断增加，必须开拓新的产品、新的市场并辅之以新的管理模式，以保证净利润与净资产同步增长。但这对于企业来说是一个很大的挑战，这主要是在考验一个企业领导者对行业发展的预测、对新的利润增长点的判断以及他的管理能力能否不断提升。

有时候，一家上市公司看上去赚钱能力还不错，主要是因为其领导者熟悉某一种产品、某一项技术、某一种营销方式，或者是适合于某一种规模的人员、资金管理。但当企业的发展对他提出更高要求的时候，他可能就捉襟见肘、力不从心了。

因此，当一家上市公司随着规模的扩大，仍能长期保持较好的净资产收益率，说明这家公司的领导者具备了带领这家企业从一个胜利走向另一个胜利的能力。对于这样的企业家所管理的上市公司，我们可以给予更高的估值。

影响净资产收益率的因素主要有总资产报酬率、负债利息率、企业资本结构和所得税税率等。

$$\text{净资产收益率}=\left[\text{总资产报酬率}+(\text{总资产报酬率}-\text{负债利息率})\times\frac{\text{负债}}{\text{所有者权益}}\right]\times(1-\text{所得税税率})$$

1. 总资产报酬率

净资产是企业全部资产的一部分，因此，净资产收益率必然受企业总资产报酬率的影响。在负债利息率和资本构成等条件不变的情况下，总资产报酬率越高，净资产收益率就越高。

2. 负债利息率

负债利息率之所以影响净资产收益率，是因为在资本结构一定的情况下，当负债利息率变动使总资产报酬率高于负债利息率时，负债利息率将对净资产收益率产生有利影响；反之，在总资产报酬率低于负债利息率时，负债利息率将对净资产收益率产生不利影响。

3. 资本结构或负债与所有者权益之比

当总资产报酬率高于负债利息率时，提高负债与所有者权益之比，将使净资产收益率提高；反之，降低负债与所有者权益之比，将使净资产收益率降低。

4. 所得税税率

因为净资产收益率的分子是净利润即税后利润，因此，所得税税率的变动必然引起净资产收益率的变动。通常，所得税税率提高，净资产收益率下降；反之，则净资产收益率上升。

【例 6-5】 根据表 1-1 资产负债表和表 1-2 利润表提供的资料，计算华夏公司的净资产收益率指标。

$$\text{全面摊薄的净资产收益率}=\frac{12\ 026.86}{970\ 286.11}\times 100\%=1.24\%$$

$$\text{加权平均的净资产收益率}=\frac{12\ 026.86}{964\ 272.68}\times 100\%=1.25\%$$

$$\text{净资产平均余额}=\frac{970\ 286.11+958\ 259.25}{2}=964\ 272.68(\text{元})$$

计算结果表明，华夏公司全面摊薄的净资产收益率和加权平均净资产收益率差别不大，净资产收益率是反映盈利能力的核心指标，企业的根本目标是所有者权益或者股东价值最大化，净资产收益率既可以反映资本的增值能力，又影响着企业股东价值的大小，该指标越大，反映企业盈利能力越好。评价标准通常包括社会平均利润率、行业平均利润率或资本成本率等。

延伸阅读 6-6

净资产收益率指标的缺陷

净资产收益率指标虽然使用广泛，但依然存在着不可避免的缺陷：

第一，净资产收益率的计算，分子是净利润，分母是净资产，由于企业的净利润并非仅是净资产所产生的，因而分子分母的计算口径并不一致，从逻辑上说是不合理的。

第二，净资产收益率可以反映企业净资产(股权资金)的收益水平，但并不能全面反映一个企业的资金运用能力。道理十分明显，全面反映一个企业资金运作的整体效果的指标，应当是总资产报酬率，而非净资产收益率，比较一下它与净资产收益率的差别，仅在于分母的计算范围上，净资产收益率的计算分母是净资产，总资产收益率的计算分母是全部资产，这样分子分母才具有可比性，在计算口径上才是一致的。

第三，运用净资产收益率考核企业资金利用效果，存在很多局限性。

(1) 每股收益与净资产收益率指标互补性不强。由于各个上市公司的资产规模不相等，因而不能以各企业的收益绝对值指标来考核其效益和管理水平。目前，考核标准主要是每股收益和净资产收益率两项相对数指标，然而，每股收益主要是考核企业股权资金的使用情况，净资产收益率虽然考核范围略大(净资产包括股本、资本公积、盈余公积、未分配利润)，但也只是反映了企业权益性资金的使用情况，显然在考核企业效益指标体系的设计上，需要调整和完善。

(2) 以净资产收益率作为考核指标不利于企业的横向比较。由于企业负债率的差别，如某些微利企业负债畸高，净资产收益率却不低，甚至达到了配股要求，而有些企业尽管效益不错，但由于财务结构合理，负债较低，净资产收益率却也较低，并且有可能达不到配股要求。

(3) 考核净资产收益率指标也不利于对企业进行纵向比较分析。企业可通过诸如以负债回购股权的方式来提高每股收益和净资产收益率，而实际上，该企业经济效益和资金利用效果并未提高。

由上可以看出，以净资产收益率指标作为企业再筹资的考核标准，弊病较多，而改用总资产收益率考核，较之要合理得多，一方面可以恰当地反映企业资金利用效果，帮助投资者作出正确的投资决策，也可以在一定程度上避免企业玩“数字游戏”达标。因此笔者认为，为全面地考核企业资金利用效用，引导社会资源的合理流动，真正使资金流向经济效益高的企业，抑制企业筹资冲动，应改用总资产收益率来作为配股和增发的考核标准。

第三节 上市公司盈利能力分析

上市公司是一类特殊的企业，是指经过批准，可以在证券交易所向社会公开发行股票而筹资成立的股份有限公司，其权益资本被分成等额的股份，也被称为股本。

此外，上市公司与一般公司的不同之处在于有股票二级市场形成的交易价格，并通过发放股利的形式进行利润分配。因此对上市公司盈利能力的分析还可以通过对每股收益、市盈率、股利支付率和股利收益率等财务指标进行分析。

一、影响上市公司盈利能力的因素

要考察公司的经营效益和盈利状况，需首先了解决定盈利水平的各种因素。对于上市公司来说，盈利能力的变动是受很多因素影响的，大体上可以分为外部因素和内部因素两种。影响上市公司盈利能力的外部因素主要包括全球经济形势、一个国家或地区的宏观经济发展水平、行业或产业发展的情况、产品所处的市场环境、产品的竞争能力和会计准则的变更等。一个公司不太容易改变它所处的外部环境，但可以通过内部条件的改善，来积极适应外部环境的变化，充分利用外部环境，并在一定范围内，改变自己的小环境，以增强自身活力，扩大市场占有率。

相对于外部因素来说，内部因素的研究就显得更为重要了，因为影响上市公司盈利能力的内部因素可以通过内部经营管理的改善来改变公司的盈利水平，是我们可控制的因素，有效调整内部因素是公司不断适应外部环境提高盈利能力的根本途径。影响上市公司盈利能力的内部因素主要包括内部管理因素和内部财务因素。内部管理因素有企业的产供销管理能力、企业的财务控制能力和企业的风险处置能力。内部财务因素有销售盈利能力、资产盈利能力、会计政策的选择、盈利发展前景、现金流量的保障、资本结构和财务杠杆、资产和资产结构、资产营运能力等。在上市公司盈利能力分析过程中，我们将重点讨论内部财务因素的变动对盈利能力的影响，以期找到适合公司发展、提高公司盈利能力的财务途径，为实施管理行为改善公司的盈利水平提供财务依据。

(一) 销售盈利能力

销售盈利能力是销售收入获得利润的能力，销售利润率越高，代表销售盈利能力越强，反之，销售盈利能力越弱。提高销售盈利能力的主要途径有通过制定科学的营销政策、严格的信用政策和产品品种结构方案持续稳定地提升收入水平，通过采用先进的技术、产品设计理念、规模经济效应、科学的成本费用管理策略合理降低成本费用的支出。另外，销售盈利能力往往与盈利发展能力结合在一起才能更好地判别，只有那些能够长期持续稳定带来高利润率的公司，才是具备较强销售盈利能力的公司。

(二) 资产盈利能力

资产盈利能力是公司投入资产获得报酬的能力，资产利润率越高，代表资产盈利能力越强，反之，资产盈利能力越弱。公司可以通过提高各类资产营运效率与效益、增强销售盈利能力等方法来改善资产的盈利水平。相应的，资产盈利能力的判别也要和资产盈利的发展能力密切结合。

（三）会计政策的选择

盈利是公司根据会计准则及其他会计相关原则，对一定会计期间内公司经营成果的反应，它不仅受到公司本身财务状况及经营状况的影响，也受到会计准则、会计政策等因素的影响。公司选择不同的会计政策会使计算出来的收益产生差异，甚至还会对收益的质量产生影响，一般认为，稳健的会计政策有助于提高收益质量，消除潜亏，使盈利能力分析结果更具准确性和真实性。

（四）现金流的保障

一般来说，只有会计收益有相应的现金净流入时，才表明收益的真正实现，因此现金流量在很大程度上决定着公司的盈利状况及公司的生存和发展。现金流量的保障是影响盈利水平的重要因素。一般认为，经营过程中所实现的经营现金净流量越多，盈利能力保障越好，盈利风险越小，盈利能力越强，反之相反。

除了上述财务因素之外，影响上市公司盈利能力的财务因素还有企业的资产和资产结构、资本结构和财务杠杆水平、资产营运水平等，它们都是通过影响销售盈利能力、资产盈利能力、现金流量水平等来影响盈利能力的。

相关案例 6-2

上市公司盈利增长动因有待观察

深圳证券交易所综合研究所年报分析课题小组日前发布的《深交所多层次资本市场上市公司2013年报实证分析报告》显示，上市公司盈利增长的驱动因素有待进一步观察。

数据显示，2013年深市非金融类上市公司净利润同比增长16.90%，除收入增长因素外，投资收益增加、成本及费用下降等因素也对盈利改善有不同程度的贡献。

以制造业公司为例，2013年收入增长8.65%，净利润增长19.97%；其中投资收益增长41.22%，而2012年的投资收益下降了20.26%；2013年投资收益占利润总额的比例较大，为12.5%。剔除净利润增加500%及以上的公司，资产减值损失的增长率为22.34%，比2012年降低11.05%，这部分金额占到利润总额的13.18%。从成本端看，2013年工业品出产价格指数(PPI)同比低于2012年，且全年保持稳定，一定程度缓解了公司成本压力。据统计，制造业公司营业成本增速的降低贡献了毛利率约1个百分点，钢铁行业在营业收入下降1%的情况下，营业成本下降3.06%，三项费用下降6.45%，最终实现扭亏为盈。

值得注意的是，2013年深市公司应收账款周转率和存货周转率较上一年均有所下降，其中应收账款周转次数为8.11次，比上年同期下降了7.95%。在当前宏观经济不确定性较大的情况下，上市公司利润增长的质量及其背后驱动因素的可持续性，仍有待进一步观察。

二、上市公司盈利能力的指标计算与分析

（一）每股收益

每股收益即每股盈利(EPS)又称每股税后利润、每股盈余，是指税后利润与股

本总数的比率。它是测定股票投资价值的重要指标之一，是分析每股价值的一个基础性指标，是综合反映公司获利能力的重要指标，是公司某一时期净利润与股份数的比率。该比率反映了每股创造的税后利润，比率越高，表明所创造的利润就越多。若公司只有普通股，每股收益就是税后利润，股份数是指发行在外的普通股股数。如果公司还有优先股，应先从税后利润中扣除分派给优先股股东的股息。

根据《企业会计准则——每股收益》的规定，每股收益由于对分母部分的发行在外流通股数的计算口径不同，可以分为基本每股收益和稀释每股收益。

1. 基本每股收益

基本每股收益是指企业按照归属于普通股股东的当期净利润，除以发行在外普通股的加权平均数计算的每股收益。其计算公式是：

$$\text{基本每股收益}=\frac{\text{净利润}-\text{优先股股息}}{\text{发行在外的普通股加权平均数}}$$

需要注意的是：

(1) 发行在外普通股的加权平均数计算。

$$\text{发行在外的普通股加权平均数}=\text{期初发行在外普通股股数}+\text{当期新发行的普通股股数}\times\frac{\text{已发行时间}}{\text{报告期时间}}-\text{当期回购普通股股数}\times\frac{\text{已回购时间}}{\text{报告期时间}}$$

已发行时间、报告期时间和已回购时间一般按照天数计算；在不影响计算结果合理性的前提下，可以采用简化的计算方法，即按月计算。

新发行普通股股数，应当根据发行合同的具体条款，从应收对价之日（一般为股票的发行日）起计算确定。通常包括下列情况：①为收取现金而发行的普通股股数，从应收现金之日起计算。②因债务转资本而发行的普通股股数，从停计债务利息之日或结算日起计算。③非同一控制下的企业合并，作为对价发行的普通股股数，从购买日起计算；同一控制下的企业合并，作为对价发行的普通股股数，应当计入各列报期间普通股的加权平均数。④为收购非现金资产而发行的普通股股数，从确认收购之日起计算。

【例 6-6】 华夏公司 2×15 年期初发行在外的普通股 18 000 股，3 月 1 日新发行 4 500 股，10 月 1 日回购 6 820 股，以备将来奖励职工，计算华夏公司发行在外的普通股加权平均数。

$$\text{发行在外的普通股加权平均数}=18\,000+4\,500\times\frac{10}{12}-6\,820\times\frac{3}{12}=20\,045(\text{股})$$

(2) 企业发放股票股利（是一种股利的分配方式）、公积金转增资本、拆股或并股等，会增加或减少其发行在外普通股或潜在普通股的数量，但不影响所有者权益的总额，也不改变企业的盈利能力。企业应当在相关报批手续全部完成后，按调整后的股数重新计算各列报期间的每股收益。上述变化发生于资产负债表日至财务报告批准报出日之间的，应当以调整后的股数重新计算每股收益。

（3）企业当期发生配股的情况下，计算基本每股收益时，应当考虑配股中包含的送股因素，据以调整各期发行在外普通股的加权平均数。配股是上市公司根据公司发展的需要，依据有关规定和相应程序，旨在向原股东进一步发行新股、筹集资金的行为，需要投资者按照一定比例以一定的价格购买股票，配股后发行在外的股数增加。

【例 6-7】 根据表 1-2 利润表提供的资料，计算华夏公司的基本每股收益。

$$基本每股收益=\frac{12\ 026.86}{20\ 045}=0.6(元)$$

根据上述计算结果可知，华夏公司的基本每股收益为 0.6 元，表明每一普通股股东可获得 0.6 元的净利润。在运用每股收益判断企业盈利能力强弱时，应将几家不同企业或者同一企业不同时期的每股收益进行比较，才能得出正确的认识。

延伸阅读 6-7

《企业会计准则——每股收益》制定背景

关于每股收益的计算是自 1950 年以后在美国逐渐发展起来的，该指标主要用于帮助投资者评价企业的获利能力。每股收益指标可以反映企业的经营成果，反映普通股股东所享有的利润，反映企业在不同会计期间的业绩。由于每股收益指标是以企业发行在外的普通股的股数作为分母所计算的比值，该指标还可以用于不同企业之间的业绩比较。目前世界各主要资本市场如美国、英国、澳大利亚、德国、法国、加拿大及日本均有每股收益准则，要求上市公司及处于申请上市过程中的企业计算和披露每股收益信息。国际会计准则理事会在其第 33 号准则中对每股收益的计算、列报等作出了规定。

以前，中国没有制定关于每股收益的会计准则。目前，上市公司主要是按中国证监会颁布的《公开发行证券的公司信息披露内容与格式准则第 2 号——年度报告的内容与格式》及《公开发行证券公司信息披露编报规则第 9 号——净资产收益率和每股收益的计算与披露》的要求提供每股收益信息。

2. 稀释每股收益

企业存在具有稀释性的潜在普通股的情况下，应当根据具有稀释性的潜在普通股的影响，分别调整归属于普通股股东的当期净利润以及当期发行在外普通股的加权平均数，并据以计算稀释的每股收益。

计算稀释每股收益时，应当根据下列事项对归属于普通股股东的当期净利润进行调整：

（1）当期已确认为费用的稀释性潜在普通股的利息。

(2) 稀释性潜在普通股转换时将产生的收益或费用。

(3) 当期发行在外普通股的加权平均数应当为计算基本每股收益时普通股的加权平均数与假定稀释性潜在普通股转换为已发行普通股而增加的普通股股数的加权平均数之和。计算稀释性潜在普通股转换为已发行普通股而增加的普通股股数的加权平均数时,以前期间发行的稀释性潜在普通股,应当假设在当期期初转换;当期发行的稀释性潜在普通股,应当假设在发行日转换。

稀释性潜在普通股是指假设当期转换为普通股会减少每股收益的潜在普通股。

具体包括:

(1) 可转换公司债券。对于可转换公司债券,计算稀释每股收益时,分子的调整项目为可转换公司债券当期已确认为费用的利息等的税后影响额;分母调整项目为假定可转换公司债券当期期初或发行日转换为普通股的股数加权平均数。

【例 6-8】 假设华夏公司 2×14 年 1 月 1 日发行利息率为 8%,面值 100 元的可转换债券 10 万张,规定每张债券可转换为 1 元面值普通股 80 股。2×14 年净利润 8 000 万元,2×14 年发行在外普通股 4 000 万股,公司适用的所得税税率为 25%,计算 2×14 年华夏公司的稀释每股收益。

$$\text{税后利息费用} = 100 \times 10 \times 8\% \times (1 - 25\%) = 60(\text{万元})$$

$$\text{增加的普通股股数} = 80 \times 10 = 800(\text{万股})$$

$$\text{稀释的每股收益} = \frac{8\ 000 + 60}{4\ 000 + 800} = 1.68(\text{元})$$

(2) 认股权证和股份期权。认股权证、股份期权等的行权价格低于当期普通股平均市场价格时,应当考虑其稀释性。

每股收益是反映股份公司盈利能力大小的一个非常重要的指标。每股收益越高,一般可以说明盈利能力越强。这一指标的高低,往往会对股票价格产生较大的影响。

对每股收益也可以进行横向和纵向的比较。通过与同行业平均水平或竞争对手的比较,可以考察企业每股收益在整个行业中的状况以及与竞争对手相比的优劣。

不过,在进行每股收益的横向比较时,需要注意不同企业的每股股本金额是否相等,否则每股收益不便直接进行横向比较。通过与企业以往各期的每股收益进行比较,可以看出企业每股收益的变动趋势。

(二) 每股现金流量

每股现金流量是经营活动产生的现金流量净额扣除优先股股利之后,与普通股发行在外的平均股数对比的结果。其计算公式为:

$$每股现金流量 = \frac{经营活动现金净流量}{发行在外的普通股平均数}$$

注重股利分配的投资者应当注意这个指标，每股收益的高低虽然与股利分配有密切关系，但它不是决定股利分配的唯一因素。如果每股收益很高，但是缺乏现金，那么也无法分配现金股利。因此，还有必要分析企业的每股现金流量。每股现金流量越高，每股股份可支配的现金流量越大，普通股股东获得现金股利回报的可能性越大。

对每股现金流量同样可以进行横向和纵向的比较。通过与同行业平均水平或竞争对手的比较，可以考察企业每股现金流量在整个行业中的状况以及与竞争对手相比的优劣。与每股收益类似，在进行每股现金流量的横向比较时，需要注意不同企业的每股股本金额是否相等，否则每股现金流量不便直接进行横向比较。通过与企业以往各期的每股现金流量进行比较，可以看出企业每股现金流量的变动趋势。

【例 6-9】 根据表 1-3 现金流量表提供的资料，计算华夏公司的每股现金流量。

$$每股现金流量 = \frac{335\ 269.20}{20\ 045} = 16.73(元)$$

根据计算结果可知，华夏公司每股现金流量为 16.73 元，表明每股发行在外的普通股所平均占有的经营净现金流量。这个指标越大，企业进行资本支出和支付股利的能力越强。

（三）每股股利

普通股每股股利简称每股股利，它反映每股普通股获得现金股利的情况。其计算公式为：

$$每股股利 = \frac{现金股利总额}{发行在外的普通股股数}$$

由于股利通常只派发给年末的股东，因此计算每股股利时分母采用年末发行在外的普通股股数，而不是全年发行在外的平均股数。每股股利反映了普通股股东获得现金股利的情况。每股股利越高，普通股获取的现金报酬越多。

【例 6-10】 假定华夏公司通过股东大会决议派发现金股利 2 405.37 元，计算华夏公司的每股股利。

$$每股股利 = \frac{2\ 405.37}{20\ 045} = 0.12(元)$$

根据计算结果可知，华夏公司每股股利为 0.12 元，表明每股发行在外的普通股股东可分得 0.12 元股利。需要注意的是，每股股利并不能完全反映企业的盈利情况和现金流量状况。因为股利分配状况不仅取决于企业的盈利水平和现金流量状况，还与企业的股利分配政策相关。而且，在中国目前的资本市场中，股东对现金股利的期望往往并不高，更多的投资者希望通过股票的低买高卖来获取报酬。

（四）市盈率

市盈率又称价格盈余比率，是普通股每股市价与普通股每股收益的比值。其计算公式为：

$$市盈率 = \frac{每股市价}{每股收益}$$

该指标表示投资人愿意为获取公司每 1 元的收益付出多高的价格。一般来说，市盈率高，说明投资者愿意出更高的价格购买该公司股票，对该公司的发展前景看好。因此，一些成长性较好的公司股票的市盈率通常要高一些。例如，假设甲、乙两个公司的每股收益相等，说明两个公司当期每股的盈利能力相同。如果甲公司的市盈率高于乙公司，说明甲公司的每股市价高于乙公司的每股市价。对当期盈利能力相同的两支股票，投资者愿意出更高的价格购买甲公司的股票，这说明投资者对甲公司的未来发展更加看好。

如果某一种股票的市盈率过高，则也意味着这种股票具有较高的投资风险。例如，还是上述甲、乙两个公司，假设它们的每股收益都为 0.5 元。甲公司的市盈率为 80，乙公司的市盈率为 20，也就是说甲公司的每股市价为 40 元，而乙公司的每股市价只有 10 元。那么，此时购买甲公司的股票所花费的代价是乙公司股票的 4 倍，但甲公司股票报酬能达到或超过乙公司股票报酬的 4 倍的可能性并不大。因此，这种情况下购买乙公司的股票可能更加有利，而购买甲公司的股票则投资风险较大。

在我国现阶段，股票的市价可能并不能很好地代表投资者对公司未来前景的看法，因为股价中含有很多炒作的成分在内。因此，我们应用市盈率对公司作评价时需要谨慎。

【例 6-11】 假设华夏公司股票价格为每股 12 元，计算该公司市盈率指标。

$$市盈率 = \frac{12}{0.6} = 20$$

根据计算结果可知，华夏公司的市盈率为 20，一般情况下，发展前景较好的企业通常都有较高的价格与收益比率，发展前景不佳的企业，这个比率较低。但是必须注意，当全部资产利润率很低或企业发生亏损时，每股收益可能为 0 或负数，因此市盈率很高。在这一特殊情况下，仅仅利用这一指标来分析企业的盈利能力，常常会错误地估计企业的发展前景，所以还必须结合其他指标，予以综合考虑。

(五) 股利支付率

股利支付率又称股利发放率，是指普通股每股股利与普通股每股收益的比率，其计算公式为：

$$股利支付率=\frac{每股股利}{每股收益}\times 100\%$$

一般来说，公司发放股利越多，股利的分配率越高，因而对股东和潜在的投资者的吸引力越大，也就越有利于建立良好的公司信誉。一方面，投资者对公司的信任，会使公司股票供不应求，从而使公司股票市价上升。公司股票的市价越高，对公司吸引投资、再融资越有利。另一方面，过高的股利分配率政策，一是会使公司的留存收益减少，二是如果公司要维持高股利分配政策而对外大量举债，会增加资金成本，最终必定会影响公司的未来收益和股东权益。

股利支付率是股利政策的核心。确定股利支付率，首先要弄清公司在满足未来发展所需的资本支出需求和营运资本需求的前提下，有多少现金可用于发放股利，然后考察公司所能获得的投资项目的效益如何。如果现金充裕，投资项目的效益又很好，则应少发或不发股利；如果现金充裕但投资项目效益较差，则应多发股利。

【例 6-12】 根据[例 6-7]和[例 6-10]的结果，计算华夏公司的股利支付率。

$$股利支付率=\frac{0.12}{0.6}\times 100\%=20\%$$

根据计算结果可知，华夏公司的股利支付率为 20%，是普通股股东从每股的全部获利中分到的部分，该指标反映了企业的股利政策，其高低要根据企业对资金需要量的具体情况而定，没有一个固定的衡量标准。

(六) 股利收益率

股利收益率又称股息率，指投资股票获得股利的回报率，其计算公式为：

$$股利收益率=\frac{每股股利}{每股股价}\times 100\%$$

股利收益率是挑选收益型股票的重要参考标准，如果连续多年年度股利收益率超过 1 年期银行存款利率，则这支股票基本可以视为收益型股票，股利收益率越高越吸引人。股利收益率也是挑选其他类型股票的参考标准之一。决定股利收益率高低的不仅是股利和股利发放率的高低，还要视股价来定。例如，两支股票，A 股价为 10 元，B 股价为 20 元，两家公司同样发放每股 0.5 元股利，则 A 公司 5%的股息率显然要比 B 公司 2.5%诱人。

【例 6-13】 假设华夏公司股票价格为每股 12 元，根据[例 6-10]的结果，计算华夏公司的股利收益率。

$$股利收益率 = \frac{0.12}{12} \times 100\% = 1\%$$

根据计算结果可知，华夏公司的股利收益率为 1%，股利收益率常被用来评估企业股票是否有投资价值，若股价于短期内大涨，但股利增长速度却跟不上股价涨幅时，股利收益率会下滑，即投资价值减少，若股利不变，而股价下跌，则股利收益率会上升，投资价值上扬。由于投资股票有额外风险，因此一般认定股利收益率应高于 1 年期定期存款利率才值得投资。

本章小结

本章主要学习盈利能力分析的基本理论与方法。盈利能力是指企业获取利润的能力。企业盈利能力分析的内容主要包括一般企业盈利能力分析和上市公司盈利能力分析两个方面。

影响一般企业盈利能力的因素，总的来说可以分为财务因素和非财务因素。企业财务因素主要包括企业自身的商品经营盈利能力、资产经营盈利能力以及资本经营盈利能力等。企业的非财务因素主要包括市场占有率、顾客满意度、企业创新、雇员培训、税收政策、盈利模式等。

对一般企业盈利能力的指标分析，主要可采用销售毛利率、销售净利率、成本费用利润率、总资产报酬率、净资产收益率等。对上市公司的盈利能力分析，除采用上述指标外，还可采用与股票价格相关的一系列指标，如每股收益、每股现金流量、每股股利、市盈率、股利支付率、股利收益率等指标进行分析。

本章重要概念

盈利能力　资本经营　销售毛利率　销售净利率　成本费用利润率　总资产报酬率　净资产收益率　每股收益　每股现金流量　每股股利　市盈率　股利支付率　股利收益率

思考与练习

1. 一般公司盈利能力受哪些因素影响?

2. 净资产收益率与其影响因素之间的关系？

3. 如何使用市盈率指标进行上市公司的盈利能力分析？

推荐阅读资料

[1] 刘颖.浅谈企业盈利能力分析[J].现代商业,2011(30).

[2] 周硕.企业盈利能力分析研究[J].商业经济,2013(7).

[3] 段翠莲.对企业盈利能力分析的探究[J].中国外资,2012(13).

第七章　营运能力分析

- 内容简介
- 学习目的和要求
- 引例
- 第一节　营运能力分析概述
- 第二节　流动资产营运能力分析
- 第三节　固定资产营运能力分析
- 第四节　总资产营运能力分析
- 本章小结
- 本章重要概念
- 思考与练习
- 推荐阅读资料

内容简介

本章主要介绍了企业营运能力分析的基本理论与方法。具体包括营运能力分析的含义、目的和内容；流动资产营运能力分析指标、固定资产营运能力分析指标以及总资产营运能力分析指标在企业财务分析中的具体应用等。本章重点为流动资产营运能力分析指标的具体含义及其应用等。

学习目的和要求

通过本章的学习，学生应明确营运能力分析的含义、目的和内容；熟练掌握企业各类资产营运能力的分析；掌握流动资产营运能力指标的分析，包括应收账款周转率(期)、存货周转率(期)、营业周期、营运资本周转率(期)、流动资产周转率(期)；掌握固定资产营运能力指标的分析，包括固定资产产值率和固定资产周转率的计算及应用分析；掌握总资产营运能力指标的分析，包括总资产产值率、总资产收入率以及总资产周转率的计算及应用分析；能够运用企业营运能力相关指标对企业营运能力及其状况进行合理评价。

引例　华能国际的“神话”

华能国际(股票代码 600011)成立于 1994 年 6 月 30 日，同年 10 月，在全球首次公开发行 12.5 亿股境外上市外资股，并以 3 125 万股美国存托股份形式在纽约证券交易所上市，1998 年 1 月该公司外资股在香港上市，2001 年 11 月在国内发行 3.5 亿 A 股，其中流通股 2.5 亿股，目前总股本 120 亿股。

在过去的几年中，华能国际通过项目开发和资产收购不断扩大经营规模，保持盈利稳定增长。拥有的总发电装机容量 31 747 兆瓦。华能国际在境内全资拥有 17 家营运电厂,控股 13 家营运电力公司,参股 5 家营运电力公司,其发电厂设备先进,高效稳定,广泛分布于中国 12 个省和 2 个直辖市,此外在新加坡全资拥有一家营运电力公司,已成为中国最大的独立发电公司之一。

该公司 2009 年第三季度营业收入 5 667 750 万元,净利润 413 061 万元,净利润增长率为 71.22%,行业平均净利润增长率为 68.52%,净资产收益率 10.38%,行业平均值 3.71%,总资产 18 844 633 万元,总资产收益率 2.4%,至第三季度每股收益 0.34 元。无论是从企业规模,还是从营业收入持续增长、净利润增长及企业竞争力方面看,该公司一直保持行业领先水平。

任何一个企业的经营状况和经济效益,从根本上讲,都取决于企业营运资产的利用及其能力。华能国际之所以在行业中处于领先地位,通过分析其资产利用效率可以给出答案。该公司应收账款周转率 7.642 7 次,存货周转率 10.523 8 次,总资产周转率 0.321 1 次,这些指标都远远高于行业的平均水平,表明该公司具有较高的资产利用效率。

通过哪些指标反映企业的营运能力,如何对企业的营运能力进行分析并做出评价,是本章将要阐述的内容。

第一节 营运能力分析概述

一、营运能力分析的含义

营运能力是社会生产力在企业中的微观表现,是企业各项经济资源,包括人力资源、生产资料资源、财务资源、技术信息资源和管理资源等,基于环境约束与价值增值目标,通过配置组合与相互作用而生成的推动企业运行的物质能量。广义的营运能力是企业所有要素所能发挥的营运作用;狭义的营运能力是指企业资产的营运效率,不直接体现人力资源的合理使用和有效利用。

企业的营运能力是指企业生产资金的周转效率体现出来的企业资金利用的效率问题。企业生产资金周转的效率越高,则意味着企业资金利用的效率越高,单位资金占用创造的收入就越高。具体而言,企业的营运能力是指企业资金占用与收入创造的关系。一般情况下,经营过程中占用的资金不变的情况下,企业的收入越高,则企业的营运能力越强。企业收入不变的情况下,企业占用的资金越少,则企业的营运能力越强。企业收入增加,同时企业资金占用减少的情况下,企业的营运能力随之变强。企业收入增加的速度快于企业资金占用的速度的情况下,企业的营运能力随之变强。

用一个例子来说明:A、B 是两家在原材料、人工成本和产品销售市场方面一模一样的公司。换句话说,这两家公司外部盈利空间的大小是完全一模一样的。在这种情况下,这两家公司当期的盈利还是会出现较大的差异。A、B 两家公司投入到原材料的金额都是100万元，每批原材料可以生产的产品数量为50万件，单位产品的收入为3元。公司首先用这100万元的原材料生产了50万件产品，然后销售出去，在这种情况下，销售出去的金额又可以获取150万的资金，公司又拿这150万元中的100万元投入到生产过程中去，然后又生产出来50万件产品，然后销售出去。在这种情况下，假定A公司能够完成8次这种循环，而B公司能够完成10次这种循环。A公司用100万元的原材料，在当期生产并销售了400万件产品，获取收入1 200万元，而B公司用这100万元的原材料，在当期生产并销售了500万件产品，获取收入1 500万元。所以，公司占用了相同的资金，但是却创造出了不同的收入。所以，营运效率的分析在判断公司创造价值的能力方面至关重要。

二、营运能力分析的目的

(一) 企业管理当局的分析目的

企业管理当局通过对资产结构的分析发现企业结构问题，寻找优化资产结构的途径与方法，发现企业资产周转过程中的问题，寻找加速资金周转的途径与方法。

(二) 企业所有者的分析目的

企业的资产结构会影响到所有者投入资本的保值情况，企业资产经过周转才能实现增值，而资产周转速度加快，才能给企业带来更多的收入，从而为所有者创造更多的价值。

(三) 企业债权人的分析目的

营运能力本身反映企业的流动性，营运能力越强，资产周转速度越快，资产转换为现金的速度越快，企业的流动性越强，偿债能力越强；营运能力对盈利能力的影响也会间接影响企业长期偿债能力，只有企业资产实现有效的运转，才能实现资产的保值增值，并保障债务的及时、足额偿付。

三、营运能力分析的内容

(一) 流动资产营运能力分析

流动资产包括现金或银行存款、短期投资、应收账款、应收票据、存货、预付账款等。流动资产具有占用形态的变动性、占用数量的波动性、循环与生产经营周期的一致性等特点。流动资产的存在有利于保证企业生产经营活动顺利进行；提高企业流动资金的利用效果；保持企业资产结构的流动性，提高偿债能力，维护企业信誉等重要作用，是企业资产中不可或缺的重要组成部分，因此对企业资产的营运能力进行分析，必须进行流动资产的营运能力分析。

（二）固定资产营运能力分析

固定资产是指企业为生产产品、提供劳务、出租或者经营管理而持有的，使用时间超过 12 个月的，价值达到一定标准的非货币性资产，包括房屋、建筑物、机器、机械、运输工具以及其他与生产经营活动有关的设备、器具、工具等。所有企业都必须要有一定量的固定资产，如厂房、机器设备、办公器材等，否则不能进行正常工作与生产。固定资产是企业的劳动手段，构成企业的生产经营能力，是企业赖以生产经营的主要资产，因此对企业资产的营运能力进行分析，还必须进行固定资产的营运能力分析。

（三）总资产营运能力分析

总资产是指企业拥有或控制的全部资产，包括流动资产、长期投资、固定资产、无形及递延资产、其他长期资产、递延税项等，企业是由各项资产组成的一个整体，其整体效益的高低和运转效率既取决于各单项资产的营运能力，更有赖于其相互配合，因此，把企业作为一个整体，评价全部资产的经营效率和效益是企业营运能力分析必不可少的内容之一。

延伸阅读 7-1

企业运营能力分析的重要性

企业营运能力分析的作用就是要通过对反映企业资产营运效率与效益的指标进行计算与分析，评价企业的营运能力，改善企业的经营与管理，为企业提高经济效益指明方向。其重要性主要体现在以下几个方面。

1. 优化资产结构

通过对企业的运营能力进行分析，可以发现和揭示与企业经营性质、经营时期不相适应的结构比例，从而及时作出调整，形成合理的资产结构。

2. 改善财务状况

企业在一定时间点上的存量资产，是企业取得收益或利润的基础。然而，当企业的长期资产、固定资产占用资金过多或过少甚至出现问题资产时，就会形成资金积压，以至营运资金不足，从而使企业的短期投资人对企业的财务状况产生不良的印象，因此，企业必须注重分析、改善资金结构，使资产保持足够的流动性，以赢得外界对企业的信心。特别是对资产“泡沫”，或者虚拟资产进行资产结构分析，摸清存量资产结构，并迅速处理有问题的资产，则可有效防止或者消除资产经营风险。

3. 加速资金周转

非流动资产只有伴随着产品（或商品）的销售才能取得销售收入，在资产总量一定的情况下，非流动资产和非商品资产所占的比重越大，企业所实现的周转值越小，资金的周转速度也就越低。因此，通过资产结构的分析，可以合理调整流动资金与其他资产的比例关系。

第二节 流动资产营运能力分析

一、反映资产营运能力的一般指标

营运能力是企业基于外部市场环境的约束，通过内部人力资源和生产资料的配置组合而对财务目标实现所产生作用的大小。营运能力指标主要是指生产资料营运能力指标。生产资料的营运能力实际上就是企业的总资产及其各个组成要素的营运能力。资产营运能力的强弱取决于资产的周转速度、资产运行状况、资产管理水平等多种因素。

资产的周转速度，通常用周转率和周转期来表示。周转率是企业在一定时期内资产的周转额与平均余额的比例，反映企业资产在一定时期的周转次数。周转次数越多，表明周转速度越快，资产营运能力越强。周转期是周转次数的倒数与计算期天数的乘积，反映资产周转一次所需要的天数。周转期越短，表明周转速度越快，资产营运能力越强。其计算公式为：

$$资产周转率(次数) = \frac{资产周转额}{资产平均余额}$$

$$资产周转期(天数) = \frac{计算期天数}{资产周转次数}$$

需要注意的是：

(1) 财务分析中通常以 1 年为计算期，1 年的天数通常按 360 天计算。

(2) 在计算不同周转率时，选用不同“计算期的资产周转额”，一般情况下，计算总资产周转率和分类资产周转率时选用“销售收入”作为“资产周转额”；单项资产周转率有两种计算方法：一种是以销售收入为周转额；另一种是以销售成本为周转额。

二、反映流动资产营运能力的具体指标

分析流动资产的周转情况可以了解企业流动资金利用的效率，把握企业管理当局在企业经营管理活动中运用流动资金的能力。反映流动资产周转情况的指标主要包括应收账款周转率(期)、存货周转率(期)、营业周期、营运资本周转率(期)、流动资产周转率(期)等。

(一) 应收账款周转率(期)

1. 应收账款周转率

应收账款周转率是赊销收入与应收账款平均余额之比。应收账款周转一次指

从应收账款发生到收回的全过程。

$$应收账款周转率=\frac{赊销收入净额}{应收账款平均余额}$$

需要注意的是：

(1) 赊销收入净额=赊销收入－赊销退回－赊销折让－赊销折扣。赊销收入是指没有立即收到货款的主营业务收入，当已知赊销比例时，可以用全部销售收入乘以赊销比例来求出赊销收入。外部分析人员由于无法获得企业赊销收入的具体数据，所以用所有的主营业务收入净额代替赊销收入净额。

(2) 分母中的应收账款是指包括会计报表中的"应收账款""应收票据"等在内的全部赊销应收账款，而且是扣坏账准备后的净额。

(3) 分母中的应收账款是全年占用应收账款上的资金的平均数额，简化方法是用期初应收账款与期末应收账款之和除以2。在企业经营存在明显季节性时，可以考虑计算每月应收账款的平均余额。再将每个月的平均余额加总除以12，得到全年的平均余额。

2. 应收账款周转天数

应收账款周转天数又称应收账款平均收现期，也就是应收账款周转一次所需要的天数，即从应收账款发生到应收账款收回平均需要的天数，是360天与应收账款周转率之比。

$$应收账款周转天数=\frac{360天}{应收账款周转率}=\frac{应收账款平均余额\times 360天}{赊销收入}$$

一般来说，应收账款周转率越高，应收账款周转天数越短，说明应收账款收回得越快，应收账款的流动性越强，同时应收账款发生坏账的可能性越小，反之亦然。但是应收账款周转率过高，可能是由于企业的信用政策过于苛刻所致，这样会限制企业销售规模的扩大，影响企业长远发展。对应收账款周转率和周转天数进行分析，可以进行横向和纵向的比较。通过横向比较可以洞悉企业的应收账款周转速度在整个行业中的水平，与竞争对手相比是快还是慢。通过纵向比较可以发现企业应收账款周转速度的变动态势。

延伸阅读 7-2

应收账款周转率在财务中的意义

一般来说，应收账款周转率越高越好，表明公司收账速度快、平均收账期短、坏账损失少、资产流动快、偿债能力强。与之相对应，应收账款周转天数则是越短越好。一方面，如果公司实际收回账款的天数越过了公司规定的应收账款天数，则说明债务人拖欠时间长，资信度低，增大了发生坏账损失的风险;同时也说明公司催收账款不力,使资产形成了呆账甚至坏账,造成了流动资产不流动,这对公司正常的生产经营是很不利的。另一方面,如果公司的应收账款周转天数太短,则表明公司奉行较紧的信用政策,付款条件过于苛刻,这样会限制企业销售量的扩大,特别是当这种限制的代价(机会收益)大于赊销成本时,会影响企业的盈利水平。

有一些因素会影响应收账款周转率和周转天数计算的正确性。首先,由于公司生产经营的季节性原因,使应收账款周转率不能正确反映公司销售的实际情况。其次,某些上市公司在产品销售过程中大量使用分期付款方式。再次,有些公司采取大量收取现金方式进行销售。最后,有些公司年末销售量大量增加或年末销售量大量下降。这些因素都会对应收账款周转率或周转天数造成很大的影响。投资者在分析这两个指标时应将公司本期指标和公司前期指标、行业平均水平或其他类似公司的指标相比较,以判断该指标的高低。

【例 7-1】 根据华夏公司表 1-1 资产负债表以及表 1-2 利润表的资料,运用应收账款周转率指标对该公司的流动资产营运能力进行分析。

$$2\times16\text{年应收账款周转率}=\frac{1\ 841\ 361.49}{787\ 190.61}=2.34(\text{次})$$

$$2\times16\text{年应收账款平均余额}=\frac{(60\ 000+601\ 438.35)+(50\ 000+862\ 942.87)}{2}$$

$$=787\ 190.61(\text{元})$$

$$2\times16\text{年应收账款周转天数}=\frac{360}{2.34}=153.85(\text{天})$$

根据上述计算结果可以看出,华夏公司 2×16 年应收账款周转率为 2.34,应收账款周转一次需要 153.85 天,假设华夏公司所在行业的应收账款周转率为 4,应收账款周转天数为 90 天,根据比较可知,华夏公司的应收账款周转率低于行业平均水平,企业应采取措施缩短平均收账期,减少坏账损失,加速应收账款周转。

(二) 存货周转率(期)

1. 存货周转率

存货周转率又叫存货周转次数,是一定时期内企业销货或主营业务成本与存货平均余额之比,是反映企业销售能力和存货周转速度的一个指标,也是衡量企业生产经营各环节存货运营效率的一个综合性指标。

$$\text{存货周转率}=\frac{\text{主营业务成本}}{\text{存货平均余额}}$$

$$\text{存货平均余额}=\frac{\text{期初存货}+\text{期末存货}}{2}$$

主营业务成本近似反映了存货全年的周转额。如果企业的经营存在明显的季节性,可以考虑用每个月月初和月末存货的算术平均数代表每个月存货的平均余额,再将每个月的平均余额加总除以 12,得到全年存货的平均余额。

2. 存货周转期

存货周转天数是购入存货到卖出存货所需要的天数。

$$存货周转天数=\frac{360天}{存货周转率}=\frac{存货平均余额\times 360天}{主营业务成本}$$

一般来说，存货周转率越高，存货周转天数越短，说明存货周转越快，存货的流动性越强。反之，存货周转率越低，存货周转天数越长，说明存货周转越不顺畅，存货的流动性越弱。但需要注意的是：存货周转率过高，也不能完全说明企业的存货状况很好，有可能是由于企业的存货水平太低所致。存货水平太低有可能是由于企业的采购批量太小，采购过于频繁，可能会增加企业的采购成本，而且存货水平太低可能会导致缺货，影响企业正常生产。

【例 7-2】 根据华夏公司表 1-1 资产负债表以及表 1-2 利润表的资料，运用存货周转率指标对该公司的流动资产营运能力进行分析。

$$2\times 16年存货周转率=\frac{1\ 691\ 594.69}{61\ 004.76}=27.73(次)$$

$$2\times 16年存货平均余额=\frac{93\ 283.06+28\ 726.46}{2}=61\ 004.76(元)$$

$$2\times 16年存货周转天数=\frac{360}{27.73}=12.98(天)$$

根据计算结果可知，华夏公司 2×16 年存货周转率为 27.73，存货周转天数为 12.98 天，已知行业存货周转率的平均水平为 20，存货周转天数为 18 天，经比较可以发现，该公司的存货周转率高于行业平均水平，说明华夏公司的存货营运能力比较好。

延伸阅读 7-3

在计算存货周转率时需要注意的问题

在计算存货周转率指标时需要注意以下问题：

(1) 计算存货周转率时，使用“销售收入”还是“销售成本”作为周转额，应看分析的目的不同而定。如果分析目的是判断短期偿债能力，应采用销售收入。如果分析目的是评估存货管理业绩，应采用销售成本。

(2) 存货周转天数不是越短越好。比如，减少存货量，可以缩短周转天数，但可能会对正常的经营活动带来不利影响。

(3) 应注意应付款项、存货和应收账款(或销售)之间的关系。

(4) 应关注构成存货的产成品、自制半成品、原材料、在产品和低值易耗品之间的比例关系。正常的情况下，各类存货之间存在某种比例关系，如果某一类的比重发生明显的大幅度变化，可能就暗示存在某种问题。比如，产成品大量增加，其他项目减少，很可能销售不畅，放慢了生产节奏，此时，总的存货余额可能并没有显著变化，甚至尚未引起存货周转率的显著变化。

(三) 营业周期

营业周期是指从外购商品或接受劳务而承担付款义务开始，到收回因销售商品或提供劳务并收取现金之间的时间间隔。存货周转天数是指从购入存货到售出存货平均需要的天数，应收账款周转天数是指从应收账款发生到应收账款收回平均需要的天数。所以，存货周转天数与应收账款周转天数之和就等于从购入存货到售出存货并收取现金平均需要的天数，即营业周期。计算公式为：

$$营业周期 = 存货周转天数 + 应收账款周转天数$$

一般来说，营业周期越短，说明企业完成一次营业活动所需要的时间越短，企业的存货流动越顺畅，账款收取越迅速。但要注意营业周期也并非越短越好。营业周期不仅可以用于分析和考察企业资产的使用效率和管理水平，而且可以用来补充说明和评价企业的流动性。

营业周期的长短是决定企业流动资产需要水平的重要因素，营业周期越短的企业，流动资产的数量也往往比较少，其流动比率和速动比率往往保持在较低的水平，但由于流动资产的管理效率高，因而从动态的角度看该企业的流动性仍然很强，企业的短期偿债能力仍然有保障。相反，如果一家企业的营业周期很长，很有可能是应收账款或存货占用资金过多，并且变现能力很差，虽然该企业的流动比率、速动比率都可能很高，但企业的流动性却可能较差。

【例 7-3】 根据[例 7-1]以及[例 7-2]的资料，计算华夏公司的营业周期。

$$营业周期 = 153.85 + 12.98 = 166.83(天)$$

根据上述计算结果可知，华夏公司的营业周期为 166.83 天，表明该公司从购入存货到售出存货并收取现金平均需要的天数为 166.83 天，该指标可结合行业平均水平进行比较，以判断该公司资产的使用效率和流动性水平。

相关案例 7-1

现 金 周 期

现金周期是指衡量公司从置备存货支出现金到销售货物收回现金所需要的时间。在正常情况下，企业的现金周期小于营业周期。

$$现金周期 = 营业周期 - \frac{应付账款}{周转天数} = \frac{应收账款}{周转天数} + 存货周转天数 - \frac{应付账款}{周转天数}$$

现金循环周期决定企业资金使用效率。绩优企业在现金周期上能够比一般企业少 40～65 天。按照美国学者法罗斯(Farris)教授提出的现金周期模型，在分析了 DELL 和杰西潘尼的现金周期和美国主要产业现金周期的过程后，他得出结论认为，现金周期缩短是企业效益提升的一个关键指标。

(四) 营运资本周转率(期)

1. 营运资本周转率

衡量企业营运资本周转情况的核心指标是营运资本周转率。营运资本周转率是指企业一定时期产品或商品的销售净额与平均营运资本之间的比率。其计算公式为：

$$营运资本周转率=\frac{销售净额}{平均营运资本}$$

$$平均营运资本=\frac{期初营运资本+期末营运资本}{2}$$

营运资本周转率表明企业营运资本的运用效率，反映每投入1元营运资本所能获得的销售收入，同时也反映1年内营运资本的周转次数。

2. 营运资本周转期

$$营运资本周转期=\frac{360天}{营运资本周转率}=\frac{平均营运资本\times 360天}{销售净额}$$

一般而言，营运资本周转率越高，营运资本周转期越短，说明每1元营运资本所带来的销售收入越多，企业营运资本的运用效率也就越高；反之，营运资本周转率越低，营运资本周转期越长，说明企业营运资本的运用效率越低。

同时营运资本周转率还是判断企业短期偿债能力的辅助指标。一般情况下，企业营运资本周转率越高，所需营运资本水平就越低，此时会观测到企业的流动比率或速动比率等可能处于较低的水平，但由于营运资本周转速度快，企业的短期偿债能力仍然能够保持较高水平，因此在判断短期偿债能力时也需要对营运资本的周转情况进行分析。

值得注意的是，不能根据营运资本周转率的高低直接得出相关结论，而要进行具体分析。如，较低的营运资本周转率可能是企业拥有的高额存货或高额应收账款所导致的，也可能是大额现金余额所造成的。

营运资本周转率没有通用的比较标准，分析过程中往往将这一指标与本企业历史水平、同行业平均水平或同类企业进行比较。如果营运资本周转速度过快则反映企业营运资本存在一定程度的不足情况，需要特别关注营运资本缺乏可能导致的企业偿债风险问题；如果营运资本周转过缓，则说明营运资本利用效率不高，企业或是降低营业资本所占用资金额度，或是需要进一步挖掘潜力提高营运资本利用效果，达到销售收入与营运资本的合理比例，使所投入的营运资本能够最大限度地发挥作用。

【例 7-4】 根据表 1-1 资产负债表以及表 1-2 利润表的资料，计算分析华夏公司的营运资本周转情况。

$$营运资本平均余额 = \frac{-117\ 257.63 + 291\ 974.99}{2} = 87\ 358.68(元)$$

$$营运资本周转率 = \frac{1\ 841\ 361.49}{87\ 358.68} = 21.08(次)$$

$$营运资本周转期 = \frac{360}{21.08} = 17.08(天)$$

根据上述计算结果可知，华夏公司的营运资本周转率为 21.08，周转一次需要 17.08 天，可将该指标与本企业历史水平、同行业平均水平或同类企业进行比较，判断该企业营运资本周转速度的变动情况。

（五）流动资产周转率（期）

1. 流动资产周转率

流动资产周转率是反映流动资产总体周转情况的重要指标，是指一定时期流动资产周转额与流动资产的平均占用额之间的比率，一般情况下选择一定期间内取得的主营业务收入净额作为流动资产周转额的替代指标，其计算公式为：

$$流动资产周转率 = \frac{主营业务收入净额}{流动资产平均余额}$$

$$流动资产平均余额 = \frac{期初流动资产 + 期末流动资产}{2}$$

主营业务收入净额是指企业当期销售产品、商品、提供劳务等主要经营活动取得的收入减去折扣与折让后的数额，通常使用营业收入代替。在一定时期内，流动资产周转次数越多，表明以相同的流动资产完成的周转额越多，流动资产利用的效果越好。

2. 流动资产周转天数

$$流动资产周转天数 = \frac{360\ 天}{流动资产周转率} = \frac{流动资产平均余额 \times 360\ 天}{主营业务收入净额}$$

流动资产周转率用周转天数表示时，周转一次所需要的天数越少，表明流动资产在经历生产和销售各阶段时占用的时间越短，周转越快。生产经营任何一个环节上的工作得到改善，都会反映到周转天数的缩短上来。按天数表示的流动资产周转率能更直接地反映生产经营状况的改善，便于比较不同时期的流动资产周转率，应用较为普遍。

一般来说，流动资产周转率越高，流动资产周转天数越短，说明流动资产周转越快，利用效果越好。但也需注意是否是由于流动资产管理不合理等不利原因造成的，而且对流动资产总体周转情况的分析应结合存货和应收账款等具体流动资产的周转情况进行，只有这样才能真正分析透彻，找到根源。

流动资产周转率反映了企业流动资产的周转速度，是从企业全部资产中流动性最强的流动资产角度对企业资产的利用效率进行分析，以进一步揭示影响企业资产质量的主要因素。要实现该指标的良性变动，应以主营业务收入增幅高于流动资产增幅做保证。通过该指标的对比分析，可以促进企业加强内部管理，充分有效地利用流动资产，如降低成本、调动暂时闲置的货币资金用于短期投资创造收益等，还可以促进企业采取措施扩大销售，提高流动资产的综合使用效率。一般情况下，该指标越高，表明企业流动资产周转速度越快，利用越好。在较快的周转速度下，流动资产会相对节约，相当于流动资产投入的增加，在一定程度上增强了企业的盈利能力；而周转速度慢，则需要补充流动资金参加周转，会形成资金浪费，降低企业盈利能力。

【例 7-5】 根据表 1-1 资产负债表以及表 1-2 利润表的资料，使用流动资产周转率指标分析华夏公司的流动资产营运能力。

$$\text{流动资产周转率}=\frac{1\ 841\ 361.49}{1\ 442\ 549.08}=1.28(\text{次})$$

$$\text{流动资产平均余额}=\frac{1\ 390\ 767.23+1\ 494\ 330.93}{2}=1\ 442\ 549.08(\text{元})$$

$$\text{流动资产周转期}=\frac{360}{1.28}=281.25(\text{天})$$

根据上述计算结果可以看出，华夏公司 2×16 年流动资产周转率为 1.28，流动资产周转一次需要 281.25 天，假设华夏公司所在行业的流动资产周转率为 2，应收账款周转天数为 180 天，根据比较可知，华夏公司的流动周转率低于行业平均水平，企业应采取措施降低存货规模，缩短流动资产周转期，加速应收账款周转。

三、流动资产周转加速效果分析

流动资产周转加速的效果体现在：一定的产出需要的流动资产减少，或者一定的流动资产取得更多的收入。

（一）流动资产节约额计算的三种情况

由流动资产周转速度加快所形成的节约额，可以区分为流动资产绝对节约额和流动资产相对节约额两种形式。流动资产绝对节约额是指企业由于流动资产周转加速，可以减少流动资产占用额，因而可能腾出一部分资金。流动资产相对节约额是指企业由于流动资产加速，在不增资或减少增资的条件下扩大企业的生产规模。流动资产绝对节约额和流动资产相对节约额的区别在于它们运用的情况不同，前者是在生产规模不变的情况下减少资产占用额，后者是将其节约额用于自身的扩大再生产。计算流动资产节约额可分为三种情况。第一，当企业流动资产周转加快而销售收入不变时，这种情况下形成的节约额就是绝对节约额。第二，当企业流动资产周转加速而流动资产实际存量大于或等于基期流动资产存量时，这种情况下形成的节约额就是相对节约额。第三，当企业流动资产周转加快，同时销售收入增加，流动资产占用量减少时，这种情况下形成的节约额既包括绝对节约额，又包括相对节约额。我们可以按以下公式计算流动资产加速周转的节约额。

$$\text{绝对节约额} = \text{报告期流动资产占用额} - \text{基期流动资产占用额}$$

$$\text{相对节约额} = \text{流动资产总节约额} - \text{绝对节约额}$$

(二) 流动资产周转加速对流动资产占用的影响

当流动资产周转速度提高时，保持一定的产出不变，所需耗用的流动资产减少，因而可以节约流动资产。由于流动资产周转加快所节约的流动资产，可用下式进行计算：

$$\text{流动资产节约额} = \frac{\text{报告期}}{\text{销售收入}} \times \left(\frac{1}{\text{报告期流动资产周转次数}} - \frac{1}{\text{基期流动资产周转次数}}\right)$$

上式计算结果为负，表示流动资产节约；计算结果为正，说明企业流动资产因周转减慢而浪费。

【例 7-6】 2×16 年华夏公司相关资料如表 7-1 所示，在保持营业收入规模不变的情况下，计算 2×16 年华夏公司由于流动资产周转率上升而减少的流动资产金额。

表 7-1　华夏公司流动资产周转情况分析表

项　　目	2×16 年	2×15 年
营业收入	1 841 361.49(元)	1 661 640.56(元)
流动资产平均余额	1 442 549.08(元)	1 362 000.46(元)
流动资产周转率	1.28	1.22

$$\text{流动资产的节约额} = 1\ 841\ 361.49 \times \left(\frac{1}{1.28} - \frac{1}{1.22}\right) = -47\ 927\ 160.07(\text{元})$$

上述计算结果说明，华夏公司 2×16 年流动资产周转率提高，使流动资产占用减少了 47 927 160.07 元。

(三) 流动资产周转加速对营业收入的影响

当流动资产周转速度提高时，如保持一定的流动资产投入不变，会导致企业营业收入增加，经营规模扩大。其计算公式为：

$$营业收入增加额=\frac{基期流动资产}{平均余额}\times(报告期流动资产周转率-基期流动资产周转率)$$

上式计算结果为正，表示因流动资产周转而增加的营业收入；计算结果为负，表示因流动资产周转缓慢而减少的营业收入。

【例 7-7】 根据表 7-1 所示资料，计算华夏公司 2×16 年由于流动资产周转率提高而增加的营业收入是多少。

$$营业收入增加额=1\ 362\ 000.46\times(1.28-1.22)=81\ 720.03(元)$$

上述计算结果说明，2×16 年华夏公司流动资产周转率提高，使营业收入增加了 81 720.03 元。

相关案例 7-2

当前加速流动资金周转的现实作用

加强企业资金的管理，加速流动资金的周转，对提高资金利用效率，改善经营管理以及参于国际竞争等方面都具有重要的作用。

1. 加速流动资金周转是减少资金占用量的重要途径

为了维持一定规模的生产，需要预付一定的流动资金，在生产规模不变的条件下，流动资金周转越快，所需的预付流动资金量越少；反之，流动资金周转越慢，则所需预付流动资金量就越多。可见，如果周转速度减慢，为了维持原来的生产规模，就需要追加资金；如果不追加资金，就必须缩小生产规模。

2. 加速流动资金周转可提高企业资金利润率

企业投入等量流动资金，周转 2 次的利润率是周转 1 次的 2 倍。同时，用同量资金，还可吸收更多的就业人口，在目前我国企业体制改革、转换经营机制过程中，可以为大量下岗职工提供就业机会。

3. 加速流动资金周转有利于改善企业经营管理

从有效管理的角度出发，要求企业首先制定流动资金的周转目标。为实现流动资金快速周转，企业必须从货币、存货、应收账款等方面改善管理，提高经营管理水平。

4. 加速流动资金周转，可以提高企业经营成果

流动资金周转速度可以用周转次数表示，即产品销售收入与占用流动资金量之比。这就是说，流动资金周转速度愈快，说明在等量完成销售收入的同时可以减少资金的需求量，资金的利用效果就愈好；在占用同样资金的条件下，流动资金周转愈快，说明实现的销售收入就愈高，相应会给企业带来更多的经济效益。因此在实际工作中，一是要从产、供、销各环节加强管理，减少流动资金占用量；二是通过提高产品技术含量，创造高附加值，并引进先进营销手段增加销售收入，从而提高企业经营成果。

5. 加速流动资金周转，有利于企业自身积累，增强国际竞争能力

国家经济贸易委员会下发的《关于加强流动资金管理的通知》指出，目前企业流动资金占用多、周转慢、经济效益差，情况仍然相当严重。从企业占用流动资金过多的原因分析，目前迫切需要解决的问题是：产品产大于销，产品结构不合理，产品积压过多。我国目前的科技实力在世界上排第十三名，落后于我国经济总量在世界的排名。而要缩小以上差距，关键问题就是需要大力发展高新技术产业，调整产业、产品结构，促进产业升级、产品更新换代。发展科技，就需要投入。在目前国家继续实行紧缩银根的货币政策下，企业只有加速流动资金周转、节约使用资金、减少利息支出、减少保管费用、降低产品成本，才能不断增加企业利润。企业有了利润积累，就可以拿出资金投入科技开发、人才培训、技术引进以及对现有工艺设备进行改造等，从而提高产品档次，实现产品、技术的升级换代。

第三节 固定资产营运能力分析

固定资产周转的基本特点是占用资金量大，变现能力差，周转速度比较慢，因而对于固定资产营运能力分析，主要应关注固定资产产值率和固定资产周转率两个方面的的内容。

一、固定资产产值率

固定资产是企业主要的劳动手段，固定资产的利用效率可以直接通过所生产的产品（产值）表现出来，将一定时期按不变价格计算的产值与固定资产平均总值进行对比，就可以计算出固定资产产值率。其具体计算公式是：

$$\text{固定资产产值率} = \frac{\text{总产值}}{\text{固定资产平均总值}}$$

公式中的分母既可以采用固定资产原值，也可以采用固定资产净值，究竟采用什么数值取决于分析的目的和要求。如果从固定资产规模和生产能力方面来分析，应使用原值指标。如果从固定资产资金占用方面分析，应使用净值指标。由于技术装备不同，每元固定资产创造的产值也有很大差别，所以固定资产产值率指标在不同行业不具有可比性。

固定资产产值率由于计算基础不同，有以下三种不同的表达式：

$$\text{生产设备产值率} = \frac{\text{总产值}}{\text{生产设备平均总值}}$$

$$\text{生产用固定资产产值率} = \frac{\text{总产值}}{\text{生产用固定资产平均总值}}$$

$$\text{全部固定资产产值率} = \frac{\text{总产值}}{\text{全部固定资产平均总值}}$$

其中，前两个指标的相互关系可以表示为：

$$生产用固定资产产值率=\frac{总产值}{生产设备平均总值}\times\frac{生产设备平均总值}{生产用固定资产平均总值}$$
$$=生产设备产值率\times生产设备占生产用固定资产的比重$$

从以上分解式可以看出，影响生产用固定资产产值率的因素有两个。一是生产设备产值率的高低。除人为因素外，生产设备的利用效率是决定产品产量的最根本原因，只有提高设备利用率，才能创造出更多的产品，提高生产用固定资产产值率。二是生产设备占生产用固定资产的比重。该因素反映了固定资产的结构，生产设备的利用效率再高，如果固定资产结构不合理，生产设备所占比重低，生产用固定资产产值率也不会高。所以要想提高生产用固定资产的利用效果，应在提高生产设备利用效率的同时，优化固定资产内部结构。

固定资产产值率三个指标的相互关系可表示为：

$$全部固定资产产值率=\frac{总产值}{生产设备平均总值}\times\frac{生产设备平均总值}{生产用固定资产平均总值}\times\frac{生产用固定资产平均总值}{全部固定资产平均总值}$$
$$=生产设备产值率\times生产设备占生产用固定资产比重\times生产用固定资产占全部固定资产比重$$

从以上分解可以看出，全部固定资产产值率的变动原因有生产设备的利用效率和固定资产结构状况两个方面。其中，固定资产结构通过生产设备占生产用固定资产比重和生产用固定资产占全部固定资产比重两个指标来表示。这说明在全部固定资产中，首先，要提高生产用固定资产比重，降低非生产用固定资产比例，使企业的固定资产大部分用于生产经营。其次，要注意在提高生产用固定资产比重时，重点放在增加生产设备方面。

二、固定资产周转率

固定资产周转率又称固定资产收入率，是指一定时期实现的产品销售收入与固定资产平均总值的比率。固定资产周转率意味着每1元的固定资产所产生的收入。由于销售收入反映产品的数量和质量已得到社会承认，避免了总产值计算中存在的问题，所以与固定资产产值率相比，该指标能更好地反映固定资产的利用效率。该指标的分母既可以用原值表示，也可以用净值表示。固定资产收入率变动原因的分析，可依据下面的分解等式进行。

$$固定资产周转率=\frac{产品销售收入}{固定资产平均总值}\times100\%$$

$$\text{固定资产周转率} = \frac{\text{总产值}}{\text{固定资产平均总值}} \times \frac{\text{产品销售收入}}{\text{总产值}}$$

$$\text{固定资产周转率} = \text{固定资产产值率} \times \text{产品销售率}$$

由此可见，要想提高固定资产收入率，在提高固定资产产值率的基础上，还要做到产销平衡。

【例 7-8】 根据表 1-1 资产负债表以及表 1-2 利润表的资料，计算固定资产周转率指标，分析华夏公司的固定资产营运能力。

$$\text{固定资产周转率} = \frac{1\ 841\ 361.49}{756\ 559} \times 100\% = 243\%$$

$$\text{固定资产平均余额} = \frac{787\ 733.74 + 725\ 384.26}{2} = 756\ 559(\text{元})$$

根据上述计算结果可以看出，华夏公司 2×16 的固定资产周转率为 2.43，表明每 1 元固定资产所产生的收入为 2.43 元。一般来说，固定资产周转率越高，说明固定资产利用越充分；反之，亦然。企业要提高固定资产周转率，就应加强对固定资产的管理，做到固定资产投资规模得当，结构合理。

延伸阅读 7-4

固定资产周转率的影响因素

固定资产周转率受很多因素影响，主要包括以下几个：

(1) 企业资产结构以及固定资产结构的影响。固定资产占资产总额比例小，经营性固定资产占固定资产总额比例大，则固定资产周转率就高。

(2) 企业经营策略的影响。经营租入固定资产比融资租入固定资产更能提高固定资产周转率，因为经营租入的固定资产不能入账，而融资租入固定资产则必须入账。

(3) 企业会计政策的影响。固定资产周转率还受计提折旧和减值的损失的影响，计提折旧的快慢以及计提固定资产减值的多少会影响固定资产的价值金额。

巴菲特非常钟爱固定资产少的企业，投入少、产出多以及设备更新升级会不断地需要资金投入，购买一次设备能够使用几十年而不需再投入是最好的。

第四节 总资产营运能力分析

企业总资产营运能力主要是指企业总资产的效率和效益。总资产周转率可以反映出企业总资产的营运效率，即总资产的周转速度。总资产产值率和总资产收入率可以反映出企业总资产的效益，即投入或使用总资产所取得的产出能力。总资产营运能力分析包括总资产产值率、总资产收入率以及总资产周转率的分析。

一、总资产产值率

总资产产值率反应了企业总资产与总产值之间的对比关系。其计算公式是:

$$总资产产值率=\frac{总产值}{总资产平均总值}\times 100\%$$

总资产产值率数值越高,说明企业资产的投入产出率越高,企业总资产运营状况越好。在利用该指标评价企业总资产利用效果时,我们应该注意到,企业总产值在按不变价格计算时,可以把总产值理解为企业总资产在一定时间内生产的按价值计算的全部产品质量,即企业利用全部资产为社会创造的物质产品。但由于总产值中既包括完工产品,又包括在产品,所以总产值仅仅表示出本期生产了多少,并不表示产品是否得到了社会的承认。企业生产出来的产品如果得不到社会的承认,那么生产出来的产品再多,也没有任何价值。分析时,要将该指标与固定资产收入率结合起来,才能作出正确的评价。

企业产出与总资产之间的关系,还可以从另一角度来反映,即百元产值占用资金。该指标本质上是总资产产值率的倒数,反映每百元产值占用的资产。其计算公式是:

$$百元产值占用资金=\frac{平均总资产}{总产值}\times 100$$

该指标越低,说明每一单位产出所占用的资产越少,企业资产营运能力越高。对该指标的具体变动原因的分析,可根据以下分解式进行。

$$百元产值占用资金=\left(\frac{流动资产}{总产值}+\frac{固定资产}{总产值}+\frac{其他资产}{总产值}\right)\times 100$$

从以上分解式可以看出,百元产值占用资金受各类资金营运效率的影响。分析时可采用连环替代法,分别说明各类资产营运效率变动对百元产值占用资金的影响。

二、总资产收入率

总资产收入率反映了企业总资产与营业收入之间的对比关系,其计算公式是:

$$总资产收入率=\frac{营业收入}{平均总资产}\times 100\%$$

这个指标越高,说明企业总资产营运能力越强,如果说总资产产值率仅仅反映了企业生产过程中资产的利用效果,总资产收入率则反映出整个经营过程中资产的利用效率。营业收入的实现,表明企业的产品得到了社会的承认,满足了社会的某种需要，是企业资产的真正有效利用。因而，该指标比总资产产值率能更准确、更真实地反映出企业总资产的营运能力。下面的分解公式可以反映出这两个指标之间的关系。

$$\begin{aligned}\text{总资产收入率}&=\frac{\text{营业收入}}{\text{平均总资产}}\times\frac{\text{总产值}}{\text{总产值}}\times 100\%\\&=\frac{\text{总产值}}{\text{平均总资产}}\times\frac{\text{营业收入}}{\text{总产值}}\times 100\%\\&=\text{总资产产值率}\times\text{产品销售率}\end{aligned}$$

从以上分析可以看出，提高总资产收入率取决于两个方面：一方面是要提高资产的生产效率，这是提高企业资产运营能力的基础。没有产品，就谈不上销售，更谈不上效益；另一方面是提高产品销售率，要把生产出来的产品尽快、尽可能地销售出去。

三、总资产周转率

总资产收入率从资产周转角度看，亦称总资产周转率(次数)。尽管这两个指标的计算方法相同，但总资产周转率是从资产流动性方面反映总资产的利用率。其计算公式是：

$$\text{总资产周转率}=\frac{\text{销售净额}}{\text{平均总资产}}\times 100\%$$

企业资金循环包括短期资金循环和长期资金循环，长期资金循环必须依赖短期资金循环。因此，流动资产周转速度的快慢是决定企业总资产周转速度的关键性因素。下面的分解式可反映出这种关系，也为进行总资产周转率分析、加快总资产周转速度指明了方向。

$$\begin{aligned}\text{总资产周转率}&=\frac{\text{销售净额}}{\text{平均总资产}}\times 100\%\\&=\frac{\text{销售净额}}{\text{平均总资产}}\times\frac{\text{平均流动资产}}{\text{平均流动资产}}\times 100\%\\&=\frac{\text{销售净额}}{\text{平均流动资产}}\times\frac{\text{平均流动资产}}{\text{平均总资产}}\times 100\%\\&=\text{流动资产周转率}\times\text{流动资产比重}\end{aligned}$$

上面的分解式表明，总资产周转速度的快慢取决于两大因素。一是流动资产周转率。流动资产的周转速度要高于非流动资产的周转速度，加速流动资产周转，就会加快总资产周转速度。二是流动资产占总资产的比重。企业流动资产所占比例越大，总资产周转速度越快；反之，则越慢。总资产周转速度也可以用周转期(天数）来表示。

【例 7-9】 根据表 1-1 资产负债表以及表 1-2 利润表的资料，分析华夏公司的总资产营运能力。

$$总资产周转率 = \frac{1\ 841\ 361.49}{2\ 519\ 463.08} = 0.73(次)$$

$$总资产平均余额 = \frac{2\ 678\ 310.97 + 2\ 360\ 615.19}{2} = 2\ 519\ 463.08(元)$$

根据上述计算结果可以看出，华夏公司 2×16 年的总资产周转率为 0.73，总资产周转率取决于流动资产周转率以及流动资产在总资产中所占的比重，要想提高总资产周转率，可以改变资产结构，加大流动资产在总资产中所占比重，加强流动资产管理，提高流动资产的周转速度。

延伸阅读 7-5

利用总资产周转率判断企业实力

传统的观念认为，企业总资产规模越庞大，意味着企业实力越强。巴菲特对此提出质疑，他在 1983 年致股东的信中说："根据多年流传下来的传统观念，大家认为对付通货膨胀最好的手段是企业拥有大量的自然资源、厂房和机器设备或者其他有形资产。但是传统的历史越长，智慧反而越少，这种手段就并不有效。资产规模庞大的企业往往只能取得很低的投资收益率，在通货膨胀情况下，一般仅能提供维持企业现有生产水平的资本需要。除此之外，它无法产生更多的资本，用来支持扣除通胀后企业盈利的实际增长，或者用来给投资者发放股利、收购新的企业。"

巴菲特主要从两个角度对公司的总资产情况进行分析：一是总资产管理的效率；二是总资产管理的效益。关于资产管理效率，巴菲特用总资产周转率分析总资产管理的效率，总资产周转率越高，表明资产管理效率越高。

第一，越是糟糕的企业，越需要在存货、固定资产等方面投入更多的资产。总资产周转率越低，净资产收益率也越低。

巴菲特在 1978 年致股东的信中分析了伯克希尔纺织厂存在的这种现象："1978 年的盈利达到 130 万美元，较 1977 年有相当大的改善。但按照 1 700 万美元投入资本进行计算，投资收益率还是很低。目前纺织厂房及设备的账面价值，只是其现在重置所需成本中的很小一部分。而且，虽然这些设备已经使用多年，但大部分老设备与目前行业内的全新设备在功能上差别不大。尽管固定资产投入成本非常'低廉'，但是资本周转率仍然相对较低，这反映出为实现销售收入要求，必须在应收账款和存货上保持较高的投资水平。纺织行业的低资本周转率与低销售利润率并存，不可避免会造成投入资本收益率无法达到必要水平。"巴菲特这里所指的资本周转率，可以理解为总资产周转率。

第二，越是优秀的企业，存货周转率越高。为扩大生产销售的需要，在存货上追加的投资越少，净资产收益率越高。对于商业零售企业而言，总资产周转率尤其重要。

巴菲特在1989年致股东的信中说:“弗里德曼家族在珠宝零售业采取的经营方式,与B太太的布鲁金斯家族在家具零售行业采取的经营方式几乎完全一样。两家企业经营的基本原则都是B太太的信条:价格便宜,童叟无欺。两家企业共同的经营基本原则还包括:①单店经营,特点是巨量存货,能够为消费者提供不同款式、价格的海量选择;②公司高层管理者每天都非常关注每个经营细节;③货物快速周转;④精明地采购;⑤费用支出低到几乎难以置信。后面的三个因素使两家商场能够提供美国所有其他商场都无法相比的日常销售低价。”

第三,若要更加系统深入地分析总资产周转率,就需要将总资产进行分解,分别分析各项主要资产的周转情况,并识别主要的影响因素。此时应统一使用销售收入计算周转率,一般应先按流动性分解为流动资产周转率和非流动资产周转率,再将流动资产周转率分解为应收账款周转率、存货周转率、净营运资本周转率等。

巴菲特在1977年5月《财富》杂志发表的文章《通货膨胀如何欺诈股票投资者》中指出,为了提高股东权益收益率即净资产收益率,企业至少需要做到以下五种事项之一:①提高总资产周转率,总资产周转率是销售收入与经营使用总资产的比率;②更低成本的财务杠杆;③更高的财务杠杆;④更低的所得税税率;⑤更高的销售收入经营利润率(经营利润除以销售收入)。这也是所有可以提高净资产收益率的方式。至于如何利用这些方式,巴菲特表示,应从分析周转率开始,同时必须考虑三类主要资产:应收账款、存货和包括厂房机器在内的固定资产。

本章小结

本章主要学习企业营运能力分析的基本理论与方法。企业的营运能力是指企业营运资产的效率和效益。营运能力分析主要集中在流动资产营运能力、固定资产营运能力以及总资产营运能力分析三个方面。

对流动资产营运能力的指标分析,主要可采用应收账款周转率(期)、存货周转率(期)、营业周期、营运资本周转率(期)、流动资产周转率(期)等。流动资产周转加速的效果体现在一定的产出需要的流动资产减少、一定的流动资产取得更多的收入两个方面。对固定资产营运能力的指标分析,主要可以采用固定资产产值率和固定资产周转率等指标。对总资产营运能力的指标分析,主要可以采用总资产产值率、总资产收入率以及总资产周转率等。总资产的周转速度主要取决于流动资产在总资产中所占比重以及流动资产自身的周转速度。

本章重要概念

营运能力　应收账款周转率　存货周转率　营业周期　营运资本周转率　流动资产周转率　固定资产产值率　固定资产周转率　总资产产值率　总资产收入率　总资产周转率

思考与练习

1. 企业营运能力分析对于企业经营管理者有何重要意义？
2. 企业流动资产周转加速效果体现在哪些方面？
3. 总资产周转率主要受哪些因素影响？

推荐阅读资料

[1] 朱玲. 企业营运能力分析研究[J]. 中国乡镇企业会计，2013(8).
[2] 高静茹. 企业营运能力分析体系[J]. 北方经贸，2014(7).
[3] 韩雪娇. 基于财务指标角度的企业营运能力分析[J]. 新经济，2016(3).

第八章　偿债能力分析

- 内容简介
- 学习目的和要求
- 引例
- 第一节　偿债能力分析概述
- 第二节　短期偿债能力分析
- 第三节　长期偿债能力分析
- 本章小结
- 本章重要概念
- 思考与练习
- 推荐阅读资料

内容简介

本章主要介绍了企业偿债能力分析的基本理论与方法。具体包括偿债能力分析的含义、目的和内容；偿债能力的影响因素；各种短期偿债能力和长期偿债能力分析指标及其标准；各种偿债能力分析指标在企业财务分析中的具体应用等。本章重点为主要偿债能力分析指标的具体含义及其应用等。

学习目的和要求

通过本章的学习，学生应明确偿债能力分析的含义、目的和内容；了解影响偿债能力的因素；掌握短期偿债能力分析指标与方法，包括营运资金、流动比率、速动比率、现金比率、现金流量比率、企业支付能力系数的计算；掌握长期偿债能力分析指标与方法，包括资产负债率、净资产负债率、股东权益比率、权益乘数、长期负债率、利息保障倍数、债务本息偿付保障倍数、固定费用保障倍数、现金流量利息保障倍数和现金净流量全部债务比率的计算；能够运用偿债能力相关指标对企业偿债能力及其状况进行合理评价。

引例　大宇集团的债务危机

韩国第二大企业集团大宇集团 1999 年 11 月 1 日向新闻界正式宣布，该集团董事长金宇中以及 14 名下属公司的总经理决定辞职，以表示“对大宇的债务危机负责”。

大宇集团于 1967 年开始奠基立厂。经过 30 年的发展，通过政府的政策支持、银行的信贷支持和在海内外的大力并购，大宇成为直逼韩国最大企业——现代集团的庞大商业帝国：1998 年底，总资产高达 640 亿美元，营业额占韩国 GDP 的 5%；业务涉及贸易、汽车、电子、通用设备、重型机械、化纤、造船等众多行业；国内所属企业曾多达 41 家，海外公司数量创下过 600 家的记录，鼎盛时期,海外雇员多达几十万,大宇成为国际知名品牌。1997 年底韩国发生金融危机后,其他企业集团都开始收缩,但大宇仍然我行我素,结果债务越背越重。1998 年大宇发行的公司债券达 7 万亿韩元(约 58.33 亿美元)。1998 年第 4 季度,大宇的债务危机已初露端倪。此后,在严峻的债务压力下,大梦方醒的大宇虽作出了种种努力,但为时已晚,最终不得不走向本文开头所述的那一幕。

该案例中大宇集团的运行在哪方面出了严重问题?

第一节 偿债能力分析概述

一、偿债能力分析的含义

偿债能力是指企业偿还到期债务的能力。偿债能力分析又称偿债风险状况分析或安全性分析。企业偿还债务能力的强弱,是判断企业财务状况好坏的主要标准之一。负债是企业所承担的能以货币计量、需以资产或劳务偿付的债务。可见,偿还债务的方式可以是用企业资产偿还,也可以是提供劳务抵偿债务。但是由于以提供劳务抵偿债务受到很多主客观因素的限制,因而不是偿还债务的常见方式,在分析偿债能力时,我们不把它作为主要因素来考虑。这里主要考虑以资产偿还债务的能力。因此,分析企业偿债能力的另一关键问题是资产变现力,即企业各项资产转化为现金的能力,也就是企业一定时期的现金流入量。在一定期间,企业拥有多少现金及资产变现力是企业偿还债务的承受能力或保证程度。将一项资产转化为现金流入,通常又要通过销售业务来实现,有时在销售业务之前,还要经过生产加工制作过程。因而,分析企业偿债能力,还需要结合企业销售和利润的实现以及生产经营情况进行综合分析。

企业偿债能力的强弱除了取决于企业资产的流动性外,还取决于企业负债的规模以及负债的流动性。因此,分析企业偿债能力,还必须分析企业负债与所有者权益的比例关系以及各项负债与负债总额的比例关系等。

二、偿债能力分析的目的

企业有无偿债能力或者说有无现金支付能力,是企业能否健康成长和发展的关键,因此企业偿债能力分析是企业财务分析的重要组成部分。偿债能力分析的目的主要集中在以下四个方面。

(一) 了解企业的财务状况

企业的财务状况可以从三个方面来定义:①偿债能力;②企业发展的稳定性;③企业近期利润增长状况。从企业财务状况这一定义来看,企业偿债能力的强弱是反映企业财务状况的重要标志。通过对企业偿债能力的客观分析，可以准确评价企业财务经济状况及其变动原因，以便了解企业经营状况，作出正确判断和决策。

（二）揭示企业所承担的财务风险程度

企业承担的财务风险与负债筹资直接相关，负债必须按期归还，而且要支付利息。任何企业，只要通过举债筹集资金，就等于承担了一项契约性质的责任或义务，不管企业的经营是盈是亏，其义务必须履行。这就是说，当企业举债时，就可能会出现债务到期不能按时偿付的可能，这就是财务风险的实质所在。而且，企业的负债比率越高，到期不能按时偿付的可能性越大，企业所承担的财务风险越大。如果企业有足够的现金或随时可以变现的资产，即企业偿债能力较强时，其财务风险就相对较小；反之，则财务风险就相对较高。

（三）预测企业筹资前景

企业生产经营所需资金，通常需要从不同渠道，以各种方式取得。当企业偿债能力较强时，说明企业财务状况较好，信誉较高，债权人愿意将资金借给企业。否则，债权人就不愿意将资金借给企业，在这种情况下，将资金借给企业，其债权得不到保障。因此，当企业偿债能力较弱时，企业筹资前景不容乐观，除非企业愿以较高的代价，才有可能举借到生产经营所需资金，这样做的结果，会使企业所承担的财务风险更高。

（四）为企业进行各种理财活动提供重要参考

企业的理财活动集中表现在筹资、用资和资金分配三个方面，企业在什么时候取得资金，其数额多少，取决于生产经营活动的需要，这里也包括偿还债务的需要。如果企业偿债能力不强，特别是近期内有需要偿付的债务时，企业就必须及早地筹措资金，以便在债务到期时能够偿付，使企业信誉得以维护。如果企业偿债能力较强，则可能表明企业有充裕的现金或其他能随时变现的资产，在这种情况下，企业就可以利用暂时闲置的资金进行其他投资活动，以提高资产的利用效果。

延伸阅读8-1

偿债能力分析的目的

偿债能力不仅对企业所有者和经营者来说是十分重要的，对投资人、债权人以及其他利益相关者来说也是十分值得关心的问题。

投资人更重视企业的盈利能力，但他们认为，若企业拥有一个良好的财务环境和较强的偿债能力，更有助于提高企业的盈利能力。因此，他们同样会关注企业的偿债能力。对投资人来说，如果企业的偿债能力发生问题，就会使企业的经营者花费大量精力去筹措资金以应付还债，这不仅会增加筹资难度，加大临时性紧急筹资的成本，还会使企业管理者难以全神贯注地进行企业经营管理,使企业盈利受到影响,最终影响到投资人的利益。

债权人对企业偿债能力的分析,目的在于作出正确的借贷决策,保证其资金安全。债权人更会从他们的切身利益出发来研究企业的偿债能力,只有企业有较强的偿债能力,才能使他们的债权及时收回,并能按期取得利息。债权人可通过对企业资金的主要来源和用途以及资本结构的分析,加上对企业过去盈利能力的分析和未来盈利能力的预测,判断企业的偿债能力。

商品和劳务供应商主要是指赊销商品或劳务给企业的单位和个人。他们最关心的是能否尽快安全地收回资金。因此,他们必须判断企业能否及时支付商品和劳务的价款。从这个角度来说,商品和劳务供应商对企业偿债能力的分析和债权人类似。

三、偿债能力分析的内容

企业偿债能力分析的内容受企业负债的内容和偿债所需资产的内容制约。不同的负债其偿还所需要的资产不同,或者说不同的资产可用于偿还的债务也有所区别。一般地说,由于负债可分为流动负债和非流动负债,资产可分为流动资产和非流动资产,因此,偿债能力分析通常被分为短期偿债能力分析和长期偿债能力分析。

(一) 短期偿债能力分析

短期偿债能力是指企业偿还流动负债的能力,或者是指企业在短期债务到期时可以变现为现金用于偿还流动负债的能力。短期偿债能力分析,首先要明确影响短期偿债能力的因素,在此基础上,通过对一系列反映短期偿债能力的指标进行计算与分析,说明企业短期偿债能力状况及风险程度。

(二) 长期偿债能力分析

长期偿债能力是指企业偿还本身所欠非流动负债的能力,或者是在企业长期债务到期时,企业盈利或资产可用于偿还非流动负债的能力。对企业长期偿债能力进行分析,要结合非流动负债的特点,在明确影响长期偿债能力因素的基础上,从企业盈利能力和资产规模两方面对企业偿还非流动负债的能力进行分析和评价。长期偿债能力分析可通过对反映企业长期偿债能力指标进行计算与分析,说明企业长期偿债能力的基本状况及偿债能力的保障程度,为企业进行正确的负债经营指明方向。

第二节 短期偿债能力分析

一、影响短期偿债能力的因素

短期偿债能力一般也称支付能力,主要是通过流动资产的变现,来偿还到期的短期债务。短期偿债能力的高低对企业的生产经营活动和财务状况有重要影响，一个企业即使拥有良好的营运能力和较强的盈利能力，一旦短期偿债能力不强，就会因资金周转困难影响正常的生产经营，降低企业的盈利能力，严重时会出现财务危机，甚至导致企业因不能按期偿债而“黑字破产”。企业短期偿债能力不足对企业生产经营的影响还表现在：无法取得购货折扣；不能按期支付货款而使材料供应不能保证；影响职工薪酬的正常发放或不能按期加薪，使企业在人才市场上失去竞争力。短期偿债能力不足对企业的另一影响，就是造成企业信誉下降，这是一种无法估计的损失。

从短期偿债能力对企业的影响可以看出，企业必须重视短期偿债能力的分析和研究。了解影响短期偿债能力的因素，对于分析企业短期偿债能力的变动情况、变动原因及促进企业短期偿债能力的提高是十分有用的。影响短期偿债能力的因素，总的来说可以分为企业内部因素和企业外部因素。企业内部因素是指企业自身的经营业绩、资金结构、资产结构、融资能力等。企业外部因素是指与企业所处经济环境相关的因素，如经济形势、证券市场的发育情况、银行的信贷政策等。下面分别加以说明。

(一) 企业内部因素

影响企业短期偿债能力的内部因素主要有以下四个方面。

1. 企业的资产结构，特别是流动资产结构

在企业的资产结构中，如果流动资产所占比重较大，则企业短期偿债能力相对大些，因为流动负债一般要通过流动资产变现来偿还。如果流动资产所占比重较高，但其内部结构不合理，其实际偿债能力也会受到影响。在流动资产中，如果存货资产占较大比重，由于存货资产的变现速度通常低于其他类流动资产，所以其偿债能力是要打折扣的。从这个意义上讲，流动资产中应收账款、存货资产的周转速度也是反映企业偿债能力强弱的辅助性指标。

2. 流动负债的结构

企业的流动负债有些必须以现金偿付，如短期借款、应交税费等；有些则用商品或劳务来偿付，如预收货款等。需要用现金偿付的流动负债对资产的流动性要求更高，企业只有拥有足够的现金才能保证其偿债能力。如果在流动负债中预收货款的比重较大，则企业只要拥有充足的存货就可以保证其清偿能力。此外，流动负债中各种负债的偿还期限是否集中，都会对企业偿债能力产生影响。分析时，不仅要看各种反映偿债能力指标的数值，还要根据各种因素考察其实际的偿债能力。

3. 企业的融资能力

单凭各种偿债能力指标，还不足以判断企业的实际偿债能力。有些企业各种偿债能力指标都很好，但却不能按期偿付到期的债务；而另一些企业，因为有较强

的融资能力，如与银行等金融机构保持良好的信用关系，随时能够筹集到大量的资金，即使各种偿债能力指标不高，也总能按期偿付其债务和支付利息。可见，企业的融资能力也是影响偿债能力的一个重要因素。

4. 企业的经营现金流量水平

企业的短期债务通常是用现金进行偿付的，因此，现金流量是决定企业短期偿债能力的重要因素。企业现金流量状况，主要受企业的经营状况和融资能力两方面影响。如果没有充足的现金流量，即使盈利企业也可能因无法及时偿还到期债务而导致信用危机，甚至被迫破产。

相关案例 8-1

W. T. Grant 公司破产

1975 年 10 月，美国最大的商业企业之一 W. T. Grant 公司宣告破产引起人们的广泛注意。令人不解的是，W. T. Grant 公司在破产的前一年，即 1974 年，其营业净利润近 1 000 万美元，经营活动提供的营运资金 2 000 多万美元；银行扩大贷款总额达 6 亿美元。而在 1973 年年末，公司股票价格仍按其收益 20 倍的价格出售。

为什么净利润和营运资金都为正数的公司会在 1 年后宣告破产？为什么投资者会购买一个濒临破产公司的股票而银行也乐于为其发放贷款？

(二) 企业外部因素

影响企业短期偿债能力的外部因素主要有以下三个方面。

1. 宏观经济形势

宏观经济形势是影响企业短期偿债能力的重要外部因素。当一国经济持续稳定增长时，社会的有效需求也会随之稳定增长，产品畅销。由于市场条件良好，企业的产品和存货可以较容易地通过销售转化为货币资金，从而提高企业短期偿债能力。如果国民经济进入迟滞阶段，国民购买力不足，就会使企业产品积压，企业资金周转不灵，企业间货款相互拖欠，形成所谓的“三角债”，企业的偿债能力就会受到影响，反映短期偿债能力的指标也会不实。

2. 证券市场的发育与完善程度

在企业的流动资产中，常常会包括一定比例的有价证券，在分析企业偿债能力时，是把有价证券视为等量现金的。事实上，这样计算的偿债能力与企业的实际偿债能力是有区别的。这是因为，有价证券按其历史成本列示在资产负债表中，与转让价格必然有一定的差异，且转让有价证券时，要支付一定的转让费用。证券市场的发育和完善程度对企业短期偿债能力的影响还表现在，如果证券市场发达，企业随时可将手中持有的有价证券转换为现金；如果证券市场不发达，企业转让有价证券就很困难，或者不得不以较低的价格出售。这些都会对企业的短期偿债能力产生影响，特别是当企业把投资有价证券作为资金调度手段时，证券市场的发育和完善程度对企业的短期偿债能力的影响就更大。

3. 银行的信贷政策

国家为保证整个国民经济的健康发展，必然要采取宏观调控方法，利用金融、税收等宏观经济政策的制定，调整国家的产业结构和经济发展速度。一个企业，如果其产品是国民经济急需的，发展方向是属于国家政策鼓励的，就会较容易地取得银行借款，其偿债能力也会提高。此外，当国家采取较宽松的信贷政策时，所有的企业都会在需要资金时较容易地取得银行信贷资金，其实际偿债能力就会提高。

除以上主要因素外，还有许多因素会影响到企业的短期偿债能力，如企业的财务管理水平，母公司与子公司之间的资金调拨等。有些因素对企业偿债能力的影响往往难以通过数量指标来显示，分析时，必须结合各有关因素作出综合判断。

二、短期偿债能力指标的计算与分析

分析企业短期偿债能力，通常可运用一系列反映短期偿债能力的指标来进行。从企业短期偿债能力的含义及影响因素可知，短期偿债能力主要可通过企业流动资产与流动负债的对比得出。因此，企业短期偿债能力的指标分析，主要可采用流动负债与流动资产对比的指标，包括营运资金、流动比率、速动比率、现金比率、现金流量比率、企业支付能力系数等。

(一) 营运资金

营运资金是指流动资产总额减去流动负债总额后的剩余部分，也称净营运资金，表示企业的流动资产在偿还全部流动负债后还有多少剩余，它是一个绝对数指标。其计算公式是：

$$营运资金 = 流动资产 - 流动负债$$

从财务观点看，如果流动资产高于流动负债，表示企业具有一定的短期偿付能力。该指标越高，表示企业可用于偿还流动负债的资金越充足，企业的短期偿付能力越强，企业所面临的短期流动性风险越小，债权安全程度越高，企业不受短期偿债约束的可用资金越多，生产经营所需资金就越有保证；反之，营运资金过低，表示企业在按期偿债和保证生产经营所需之间左右为难，资金需求可能会出现紧张。因此，可将营运资金作为衡量企业短期偿债能力的绝对数指标。对营运资金指标进行分析，可以从静态上评价企业的偿债能力状况，也可以结合企业规模等因素，评价企业不同时期的偿债能力变动情况。

对于某一时段的企业短期偿债能力，可以将期初和期末两个时点的营运资金进行对比，加以判断和分析。

【例 8-1】 根据表 1-1 资产负债表的资料，运用营运资金指标对华夏公司偿债能力进行分析。

（1）从静态上分析，主要是计算与分析华夏公司 2×16 年年末的营运资金：

$$期末营运资金 = 1\ 390\ 767.23 - 1\ 508\ 024.86 = -117\ 257.63(元)$$

从华夏公司 2×16 年年末营运资金看，公司在短期内缺乏一定的偿债能力，因为流动资产不足以抵补流动负债，即营运资金为−117 257.63 元。

（2）从动态上分析，是将 2×15 年年末或 2×16 年年初的营运资金与 2×16 年年末的营运资金进行对比，以反映公司偿债能力的变动情况。2×16 年年初营运资金为：

$$期初营运资金 = 1\ 494\ 330.93 - 1\ 202\ 355.94 = 291\ 974.99(元)$$

显然，2×16 年华夏公司的营运资金状况比 2×15 年要差，将年末营运资金与年初营运资金进行比较，可得出年末比年初减少了 409 232.62 元，营运资金的减少是因为当期流动负债的增长速度快于流动资产的增长速度所致。从营运资金的对比来看，公司的短期偿债能力有所减弱。

延伸阅读 8-2

零负营运资金管理思想

近年来产生了零负营运资金管理思想。这种思想认为，企业的营运资金可以为零，甚至也可以为负数。也就是说，企业的流动资产总额可以小于流动负债总额。于是，企业可以仅保有极少的盈利性较差的流动资产，而把资金更多地投放在盈利性较强的固定资产上。显而易见，企业的盈利能力提高了，但是风险也同时增大了。所以说零负营运资金管理思想更强调企业的盈利能力，是一种风险管理思想。或者可以说，零负营运资金管理思想是一种比较极端的财务管理思想。

那么，是不是这种新的管理思想就无视企业的偿债能力呢？答案是否定的。

第一，流动负债总额并不等于到期债务总额，并不是所有的流动负债都要同时偿还。因此，财务人员可以通过有效的资金调度合理安排债务偿还计划。具体说来，首先，财务人员应着力研究每笔流动负债的性质，数额以及偿还时间。其次，财务人员应根据销售预测、生产预测等制定资金计划。最后，财务人员应根据以上两步分析的结果，充分利用商业信用、银行信用等融资手段，细心制定偿债计划。在这个过程中，销售预测的准确程度起着至关重要的作用。如果销售预测的结果显著偏于乐观的话，那么企业的生存就会面临较大的风险。因此，企业在做销售预测时应尽量保持谨慎。

第二，零负营运资金管理思想强调资产的盈利能力，从一个侧面讲也是在强调企业的偿债能力。这里面有一个问题，就是怎样取得债权人的信任。企业实行零负营运资金管理，在报表上体现出来的流动比率小于 1。这样容易使债权人对企业的偿债能力产生怀疑。毕竟企业不能强求阅读报表的人也掌握零负营运资金管理思想。从实践的角度讲，可以在报表附注中联系盈利能力指标对本企业的偿债能力做出解释。

第三，零存货管理对零负营运资金管理具有重要作用。从传统意义上讲，存货在流动资产中通常占有一半的比例。这也是正营运资金管理思想的一个理论支撑点。因此，若要提高资产盈利性，将营运资金维持在负数，就必须加速存货周转，充分利用销售预测，以销定产，保持所谓的"零"库存(实际上是略大于零的库存)。

第四，零负营运资金管理思想与正营运资金管理思想并不是完全不相容的，它们之间存在着内在的联系。无论是正营运资金管理思想还是零负营运资金管理思想都为解决企业的生存与发展之间的矛盾提供了解决方案。正营运资金管理思想是比较传统的财务管理思想，它的发展经历了漫长的时间。长久以来人们能够认同正营运资金管理思想，说明这种思想有它的合理之处。对于大多数传统企业来说，仍然应该采用正营运资金管理思想来进行财务管理。并非有了新的零负营运资金管理思想，原有的正营运资金管理思想就过时了。无论是现在的企业还是原来的企业，面临的两大课题仍然是生存与发展，核心矛盾仍然是资产的流动性与其盈利性之间的固有矛盾。正营运资金管理思想所提供的解决方案是比较稳健的。

显然，零负营运资金管理是一种风险型管理思想。因此，并不是所有的企业都可以使用这种管理方法。具备以下特征的企业适合使用零负营运资金管理：

(1) 企业管理水平较高，财务人员素质较好，可以准确预测盈利情况，合理安排偿债计划。

(2) 企业经营风险较小，企业的盈利较稳定。

(3) 企业信用程度较高。一方面企业在必要的时候可以凭借良好的信用来筹措资金；另一方面，阅读报表的债权人(包括潜在的债权人)对流动比率的要求会降低。

(4) 企业具有较好的成本控制能力，可以实现零存货。

(二) 流动比率

流动比率是指企业流动资产与流动负债的比率，其计算公式是：

$$流动比率=\frac{流动资产}{流动负债}\times 100\%$$

流动比率是衡量企业短期偿债能力的最基本、最通用的指标，表明某一时点企业每元流动负债所对应的可用于偿付的流动资产量，反映企业在短期债务到期时其流动资产可变现用于偿还流动负债的能力。从一般经验看，流动比率应达到200%以上。

相关案例 8-2

流动比率多少才合适呢？

玛丽·巴菲特和戴维·克拉克在《巴菲特教你读财报》中这样认为：

对于很多具有持续性竞争优势的公司来说，其流动比率常常低于这个神奇的分水岭数字1。穆迪公司的流动比率为0.64，可口可乐公司的流动比率为0.95，宝洁公司的流动比率为0.82，安海斯-布什公司的流动比率为0.88。按那些守旧派分析师的观点，这意味着它们将面临偿还短期流动债务的困难。而实际上，它们的盈利能力足够强劲，能够轻松自如地偿还流动负债。

简而言之，很多具有持续性竞争优势的公司，其流动比率都小于1，不同于传统的流动比率指标评判标准。

对流动比率的分析，也可从静态和动态两方面进行。从静态上分析，就是计算并分析某一时点的流动比率，同时可将其与同行业的平均流动比率进行比较；从动态上分析，就是将不同时点的流动比率进行对比，研究变动的特点及合理性。

【例8-2】 根据表1-1资产负债表的资料，运用流动比率指标对华夏公司偿债能力进行分析。

$$期初流动比率=\frac{1\ 494\ 330.93}{1\ 202\ 355.94}\times 100\%=124.28\%$$

$$期末流动比率=\frac{1\ 390\ 767.23}{1\ 508\ 024.86}\times 100\%=92.22\%$$

华夏公司2×16年年初流动比率为124.28%，偿债能力一般。其年末流动比率为92.22%。偿债能力趋于下降。如果按照经验标准来判断，该公司无论是期初还是期末，流动比率都低于200%的水平，表明该公司的偿债能力较弱。

对华夏公司流动比率变动的原因进行分析可知，由于期末流动资产降低了6.93%，而期末流动负债增加了25.42%，两者综合作用使期末流动比率下降了32.06%。

延伸阅读8-3

分析流动比率应注意的问题

为了正确运用流动比率，有必要全面认识其特征：

第一，流动资产与流动负债在时期上必须一致，并且需要按资产负债表的项目分类标准严格其范围界限。流动资产与流动负债均为1年内或者长于1年的一个营业周期内的资产与负债。

第二，流动资产与流动负债存在内在的联系。流动负债为企业最重要的短期资金来源，按照稳健理财原则，短期资金用于短期用途最为恰当。反之，流动负债以流动资产作为求偿对象，也最为合适。

第三，流动比率没有考虑法律上的清偿顺序。流动比率的计算包含着清算的观点，并且假设流动资产以外的非流动资产的变现价值恰好足以清偿非流动负债。但是实际上，公司在遇到清算时，其债务的清偿中依法行使优先受偿权或其他特权的债权，不受此限制。例如，清算费用、抵押债权人、税金、职工工资等需优先清偿。

第四，流动比率的高低同营运资金的多少有着密切的联系。流动比率是表示流动资产与流动负债之间关系的相对数，而营运资金则是绝对数。

第五，由于流动比率未考虑流动资产的结构，因此流动比率相当的不同时期或不同企业，其短期偿债能力未必相等。在测算流动比率的同时，还要对流动资产及流动负债进行详细地结构分析。

(1) 流动比率越高，企业偿还短期债务的流动资产保证程度越强，但是，这并不一定保证企业有足够的现金可以用来偿还债务。流动比率也可能是存货积压、应收账款增多且收款期延长、短期股票投资套牢等情况所致，而真正可用来偿债的现金反而严重短缺。所以，企业在分析流动比率的基础上，应进一步对现金流量加以考察。

(2) 从短期债权人角度来看，自然希望流动比率越高越好，但从企业经营角度来看，现金是流动性最强而收益力最弱的一项流动资产，流动比率过高，有时会出现大量现金闲置，造成企业机会成本的增加和获利能力的降低。

(3) 流动比率过高，意味着企业更多的长期资金被用于流动资产，这又必然加大资本成本，影响企业获利能力。通过结构分析，可以看出在评价流动比率时，必须同时分析考察企业的现金流量，即一定时期特别是短期内现金流入量与现金流出量能否有一个合适的比例关系。

第六，流动比率究竟应保持多高的水平。

(1) 流动比率的标准定为 200%，并没有多少足以具有说服力的理由，因为这完全是一种经验标准，其实在美国也早已逐渐废弃这种单凭经验的标准。

(2) 流动比率因产业性质不同而存在差别。

(3) 从理论上看，流动比率保持为 1，即具有短期偿债能力，但是实际工作中流动资产变现的不确定性以及呆账和坏账风险的客观存在，决定了企业欲保持良好的短期偿债能力，同时又不至于对企业的营运能力和获利能力产生不利影响，流动比率还是以大于 1 为更好些。

(4) 流动比率的高低好坏，还取决于债权人、企业管理者等人士对待债务风险的观念，如果他们对企业未来发展充满信心，有足够的自信，则不在乎现时的流动比率是否低于 1；而对于那些缺乏自信和风险意识者，则可能一定要流动比率高于 1，甚至一定要流动比率达到 2 或者更高。

(5) 在持续要求流动比率保持过高水平的时候，要特别注意企业当局极容易虚饰流动资产状况，伪造流动比率。

(三) 速动比率

速动比率是企业速动资产与流动负债的比率，又称酸性实验比率，其计算公式为：

$$速动比率 = \frac{速动资产}{流动负债} \times 100\%$$

速动资产是指将那些“放久了容易变酸的项目”(指存货及预付款项)予以剔除后剩下的流动资产，包括货币资金、交易性金融资产、应收票据、应收账款、应收利息、应收股利、其他应收款、1 年内到期的非流动资产和其他流动资产，不包括存货和预付账款。这主要是因为存货是流动资产中变现速度最慢的资产，变现时要经过销售和收款，变现速度一般比较慢，甚至有可能出现滞销或者被抵押的情况而无法转换为现金；此外，存货还有一个变现价值的问题，其历史成本与可变现净值之间往往存在着较大的差距，使它无法正确反映实际的变现价值。至于预付账款，本质上属于预付费用，只能减少企业未来时期的现金支出，其流动性实际上是很低的。

当企业流动比率较高时，如果流动资产中可以立即变现用来支付债务的资产较少，其偿债能力也是较差的；反之，即使流动比率较低，但流动资产中的大部分都可以在较短的时间内转化为现金，其偿债能力也很强。所以用速动比率来评价企业的短期偿债能力相对更准确一些。一般认为，速动比率的一般标准为100%，就是说，每1元的流动负债，都有1元几乎可以立即变现的资产来偿付。如果速动比率低于100%，一般认为偿债能力较差，但分析时还要结合其他因素进行评价。

相关案例8-3

变化中速动比率

友谊股份(600827)2000年年末的速动比率为35%，2000年中期的速动比率为108%，1999年年末的速动比率为109%，这些数据说明企业的短期偿债能力大幅下降，但考虑到该公司为商业企业，年报也显示2000年企业大规模重组收购，一些新并入的下属企业对此也有较大影响。再考虑到作为一家商业企业，这一数值虽然低于100%较多，但仍可承受，因此尚不能轻易断言该企业在走下坡路，我们还应参考其他指标。当然，由于企业大规模扩张造成偿债能力的下降，这也是不可争辩的事实。对此，只要企业管理层加以重视，通过适当管理手段来优化这一指标应非难事。

【例8-3】 根据表1-1资产负债表的资料，运用速动比率指标对华夏公司偿债能力进行分析。

$$期初流动比率=\frac{212\ 048.60+30\ 000+50\ 000+862\ 942.87+100\ 000}{1\ 202\ 355.94}\times 100\%=104.38\%$$

$$期末流动比率=\frac{216\ 568.32+100\ 000+60\ 000+601\ 438.35+68\ 866.50}{1\ 508\ 024.86}\times 100\%=69.42\%$$

从计算结果可以看出，华夏公司期末短期偿债能力弱于期初。如果联系到该公司的流动比率，综合加以分析就会更清楚地发现，该公司的偿债能力并不像流动比率指标显示的那样弱。这是因为在该公司的流动资产中，速动资产占有较大比重，期初的速动资产如果能够及时变现，可以偿还所有的流动负债；在期末能偿还流动负债的69%，当然该公司要想偿付所有的流动负债，还必须变现其他的资产。

延伸阅读 8-4

分析速动比率应注意的问题

为了更好地理解和掌握速动比率，需要进一步从以下几个方面把握其特征：

第一，如果将数期的速动比率，特别是将流动比率与速动比率放在一起，则更能全面分析企业短期偿债能力状况。

第二，速动比率考虑到了流动资产的结构，因而弥补了流动比率的某些不足。通过速动比率的测算可以更准确地判定企业的短期偿债能力的高低，速动比率越高，其偿债能力越强。

第三，速动比率与流动比率一样没有考虑法律意义上的清偿债务的顺序。

第四，速动比率同样不应有绝对合理的考核标准，将速动比率的标准定为 1 并无充分的根据，企业应根据现金流量等情况作出具体的分析。

第五，速动比率以速动资产为偿债财力，但是速动资产不等于企业现时的支付能力，因为速动资产也还存在某些难以在短期变现的因素，其中，影响速动比率可信性的重要因素是应收账款的变现能力。如应收账款中可能有一部分会成为呆账或者坏账，即使提取了坏账准备，有时也不能抵销实际的呆账或坏账数额。又比如短期股票投资有可能被套牢而转化为事实上的长期投资。另外有些速动资产在被安排偿债之前也有可能已有了专门的指定用途等。这些都会影响速动比率的准确性和实际的偿债能力。因此，该比率应与速动资产变现能力强弱结合起来考察，即结合应收账款周转率及坏账准备率分析，如果应收账款的流动性存在问题，实际坏账可能比计提的坏账准备要多时，则要求企业有更高的速动比率。

第六，速动比率与流动比率一样极易被粉饰而又不受法规、制度所制约。在流动比率大于 1 时，流动资产大于流动负债，故两者同时减少同一数目，分母减少的百分率大于分子减少的百分率，则必定能提高流动比率。例如，以现金偿还流动负债；结账日前赶工，以解除预收账款的负债，结账日前大力促销(含降价促销或放宽付款条件)，使存货变现或应收账款；流动负债转换融资形式；抛售短期投资；供应商同时也是本公司的客户时，以应收账款与应付账款互相抵销；结账日前现金增资；将非流动资产变现(如出售厂房、土地)等。由于上述种种现象的存在，所以在分析企业偿债能力时应特别注意。

(四) 现金比率

现金比率是指企业的现金类资产与流动负债之间的比率，该指标有两种表示方式：

(1) 按货币资金与流动负债之比计算的现金比率，亦称货币资金率，其计算公式为：

$$现金比率=\frac{货币资金}{流动负债}\times 100\%$$

(2) 按现金及等价物与流动负债之比计算的现金比率。现金类资产除包括货币资金外，还包括货币资金的等价物，即企业持有的期限短、流动性强、易于转换为已知金额的现金，价值变动风险很小的投资。其理由是，企业进行短期投资只是企业资金调度的一种手段，当企业有暂时闲置的货币资金，即投资于价值变动风险很小的有价证券，以提高资金的盈利水平。一旦企业需要现金，就可以通过转让有价证券将其转化为现金。所以在管理上，现金和现金等价物并无实质区别，因此把有价证券视为现金的等价物。其计算公式为：

$$现金比率=\frac{货币资金+有价证券}{流动负债}\times 100\%$$

现金比率越高，表示企业可立即用于支付债务的现金类资产越多。由于企业现金类资产的盈利水平较低，企业不可能也没有必要保留过多的现金类资产。如果这一比率过高，表明企业通过负债方式所筹集的流动资金没有得到充分的利用，所以并不鼓励企业保留更多的现金类资产。一般认为这一比率应在 20%左右，在这一水平上，企业的直接支付能力不会有太大的问题。

【例 8-4】 根据表 1-1 资产负债表的资料，运用现金比率指标对华夏公司偿债能力进行分析。

$$期初现金比率=\frac{212\ 048.60+30\ 000}{1\ 202\ 355.94}\times 100\%=20.13\%$$

$$期末现金比率=\frac{216\ 568.32+100\ 000}{1\ 508\ 024.86}\times 100\%=20.99\%$$

从计算结果可以看出，华夏公司期末现金比率比期初有所上升，并且和经验标准相比，该公司期初、期末现金比率都达到了 20%。因此，如果按现金比率来评价，华夏公司的短期偿债能力较强。结合该公司期末的流动比率和速动比率综合分析可以发现：由于该公司流动资产结构中，期末速动资产、现金类资产比例相对较大，所以，尽管流动比率指标并不理想，但对该公司期末的短期偿债能力还是应该给予肯定评价的。

延伸阅读 8-5

分析现金比率应注意的问题

现金比率分析应从以下几点把握其特征：

第一，现金比率较流动比率和速动比率更能准确地反映企业的直接偿债能力，特别是在企业把应收账款和存货都抵押出去或已有迹象表明应收账款和存货的变现能力存在问题的情况下，计算现金比率更为有效。因为此时流动比率和速动比率都有虚假性和不可靠性，容易导致企业盲目乐观。另外，当企业面临支付工资日或大宗进货日等需要大量现金时，测算现金比率更能显示其重要作用。现金比率越高，表明企业的直接支付能力越强，信用也越可靠。

第二，现金资产对流动负债的比率越高，企业面临的短期偿债压力越小。但是，资产流动性与其盈利能力成反比，流动性越强，盈利能力越差。现金流动性最强，但盈利能力最低。企业现金储备过多，可能丧失许多有利可图的流转机会和投资机会，从而丧失相应的周转利益和投资利益，也会带来较高的机会成本。因此，现金储备的现金并非都只是用来还债的，一是应付日常零星开支需要现金；二是被视为现金类资产之一的应收票据在销售业务发生并采取票据结算方式时，应收票据就是暂时固定的票据形式，并不能由企业任意改变其性质；三是有价证券在证券市场上的价格波动正好与企业的预期相反时，则不仅难以获得投资收益，而且可能投资本金也难以收回，可见短期投资作为现金类资产有时又处于风险与收益之间，需要企业作出选择。综上所述，现金类资产作为直接偿债能力也是有风险的，具有一定的不确定性，因而每个企业因对待风险的态度不同而有评价现金比率好坏的不同标准。另外，若企业每次大宗的现金支付的时间性很强，即使现金比率很理想，有时也难以保证企业支付现金的需要，此时评价企业的现金比率还应结合企业编制的"现金预算表"。因为通过编制"现金预算表"，可以分别就各个项目平衡一定期间内的现金收入和现金支出，始终保持一定额度的现金拥有量，以保证企业现金的直接支付能力。

第三，在进行企业短期变现能力分析时，一般来说，该比率重要性不大，因为不可能要求企业用现金和现金等价物来偿付全部流动负债，企业也没有必要总是保持足够还债的现金及其等价物。

流动比率、速动比率、现金比率是以流动资产和流动负债的相互关系，反映企业短期偿债能力的主要指标。综上所述，可以看出：

(1) 以全部流动资产作为偿付流动负债的基础所计算的指标是流动比率。它包括了变现能力较差的存货和基本不能变现的预付费用。如果存货中有超储积压物资，会造成企业短期偿债能力较强的假象。

(2) 速动比率以扣除变现能力较差的存货和预付费用作为偿付流动负债的基础，它弥补了流动比率的不足。

(3) 现金比率以现金类资产作为偿付流动负债的基础，但现金持有量过大会对企业资产利用效果产生负作用，所以该比率不宜过大，这一指标相对于流动比率和速动比率来说，作用程度较小。

(4) 在分析企业短期偿债能力时，流动负债是计算以上三个指标的基础，流动负债的结构、规模对企业流动资产需要程度的影响是不一致的。例如，预收账款比重较大时，对流动比率的要求就相对高些，短期借款和应付账款比重较大时，对速动比率和现金比率的要求就相对高些。从以上三个指标的计算中可以看出，流动负债结构对偿债能力的影响在这三个指标中并没有反映出来，所以分析评价企业偿债能力时，还要结合负债的规模和结构来进行。

(五) 现金流量比率

现金流量比率是指经营活动现金流量净额与流动负债的比率，用来衡量企业的流动负债用经营活动所产生的现金来支付的程度。其计算公式是：

$$现金流量比率=\frac{经营活动现金流量净额}{平均流动负债}\times100\%$$

经营活动现金流量净额的大小反映出企业某一会计期间生产经营活动产生现金的能力，是偿还企业到期债务的基本资金来源。当该指标等于或大于100%时，表示企业有足够的能力以生产经营活动产生的现金来偿还其短期债务；如果该指标小于100%，表示企业生产经营活动产生的现金不足以偿还到期债务，必须采取对外筹资或出售资产的方式才能偿还债务。

【例8-5】 根据表1-1资产负债表和表1-3现金流量表提供的资料，计算华夏公司的现金流量比率。

$$本期现金流量比率=\frac{335\ 269.20}{(1\ 508\ 024.86+1\ 202\ 355.94)\div2}\times100\%=24.74\%$$

计算结果表明，华夏公司的本期现金流量比率仅为24.74%，依靠生产经营活动产生的现金满足不了偿债的需要，公司必须以其他方式取得现金，才能保证债务的及时清偿。

需要说明的是，本期经营活动现金流量净额是当前会计年度的经营结果。而流动负债则是年初和年末需要偿还债务的平均余额，两者的会计期间不同。因此，现金流量比率指标是建立在以上一年的经营活动现金流量来估计下一年经营活动现金流量的假设基础之上的。使用该比率时，需要考虑未来一个会计年度影响经营活动现金流量变动的因素。

(六) 企业支付能力系数

企业支付能力系数是反映企业短期偿债能力的重要指标。根据企业支付能力反映的具体时间的差异，支付能力系数可分为期末支付能力系数和近期支付能力系数两种。期末支付能力系数是指期末货币资金额与急需支付款项之比，其计算公式是：

$$期末支付能力系数=\frac{货币资金}{急需支付款项}$$

其中，急需支付款项包括逾期未缴预算款项、逾期银行借款、逾期应付款项等。该指标大于或等于1说明企业有支付能力；反之说明企业支付能力不好。该指标越低，说明企业支付能力越差。

近期支付能力系数是指企业在近期可用于支付的资金与近期需要支付的资金之间的比率，其计算公式是：

$$近期支付能力系数=\frac{近期可用于支付的资金}{近期需要支付的资金}$$

这个指标在计算时必须注意四个问题:第一,这里所说的近期,可根据企业的实际支付情况而定,可以是3天、5天,也可以是10天或半月,当然也可计算企业当天的支付能力。第二,该指标分子和分母的口径应一致,即分子和分母所说的近期相同,都是3天或都是5天等。第三,近期可用于支付的资金,是指到最后支付时点,企业可用于支付的资金数额,包括现金、银行存款、近期可收回的应收款、近期现销收入、其他可收回的资金等。第四,近期需要支付的资金,是指到最后支付时点,企业需要支付的资金数额,包括已经到期需要归还的各种负债、近期将要到期的负债,以及近期其他应付款或预交款等。企业近期支付能力系数对于评价企业短期或近期的偿债能力状况或财务状况有着重要的作用。该指标的评价与期末支付能力系数相同,当近期支付能力系数大于或等于1时,说明企业近期支付能力较好,反之,则说明企业近期支付能力不好,该指标越低,近期支付能力越差。

应当指出,进行企业短期偿债能力分析时,不能孤立地根据某一指标分析就下结论,而应根据分析的目的和要求并结合企业的实际情况,将各项指标结合起来综合考虑,这样才有利于得到正确的结论。

延伸阅读8-6

企业短期偿债能力的辅助指标

1. 应收账款周转率和应付账款周转率

一般来说,应收账款周转速度越快,表明企业回款迅速,收账费用和坏账损失越少;同时也表明企业的流动资产流动性高,偿债能力强。如果应收账款占流动资产比重很大,即使流动比率和速动比率指标都很高,其短期偿债能力仍值得怀疑,需要进一步分析具体原因。通常,应收账款周转率越高、平均收账期越短,说明应收账款的收回越快;否则,企业的营运资金会过多地呆滞在应收账款上,影响正常的资金运转。企业购入材料等物资的目的,在于通过企业的加工制成产品,然后通过销售收回现金,并实现价值的增值。从这个意义上讲,因赊购商品所产生的应付账款,应由赊销商品回收的现金来偿付。在资金周转上,两者与资金周转期密切相关,而且必须相互配合。

2. 存货周转率分析

就一般企业而言,存货在流动资产中占有相当比重。尽管存货不能直接用于偿还流动负债,但是如果企业的存货变现速度较快,意味着资产的流动性良好,会有较大的现金流量在未来注入企业。企业投资于存货的目的,在于通过存货销售而获得利润。一般的制造企业为了配合销售的需要,都要维持相当数量的存货。存货对企业经营活动的变化非常敏感,这就要求企业应将存货控制在一定的水平上,使其与经营活动基本上保持一致。因此,分析企业短期偿债能力时,必须考虑存货变现速度。存货周转率是衡量和评价企业购入存货、投入生产、销售收回等各环节管理状况的综合性指标。一般来讲,在销售规模一定的情况下,存货周转速度越快,存货的占用水平越低、流动性越强,存货转换为现金和应收账款的速度就越快。存货周转分析的目的是从不同角度和环节上找出存货管理中存在的问题，使存货管理在保证生产经营连续性的同时，尽可能少地占用流动资金，以提高流动资金的使用效率，增强企业短期偿债能力，促进企业存货管理水平的提高。

第三节 长期偿债能力分析

一、影响长期偿债能力的因素

长期偿债能力是企业保证到期长期债务及时偿付的可靠程度。长期负债主要包括长期借款、长期债券和长期应付款。企业的自有资金和投资收益是偿还长期负债的主要资金来源，由此决定了影响长期偿债能力的主要因素。

（一）企业的资本结构，即企业自有资金与负债的比例结构

自有资金是企业对外举债时还本付息和承担风险的基础。风险大的资本结构，隐含着偿债风险的增加：负债较之自有资金的比例越高，则企业还本付息的负担越重，企业以自有资金承担的风险也越大；而一个过于保守的资本结构，也会削弱企业的获利能力，并最终削弱企业的长期偿债能力。因此，企业必须拥有一定数量或比重的自有资金，保持合理的资本结构，才能保证企业具有足够的长期偿债能力，保障其长期负债的安全。

（二）长期资产的规模与结构

长期负债的偿还是以相应的资产作为物资保证。正常情况下，保证长期负债偿还的资产，除流动资产外，主要是长期资产。因此，长期资产的规模与结构，将直接影响企业的长期偿债能力。特别是当企业破产清理时，长期资产的规模、结构及质量对长期偿债能力的影响更为直接。此时，资产的清理变卖价值将决定对债权人债权的偿还数额。

（三）企业的盈利能力

企业的盈利能力即企业在一定时期内获得利润的能力。长期债务通常用于企业的长期项目，衡量项目是否可行，首先要看项目为企业带来的盈利是否足以偿还长期负债的本息，即项目的资产报酬率是否高于长期负债的利息率。若投资失败，则债务偿还便成无本之源。只有当长期投资不断获得利润，长期债务才有了可靠的物质基础。因此，盈利水平是企业长期偿债能力的直接源泉。企业具有足够的盈利能力，对于投资者、债权人和经营者均具有重要的意义。企业盈利能力越强，留存收益越多，长期偿债能力越强，在资本市场的信誉越高，举债难度和举债成本才能降低。此时，企业可以充分利用财务杠杆效应，加大借入资金比例，以获取更多的赢利。

(四) 企业经营现金流量

企业的债务主要还是要用现金来清偿,虽然说企业的盈利是偿还债务的根本保证,但是盈利毕竟不等同于现金。企业只有具备较强的变现能力,有充裕的现金,才能保证具有真正的偿债能力。因此,企业现金流量状况决定了偿债能力的保证程度。

相关案例 8-4

美国通用汽车公司财务失衡,终致破产

美国通用汽车宣布破产在业界引起了不小的震荡,其破产是由很多原因造成的,但其财务失衡这一点是一定要被提及的。在其宣布破产前的债务总额为 1 700 多亿美元,而公司的总资产仅为 800 亿,4 年的累计亏损则高达近千亿,资不抵债已经到了无药可救的程度,即使通用 CEO 瓦格纳甘愿领取 1 美元年薪也于事无补,早日破产重组成为其唯一的出路。曾以高标准财务管理而著称的通用,竟被高昂的财务成本活活地拖死,真可谓是一个天大的笑话。

二、长期偿债能力的指标计算与分析

从资产、盈利能力、现金流量的内容、特点和作用可以看出,这些因素是从不同角度反映企业偿债能力的。资产是清偿债务的最终物质保障,盈利能力是清偿债务的经营收益保障,现金流量是清偿债务的支付保障。只有将这些因素加以综合分析,才能真正揭示企业的偿债能力。所以,长期偿债能力分析应从以下三个方面进行:①资产规模对长期偿债能力影响的分析;②盈利能力对长期偿债能力影响的分析;③现金流量对长期偿债能力影响的分析。

(一) 资产规模对长期偿债能力影响的分析

负债表明一个企业的债务负担,资产则是偿债的物质保证,单凭负债或资产不能说明一个企业的偿债能力,负债少并不等于说企业偿债能力强,同样,资产规模大也不表明企业偿债能力强。企业的偿债能力体现在资产与负债的对比关系上。由这种对比关系反映出来的企业长期偿债能力的指标主要有资产负债率、净资产负债率、股东权益比率、权益乘数和长期负债率等。

1. 资产负债率

资产负债率是综合反映企业偿债能力,尤其是反映企业长期偿债能力的重要指标。它是指企业的负债总额与资产总额之间的比率。其计算公式是:

$$资产负债率=\frac{负债总额}{资产总额}\times 100\%$$

资产负债率越低,表明股东在总资产中提供资金的比例越大,企业的长期偿债能力就越强,财务状况就越好,对债权人也越有利,也就越有可能获得长期资金来源。该比率较高，则表明企业利用较少量的自有资金，形成了较大的企业总资产，不仅扩大了企业的生产规模，而且在经营状况良好的情况下，还可以利用财务杠杆作用，得到较多的超额利润。但是如果该比率过高，则会增加企业的债务负担，当企业资金实力不强时，不仅对债权人不利，而且有可能造成企业濒临倒闭的风险。

【例 8-6】 根据表 1-1 资产负债表提供的资料，计算华夏公司的资产负债率。

$$期末资产负债率=\frac{1\ 708\ 024.86}{2\ 678\ 310.97}\times 100\%=63.77\%$$

$$期初资产负债率=\frac{1\ 402\ 355.94}{2\ 360\ 615.19}\times 100\%=59.41\%$$

华夏公司资产负债率 2×16 年比 2×15 年增加了 4.36%，表明该企业的债务负担略有增加，但偿债能力还是较强的。

延伸阅读 8-7

资产负债率有确定的标准吗？

关于资产负债率以多少为宜，国际上并没有一个确定的标准。一种常见的观点是：资产负债率太低，意味着企业太过保守，不懂得“借鸡生蛋”的道理，也不善于利用别人的资金为自己盈利；但出于风险防范的考虑，该指标也不能太高，一般来讲，保持在中立水平相对较为合适，即认为该指标应维持在 40%～60%之间。一旦超过 70%，预示着企业存在一定的经营风险和财务风险。西方一些国家的企业常常以 70%作为该指标的警戒线。

通过对不同时期该指标的计算和对比分析，可以了解企业债务负担的变化情况。任何企业都必须根据自身的实际情况，确定一个适度的标准。当企业债务负担持续增长并超过这个适度标准时，企业应注意加以调整，不能只顾获取杠杆利益而不考虑可能面临的财务风险。

2. 净资产负债率

净资产负债率，也称产权比率，是指企业的负债总额与所有者权益总额之间的比率，其计算公式是：

$$净资产负债率=\frac{负债总额}{所有者权益总额}\times 100\%$$

该指标也是衡量企业长期偿债能力的一个重要指标，它反映了企业清算时，企业所有者权益对债权人利益的保证程度。从偿债能力或债权人的角度看，该指标越低越好，因为净资产负债率越低，所有者权益对负债偿还的保证程度就越大，债权人就越安全。但从企业所有者和经营者角度看，为了扩大生产经营规模和取得财务杠杆利益，适当的负债经营是有益的。一般认为该指标为 100%比较合适。

【例 8-7】 根据表 1-1 资产负债表提供的资料，计算华夏公司的净资产负债率。

$$期末净资产负债率=\frac{1\ 708\ 024.86}{970\ 286.11}\times100\%=176.03\%$$

$$期初净资产负债率=\frac{1\ 402\ 355.94}{958\ 259.25}\times100\%=146.34\%$$

从净资产负债率的计算结果可得出，该企业的债务负担期末略有增加，偿债能力一般。

延伸阅读 8-8

有形净资产负债率

从安全或稳健角度出发，有时也可将企业的负债总额与有形资产进行对比，形成有形净资产负债率，其计算公式是：

$$有形净资产负债率=\frac{负债总额}{所有者权益总额-无形资产}\times100\%$$

用此指标评价企业的偿债能力，是考虑有些无形资产在企业清算时的价值将受到严重影响，如清算时商誉的价值可能为 0。扣除无形资产使偿债能力更实在。

3. 股东权益比率和权益乘数

(1) 股东权益比率是所有者权益同资产总额的比率，反映企业全部资产中有多少是投资人投资形成的。其计算公式是：

$$股东权益比率=\frac{所有者权益总额}{资产总额}\times100\%=1-资产负债率$$

这是企业长期偿债能力保证程度的重要指标，该指标越高，说明企业资产中由投资人投资所形成的资产越多，偿还债务的保证越大。从“股东权益比率=1−资产负债率”来看，该指标越大，资产负债率越小，债权人对这一比率是非常感兴趣的。当债权人将其资金借给股东权益比率较高的企业，由于有较多的企业自有资产做偿债保证，债权人全额收回债权就不会有问题，即使企业清算时资产不能按账面价值收回，债权人也不会有太大损失。

(2) 权益乘数是股东权益比率的倒数，其计算公式是：

$$权益乘数=\frac{1}{股东权益比率}=\frac{资产总额}{所有者权益总额}\times100\%=1+净资产负债率$$

该指标表示企业的股东权益支撑着多大规模的投资，该指标越大，说明企业对负债经营利用得越充足，财务风险也就越大。

相关思考 8-1

如何利用[例 8-6]和[例 8-7]的计算结果，直接计算出华夏公司期初和期末的股东权益比率和权益乘数？

4．长期负债率

长期负债率是反映企业长期偿债能力的指标之一。它通常是用企业的非流动负债与企业的非流动资产之比进行计算。其计算公式是：

$$长期负债率=\frac{非流动负债}{非流动资产}\times 100\%$$

该指标反映了企业在清算时，可用于偿还非流动负债的资产保证。该指标越低，说明长期偿债能力越强，债权人的安全性越高。从稳健原则出发，计算该指标时，应从分母的非流动资产中扣除无形资产，即：

$$长期负债率=\frac{非流动负债}{非流动资产-无形资产}\times 100\%$$

【例 8-8】 根据表 1-1 资产负债表提供的资料，计算华夏公司的长期负债率。

$$期末长期负债率=\frac{200\ 000}{128\ 7543.74-9\ 810}\times 100\%=15.65\%$$

$$期初长期负债率=\frac{200\ 000}{866\ 284.26-10\ 900}\times 100\%=23.38\%$$

可见，华夏公司长期偿债能力较强，年末比年初长期负债率降低了 7.73%，说明企业偿还非流动负债的能力提高了。

相关思考 8-2

为何根据[例 8-7]和[例 8-8]的计算结果进行长期偿债能力分析会得到不同的结论？

（二）盈利能力对长期偿债能力影响的分析

企业盈利状况对企业长期偿债能力的影响，主要体现在企业利润越多，企业可用于偿还负债本息的资金就越多。因此，通过对反映企业盈利能力与负债本息之间关系的指标的计算与分析，可以明确说明企业的长期偿债能力状况。其实，正常地说，盈利能力对短期偿债能力和长期偿债能力都有影响，但由于利润是按权责发生制计算的，当期实现的利润并不一定当期就能取得货币收入，因此，并不能将利润或盈利能力与短期偿债能力划等号。而从长期来看，利润与经营现金净流量是成正比的，利润越多，企业偿债能力就越强。从盈利能力角度对企业长期偿债能力进行分析评价的指标主要有利息保障倍数、债务本息偿付保障倍数和固定费用保障倍数等。

1．利息保障倍数

利息保障倍数是指企业生产经营所获得的息税前利润与利息费用的比率，反映企业经营活动所获得的收益是企业所需支付利息费用的倍数。企业以息税前利

润偿还利息费用的能力大小,是衡量长期偿债能力的重要指标。其计算公式是:

$$利息保障倍数=\frac{息税前正常营业利润}{利息费用}=\frac{营业利润+利息费用}{利息费用}$$

公式中的利息费用,包括财务费用中的利息支出和资本化利息。

一般的,利息保障倍数大于1,说明企业具有偿付当期利息的能力,具有长期负债的偿债能力。偿债利息保障倍数越大,说明企业用经营活动中所获得的收益偿还利息的能力越强;反之,则越弱。适当的利息保障倍数表明企业不能偿付其利息费用的风险较小。保持良好偿付利息记录的企业,可以筹集到较高比例的债务。

【例8-9】 根据表1-2利润表提供的资料,计算华夏公司的利息保障倍数。

$$期末利息保障倍数=\frac{6\ 035.81+18\ 765.02}{18\ 765.02}=1.32$$

$$期初利息保障倍数=\frac{14\ 120.10+18\ 604.16}{18\ 604.16}=1.76$$

可见,华夏公司2×15年生产经营所得是支付利息的1.76倍。2×16年利息保障倍数降低到1.32,支付利息的保障程度有一定的降低。2×16年利息保障倍数降低的主要原因是本年的生产经营业绩较差。

延伸阅读8-9

利息保障倍数的标准

在财务分析实务工作中,利用该指标观察企业的长期偿付能力,一般至少应计算5年的利息保障倍数,从长期来分析和判断企业是否拥有支付长期负债利息费用的能力。通常认为企业的利息保障倍数应大于该企业历史上正常生产年度中该指标的最低值,一般至少应大于3。西方国家大多认为将利息保障倍数保持在8以上比较安全,且越大越好,否则便说明企业的利息负担过重。

由于利息保障倍数不是一个定数,只能根据企业的实际情况并结合同行业平均水平进行确定。同时,此项指标无法反映企业能否偿还债务本金,因此,在进一步分析时还要考虑对债务本息偿付保障倍数进行分析。

2. 债务本息偿付保障倍数

债务本息偿付保障倍数是在利息保障倍数的基础上,进一步考虑债务本金和可用于偿还本金的固定资产折旧而计算得到,是衡量企业长期偿债能力的又一重要指标。其计算公式是:

$$债务本息偿付保障倍数=\frac{息税前正常营业利润+折旧}{利息费用+偿还本金额\div(1-所得税税率)}$$

与利息保障倍数类似,债务本息偿付保障倍数大于1,说明企业具有偿还当期债务本息的能力，该指标越高，表明企业偿债能力越强；如果该指标低于 1，说明企业偿债能力较弱，企业会因为还本付息造成资金周转困难，支付能力下降，使企业信誉受损。

延伸阅读 8-10

折旧和所得税税率

在计算债务本息偿付保障倍数时，之所以要考虑折旧和所得税税率，首先，因为固定资产折旧作为当期的现金流入量，可用以偿还长期负债的本息；其次，由于用以偿还长期负债的利润须在交纳所得税之后，因此，应将偿还本金额以所得税税率进行调整。

需要注意的是，此项指标的分子与分母时间口径上应保持一致，若计算年度债务本息偿付保障倍数，则有关项目均应为年度数据；若计算某一期间的债务本息偿付保障倍数，则有关项目为同一期间的数据。

3. 固定费用保障倍数

固定费用保障倍数是在前两个指标计算与分析的基础上，进一步考虑了租赁费用等固定费用支出所形成的反映长期偿债能力的指标。其计算公式是：

$$固定费用保障倍数 = \frac{息税前正常营业利润 + 折旧 + 租赁费用}{利息费用 + 租赁费用 + 偿还本金额 \div (1 - 所得税税率)}$$

运用该指标反映企业的长期偿债能力，其内涵比前两个指标更广泛、更综合，将所有长期债务都考虑了进去。与前两个指标的评价标准相同，固定费用保证倍数至少要等于 1，否则，说明企业无力偿还企业到期的长期债务。该指标越高，说明偿债能力越强。

延伸阅读 8-11

固 定 费 用

固定费用保障倍数所考虑的租赁费用，一般认为是企业以融资租赁方式租入的固定资产，而在租赁期间按时向出租方交纳的租金。由于融资租赁的实质是出租方向承租方提供的一种卖方信贷，因此，承租方每次交纳的租金，其实是分期购入固定资产的每期买价与利息之和。这是企业作为承租方所发生的固定费用支出。因此，纳入固定费用保障倍数的计算，以反映企业偿还这类固定费用的能力，从而以更加综合、广泛的角度评估企业的长期负债的偿债能力。

需要说明的是，在计算固定费用保障倍数时，理论界对于固定费用的认识并不完全一致，因此计算此项指标的方法也多种多样。经常视作固定费用的项目除包括利息费用、租赁费用、债务本金以外，还包括折旧、摊销、优先股股利等。一般来讲，固定费用所包含的项目越多，则固定费用保障倍数越稳健。

利息保障倍数、债务本息偿付保障倍数和固定费用保障倍数均是从企业盈利能力角度出发，分析企业的长期偿债能力。其基本思路是从企业的盈利量大小与企业固定性债务支付额之间的比例关系来衡量长期偿债能力。一般而言，企业盈利额越高，对债务的保障程度越高。但是，必须注意的是，利润额只是一个会计数字，会计账面的利润并不能作为长期负债的偿付手段。事实上，决定企业利润额的两大因素——收入与费用，与企业的实际现金注入与流出并不完全一致，企业的利润额并不等于可以动用的净现金流量。这也是上述三个指标进行长期偿债能力分析的内在缺陷。

（三）现金流量对长期偿债能力影响的分析

运用现金流量指标，可以比较真实地反映出企业的偿债能力。将现金流量与负债进行比较，可以用来评价企业的长期偿债能力，主要指标有现金流量利息保障倍数和现金净流量全部债务比率等。

1. 现金流量利息保障倍数

现金流量利息保障倍数是指企业生产经营活动净现金流量与利息费用的比率。该指标反映生产经营活动产生的现金流量净额是利息费用的多少倍。其计算公式是：

$$\text{现金流量利息保障倍数}=\frac{\text{经营活动现金流量净额}}{\text{利息费用}}$$

现金流量利息保障倍数比利息保障倍数更能反映企业的偿债能力。当企业息税前利润和经营活动净现金流量变动基本一致时，这两个指标结果相似。但如果企业正处于高速成长期，息税前利润和经营活动净现金流量相差很大时，使用现金流量利息保障倍数指标更稳健、更保守。

【例 8-10】 根据表 1-2 利润表和表 1-3 现金流量表提供的资料，计算华夏公司的现金流量利息保障倍数。

$$\text{本期现金流量利息保障倍数}=\frac{335\ 269.20}{18\ 765.02}=17.87$$

计算结果表明，华夏公司本期的经营活动现金流量净额是利息费用的 17.87 倍，这一比率对贷款人来说是非常安全的。而且相对于利息保障倍数，公司的偿债能力更加乐观。

2. 现金净流量全部债务比率

现金净流量全部债务比率是指企业当年现金及现金等价物的净增加额与全部负债平均余额的比率。其计算公式是：

$$\text{现金净流量全部债务比率}=\frac{\text{现金净流量}}{\text{负债平均余额}}\times 100\%$$

该指标能够反映企业每年现金净流量用于偿还全部债务的能力。其数值越高，说明企业偿债能力越大；数值越低，则说明企业偿还债务的保证程度越低。

【例 8-11】 根据表 1-1 资产负债表和表 1-3 现金流量表提供的资料，计算华夏公司的现金净流量全部债务比率。

$$本期现金净流量全部债务比率=\frac{4\ 519.72}{(1\ 708\ 024.86+1\ 402\ 355.94)\div 2}\times 100\%=0.29\%$$

计算结果表明，华夏公司本期的现金净流量全部债务比率仅为 0.29%，用于偿还全部负债的能力较差。

综合华夏公司现金流量对长期偿债能力的影响分析可以看出，该公司现金流量对于债务利息保证程度较高，但对于全部债务来说，还应从长远角度考虑其他偿还债务的渠道。

延伸阅读 8-12

短期偿债能力和长期偿债能力的关系

企业短期偿债能力和长期偿债能力，统称为企业的偿债能力，它们共同构成了企业对各种债务压力的承受度。两种偿债能力既相互统一，又有显著的区别；既具有共同性，又各具特殊性。正确理解两种偿债能力的矛盾关系，有利于客观准确地分析评价企业的偿债能力，提高财务决策的准确性。

1. 短期偿债能力与长期偿债能力的区别

(1) 短期偿债能力反映了企业保证短期债务(一般为 1 年以内或超过 1 年的一个营业周期内)有效偿付的程度；而长期偿债能力则反映了企业保证未来到期债务(一般为 1 年以上)有效偿付的能力。

(2) 短期偿债能力所涉及的债务偿付一般是企业的流动性支出，这些流动性支出具有较大的波动性，从而使企业短期偿债能力也呈现出较大的波动性；长期偿债能力所涉及的债务偿付一般为企业的固定性支出，只要企业资金结构不发生显著变化，企业盈利水平不发生显著增减，则企业长期偿债能力也会呈现出相对稳定的特点。

(3) 短期债务的物质承担者是企业的流动资产，流动资产的量与质是企业短期偿债能力的决定因素；而长期偿债能力的物质承担者则为企业的资金结构与盈利水平。资金结构的合理性与企业盈利性是企业长期偿债能力的决定因素。

2. 短期偿债能力与长期偿债能力的联系

(1) 企业各种长期债务在一定程度上只是一种静态的划分，随着时间的推移，长期债务也会变成“短期债务”，而部分短期债务也可能为企业长期使用，成为企业的“长期债务”。因此，企业对长短债务的偿付应统筹规划，对各种债务偿付的时间、数量、资金来源进行总体安排，才能使企业总的偿债能力达到一种理想的水平，避免出现因大量、集中偿付长期债务造成短期债务的拖延，或因保证短期债务的偿付而影响长期债务的偿还。

(2) 从全面与长远的观点看,没有一个企业短期偿债能力高而长期偿债能力总是低的,也没有一个企业长期偿债能力高而短期偿债能力总是低的。从根本上讲,企业的偿债能力,无论长期或短期,都最终决定于企业的经济效益的高低。企业偿债能力与其经营状况是正相关的。

(3) 长期偿债能力与短期偿债能力均具有保证企业债务及时有效偿付的共同特征。提高企业偿债能力,降低企业负债风险,与在合理的债务水平上企业进行负债经营是一对矛盾,企业偿债能力并非越高越好。经营者需要在兼顾企业利益相关者,如债权人、所有者与经营者各方权益的目标下,进行合理的财务决策,既保持适当的偿债能力,又充分利用财务杠杆的作用,争取企业短期偿债能力与长期偿债能力、眼前利益与长远利益的统一。

本章小结

本章主要学习偿债能力分析的基本理论与方法。偿债能力是指企业偿还到期债务的能力。偿债能力分析的目的主要集中在了解企业的财务状况、揭示企业所承担的财务风险程度、预测企业筹资前景、为企业进行各种理财活动提供重要参考四个方面。企业偿债能力分析的内容受企业负债的内容和偿债所需资产的内容制约,被分为短期偿债能力分析和长期偿债能力分析。

影响短期偿债能力的因素,总的来说可以分为企业内部因素和企业外部因素。企业内部因素是指企业自身的经营业绩、资金结构、资产结构、融资能力等。企业外部因素是指与企业所处经济环境相关的因素,如经济形势、证券市场的发育情况、银行的信贷政策等。对企业短期偿债能力的指标分析,主要可采用营运资金、流动比率、速动比率、现金比率、现金流量比率、企业支付能力系数等。对企业长期偿债能力的指标分析,主要可采用资产负债率、净资产负债率、股东权益比率、权益乘数、长期负债率、利息保障倍数、债务本息偿付保障倍数、固定费用保障倍数、现金流量利息保障倍数和现金净流量全部债务比率等。

本章重要概念

偿债能力　营运资金　流动比率　速动比率　现金比率　现金流量比率　企业支付能力系数　资产负债率、净资产负债率　股东权益比率　权益乘数　长期负债率　利息保障倍数　债务本息偿付保障倍数　固定费用保障倍数　现金流量利息保障倍数　现金净流量全部债务比率

思考与练习

1. 如何对资产负债率进行修正?

2. 速动资产是如何界定的？其深层内涵是什么？

3. 利息保证倍数的深层含义及其附带指标是什么？

推荐阅读资料

[1] 张金昌.偿债能力评价新方法[J].财务与会计，2013(7).

[2] 刘琴.重庆高速公路集团偿债能力分析[J].交通财会，2014(5).

[3] 方颂东.上市公司短期偿债能力的实证性分析[J].中国商贸，2015(3).

第九章　发展能力分析

内容简介

本章主要介绍了企业发展能力分析的基本理论与方法。具体包括发展能力分析的含义、目的和内容；各种发展能力分析指标在企业财务分析中的具体应用等；企业整体发展能力的分析。本章重点为主要发展能力分析指标的具体含义及其应用等。

学习目的和要求

通过本章的学习，学生应明确发展能力分析的含义、目的和内容；了解企业整体发展能力的分析；掌握盈利增长指标的分析，包括销售增长率、某种产品销售增长率、三年销售收入平均增长率、净利润增长率、营业利润增长率、三年利润平均增长率的内涵、计算及应用分析；掌握资产增长指标的分析，包括资产增长率、固定资产成新率的内涵、计算及应用分析；掌握资本扩展指标的分析，包括股东权益增长率、三年资本平均增长率的内涵、计算及应用分析；掌握技术投入比率的内涵、计算及应用分析；能够运用企业发展能力相关指标对企业发展能力及其状况进行合理评价。

引例　海尔的"神话"

海尔从一个负债147万元的小厂，到全球营业超过600亿元的跨国企业，只用了17年的时间。这的确是一个神话。自上市至今，青岛海尔股份有限公司(股票简称：青岛海尔，股票代码：600690)的利润增长始终保持较高的速度，而且几乎每年都有现金分红。海尔在中国消费者心目中几乎就是优良品质的代名词。海尔赢得了上至政府下至普通百姓，乃至同行的普遍尊敬。

一位家电企业的高层主管曾对记者感慨道："海尔永远是海尔。"

但是，就是这样一家公司，其发展过程也一直伴随着质疑。市场对于这样一只绩优蓝筹股并不怎么感兴趣，导致其股价长期徘徊于14到15元左右，明显偏低；境内外均有传媒质疑青岛海尔的财务状况和海外获利前景。美国《商业周刊》曾用"海尔是一个谜"来形容青岛海尔透明度不够，而素以大胆抨击时事著称的《南风窗》更是曾以"追问海尔'神话'"为题对青岛海尔的发展提出了质疑。

那么青岛海尔的发展能力究竟如何呢？应该如何进行评价呢？

第一节 发展能力分析概述

一、发展能力分析的含义

企业发展能力通常是指企业未来一定时期的发展能力，如利润的扩大、销售的增长、公司规模的扩大（包括资产的增长）等的能力。从形成看，企业的发展主要是通过自身的生产经营活动不断扩大积累而形成的，主要依托于不断增长的销售收入、不断增加的资金投入和不断创造的利润等。从结果看，一个发展能力强的企业，能够不断为股东创造财富，不断增加企业价值。

传统的财务分析仅仅是从静态的角度出发来分析企业的财务状况，也就是只注重分析企业的盈利能力、营运能力、偿债能力，这在日益激烈的市场竞争中显然不够全面、不够充分。发展能力分析也称发展前景或发展趋势分析，通常是通过对企业各项财务指标与往年相比所进行的纵向观察，判断企业在未来一定时期的动态发展变化趋势的一种财务分析。在激烈竞争的市场经济条件下，企业市场价值在很大程度上取决于企业未来的获利能力，取决于企业未来的销售收入、收益以及股利的增长；同时应该看到，增强企业偿债能力、盈利能力及营运能力最终都是为了使企业能够长久地发展壮大，企业不断壮大发展是企业利害关系各方所期望的。因此，发展能力分析对于判断企业未来一定时期的发展后劲、行业地位、面临的发展机遇与盈利发展变化以及制定中长期发展计划、决策等具有重要的意义和作用。

随着企业的快速发展，企业的股票市场价值与利润一般也是增加的，这对企业管理层是具有较大的诱惑力的。但是，企业快速发展会使其资源变得相当紧张，有时管理及生产技术水平也不一定能够及时相应提高，因此，除非管理当局能够及时意识到这一结果并且采取积极的措施加以控制，否则，快速增长可能导致对企业不利的影响甚至破产。事实上，因增长过快而破产的企业数量与因为发展过慢而破产的企业数量几乎是一样多的。因此，正确分析企业发展情况及其利弊，合理控制并管理企业的发展速度是非常必要的。

二、发展能力分析的目的

(一) 判断企业拥有资源的潜力

通过企业资产的成长能力分析,可以判断企业拥有资源的服务潜力、未来变化趋势,包括未来创利能力、变现能力、未来需要追加投入数额、技术先进性及其未来更新改造等情况。

(二) 分析企业负债变化趋势

通过企业成长能力分析,可以判断企业未来一定时期融资变化趋势,继而分析企业再融资能力。企业再融资能力除取决于企业资产优良程度及其未来一定时期的创利能力外,还取决于企业现有债务负债率及其结构,企业通过债务结构整合不仅可以提高企业负债效益,而且可以减缓债务压力,甚至可以进一步提高债务比率,使其杠杆效益最大化。

(三) 正确确定企业未来发展速度和政策

在企业市场份额和行业水平既定的情况下,企业经营策略和财务策略的不同组合与安排能够影响企业未来的增长能力。因此,在正确评价企业目前偿债能力、营运能力和盈利能力的基础上,通过进一步分析企业持续成长能力及其影响因素,为制定企业未来发展速度及其相应经营策略和财务策略提供必要的依据。

三、发展能力分析的内容

(一) 根据企业盈利质量高低分析评价企业的发展能力

1. 盈利质量与未来业绩

从与业绩相关的角度来说,盈利质量是指收益和评价公司业绩之间的相关性。如果盈利能如实反映公司过去、现在和未来的业绩,则认为其盈利质量高;如果盈利不能很好地反映公司过去、现在和未来的业绩,则认为其盈利是低质量的。而未来的业绩在一定意义上将反映一个企业的发展能力。

2. 从盈利质量的高低分析企业的发展能力

盈利质量高的公司一般有如下特征:持续的、稳健的会计政策,该政策对公司财务状况和净收益的计量是谨慎的;公司的盈利是由经常性的与公司基本业务相关的交易所带来的,而不是一次性的,并且公司所依赖的业务具有较好的发展前景;会计上所反映的利润能迅速转化为现金;公司的债务水平相当;盈利趋势是稳定的、可预测的;资产的运转状况良好等。所以,盈利质量高的公司,其发展能力必然较强;相反,盈利质量低的公司,其发展能力必然较弱。因此,我们可以借助对盈利质量的分析,来正确评价企业的发展能力。

（二）根据企业竞争能力的强弱分析评价企业发展能力

1. 企业竞争能力概念

企业的竞争能力是指企业生产的产品在品种、质量、成本、价格、交货期和销售服务等方面能否胜过对手。或者说，企业的竞争能力就是指参与竞争的企业之间的实力对比。随着市场经济的发展，我国企业间的市场竞争日趋激烈，企业的竞争能力如何，已成为决定其能否生存和发展的关键。因此，企业竞争能力分析是我们在新经济条件下进行企业经济分析不可忽视的一个重要方面。企业未来的发展能力，主要取决于企业的竞争能力。

2. 企业竞争能力分析

企业竞争能力综合表现在企业产品的市场占有情况，因此，通过分析企业产品市场占有情况，就可以对企业竞争能力的强弱作出评价。

（1）市场占有率的分析。市场占有率是反映企业市场占有情况的一个基本指标。它是指在一定时期、一定市场范围内，企业某种产品的销售量占市场上同种产品销售量的比重。

利用市场占有率来说明企业竞争能力的强弱，必须与竞争对手进行对比分析。一般是将本企业的市场占有率与主要竞争对手进行对比分析。一方面，要通过对比分析看到本企业的差距或优势；另一方面，还要进一步寻找其原因。影响市场占有率的因素很多，主要有市场需求状况、竞争对手的实力和本企业产品的竞争能力、生产规模等因素。

（2）市场覆盖率分析。市场覆盖率是反映企业市场占有状况的又一主要指标。市场覆盖率是指本企业某种产品行销的地区数占同种产品行销地区总数的比率。

利用市场覆盖率来说明企业竞争能力的强弱，也必须通过与竞争对手进行对比分析。影响企业市场覆盖率的主要因素有：不同地区的需求结构、经济发展水平、民族风俗习惯、竞争对手的实力、本企业产品的竞争能力以及地区经济封锁等因素。通过计算和对比分析市场覆盖率，可以考察企业产品现在行销的地区，研究可能行销的地区，揭示产品行销不广的原因，有利于企业扩大竞争地域范围，开拓产品的新市场，提高企业的竞争能力。

3. 产品竞争能力分析

（1）产品质量的竞争能力分析。产品质量的优劣是产品有无竞争能力的首要条件。提高产品质量是提高企业竞争能力的主要手段。本企业的产品质量不好，不仅会直接损害消费者的利益，而且也直接影响企业的信誉、产品的销路、企业的市场竞争能力，进而影响企业的发展能力。

产品的质量是指产品适合社会和人民需要所具备的特性。它包括产品的性能、精度、纯度、物理特性及化学成分等内在质量特征，还包括产品的外观、形状、重量、色泽等外部质量特征。产品的这些特征可以概括为性能、寿命、安全性、可靠性、经济性和外观几个方面。分析企业产品质量的竞争能力大小就是将本企业产品的有关质量指标与国家标准、竞争对手、用户的要求分别进行对比，从而观察本企业产品质量的水平与差距，对本企业产品质量的竞争能力作出客观评价。

(2) 产品品种的竞争能力分析。企业要根据市场的变化和新技术的发展，不断调整产品结构，积极改进老产品，主动开发新产品、新品种，才能使企业的产品保持竞争能力，在未来的市场竞争中立于不败之地。

企业产品品种的竞争能力，应从以下两方面分析：

第一，产品品种占有率的分析。产品品种占有率是企业某种产品在某市场范围内销售的品种、规格或花色数占该市场范围内销售的该种产品的全部品种、规格或花色数的比率。该指标数值越高，说明企业生产和销售的品种、规格或花色满足社会需要的程度越高，竞争能力越强。

第二，新品种开发的分析。在当前现代科学技术迅速发展的情况下，国内外市场瞬息万变，能否及时开发出新产品，对企业的发展至关重要。分析企业新产品的开发情况，首先要计算新产品的比重，即企业在报告期生产的新产品产值在总产值中所占有的比重；其次要计算企业出售的新产品价值在某一市场范围内出售该种新产品全部价值中所占的比重，以反映企业新产品在市场竞争中的地位。

(3) 产品成本和价格的竞争能力分析。在我国购买力水平普遍还不高的情况下，价廉很重要。因此，企业生产产品不仅要考虑产品的质量和品种，还要考虑消费者的经济承受能力。因此，价格也是企业重要的竞争手段之一。企业如何自觉地运用价值规律，灵活定价，灵敏地适应复杂多变的市场需求，以物美价廉的产品占领市场，对企业生存发展至关重要。

成本是价格的基础，产品售价高于成本，企业才能盈利；反之，则亏本。因此，成本高低决定着企业的价格竞争能力。成本越低，出售产品的价格升降余地越大，竞争能力就越强。所以，分析企业在价格方面的竞争能力，就是通过与主要竞争对手或同行业成本最低的企业进行成本水平的对比分析，从而对本企业的价格竞争能力作出正确评价，并指出成本水平的差距及其原因，进而提出有效对策，以进一步降低成本，提高企业的价格竞争力。

(4) 产品销售服务的竞争能力分析。销售服务的好坏直接影响企业的信誉，影响企业的产品销售。因此，强化服务质量，也是提高企业竞争能力的重要手段。

销售服务是企业竞争能力的一个重要方面。强化销售服务，是密切企业与用户关系，提高企业声誉，扩大销售和占领市场，提高企业竞争能力的重要手段之一。强化销售服务，不仅要做好售前服务，而且要做好售后服务。售前服务是指在消费者购买之前的用户咨询、广告宣传等;售后服务主要指现场安装、设备调试、技术培训、备件供应、维护修理、代购代运等。

产品销售服务分析基本属于定性分析。分析的内容包括调查分析用户对服务的要求;分析研究本企业销售服务的技师、分析研究本企业销售服务的技术力量满足需要的程度;分析研究用户对本企业销售服务的满意程度和新要求;对比分析本企业和竞争对手在服务方面的优劣。

4. 企业竞争策略分析

企业的竞争能力能否得到正常或最大限度地发挥,关键取决于企业竞争策略正确与否。企业的竞争策略是指企业根据市场的发展和竞争对手的情况制定的经营方针。企业竞争策略可归纳为以下几个方面:以优质取胜、以创新取胜、以价廉取胜、以快速交货取胜、以优质服务取胜、以信誉取胜等。

分析企业的竞争策略,就是要联系本企业的经济效益,并与主要竞争对手比较,分析研究现在采取的竞争策略存在哪些问题或潜力;根据市场形势及竞争格局的变化,提出本企业的竞争策略存在哪些问题或潜力;根据市场形势及竞争格局的变化,提出本企业的竞争策略将要做出哪些改变。

通过上述竞争能力的分析,对企业的总体竞争能力在本地区、同行业中的位置做出正确评价,从而对企业未来的发展能力做出合理的分析和评价。

延伸阅读 9-1

企业发展周期理论

企业发展周期也称企业生命周期。生命周期范式作为一种重要的研究方法,在 20 世纪 70 年代以后被广泛运用,格林纳(Greiner, 1972)和爱迪斯(Asizes, 1989)提出了对企业理论有重要影响的"企业生命周期理论"。这一理论的核心观点是企业的成长像生物有机体一样,也有一个从生到死、从盛到衰的过程。通常认为企业的生命周期依次经历成长期、成熟期、衰退期。如果将产品周期理论引入企业发展周期分析,可以进一步将企业生命周期细分为企业初创期、成长期、成熟期和衰退期四大阶段。

1. 企业初创期

在企业初创期,企业致力于新产品的开发生产和市场开拓,企业内部投资活动活跃,需要大量的资金投入,费用开支较大,销售业务处于起步阶段,企业基本处于微利或亏损状态,筹资活动及投资活动的现金流量大于经营活动产生的现金流量,负债可能还要增加,企业经营风险较大。

2. 企业成长期

在企业成长期,企业基本度过初创期的艰难时期,企业产品开始走向成熟,资金投入及产品生产趋于稳定,销售额不断增加,费用开支也度过急剧增加期,企业开始有了盈利并呈不断增加趋势,负债不再增加,经营活动的现金流量开始逐渐超过投资活动的现金流量。

3. 企业成熟期

在企业发展的成熟期，企业产品的生产、销售及利润基本达到最高临界点并开始呈现下降趋势，开始偿还大量的到期债务，经营活动产生的现金流量大于筹资活动及投资活动的现金流量，产品的固定成本比重降低，扩展能力开始下降，开始出现资金富余状态。

4. 企业衰退期

在企业发展的衰退期，产品生产可能会出现开工萎缩，库存积压，市场份额不断下降，销售呈现负增长的状况，企业盈利能力开始降低，经营活动产生的现金流量仍然大于筹资活动及投资活动的现金流量，企业负债率最低，财务状况最好，但面临开发新产品或新投资市场项目的压力，如何解决大量资金沉淀成为决策的难题。

第二节 反映企业发展能力的主要指标分析

一、盈利增长指标分析

(一) 销售增长率分析

1. 销售增长率的内涵和计算

市场是企业生存和发展的空间，客户是企业利润增长的源泉。一个企业的营业情况越好，说明其在市场所占份额越多，企业生存和发展的市场空间也越大，营业收入实现得也越多。因此，可以用销售增长率来反映企业在市场开拓和客户发展方面的增长能力。销售增长率就是本期营业收入增长额与基期营业收入之比。其计算公式是：

$$销售增长率 = \frac{本期营业收入增长额}{基期营业收入} \times 100\%$$

需要说明的是，如果基期营业收入为负值，则应取其绝对值代入公式进行计算。该公式反映的是企业某期整体营业收入增长情况。销售增长率为正数，则说明企业本期营业收入规模增加。销售增长率越大，则说明企业营业收入增长得越快，市场开拓和客户发展情况越好；销售增长率为负数，则说明企业营业收入规模减少，营业收入出现负增长，市场开拓和客户发展情况较差。

2. 销售增长率分析

当利用销售增长率来分析企业在营业收入方面的增长能力时，应该注意以下几个方面：

(1) 要判断企业在营业收入方面是否具有良好的成长性，必须分析营业收入增长是否具有效益性。如果营业收入的增长主要依赖于资产的相应增加，也就是销售增长率低于资产增长率，说明这种营业收入增长不具有效益性，同时也反映企业在市场开拓和客户发展方面可持续增长能力不强。正常的情况下，一个企业的销售增长率应高于其资产增长率，只有在这种情况下，才说明企业在市场开拓和客户发展方面具有较好的成长性。

(2) 要全面、正确地分析和判断一个企业营业收入的增长趋势和增长水平，应结合企业历年的主营业务收入水平、企业市场占有情况、行业未来发展及其他影响企业发展的潜在因素进行前瞻性预测，或者结合企业前三年的销售增长率作出趋势性分析判断。因为销售增长率仅仅就某个年度的营业收入情况而言，某个年度的销售增长率可能会因受到一些偶然的和非正常的因素影响而无法反映出企业实际的市场开拓和客户发展增长能力。

(3) 由销售增长率公式可以看出，该指标反映的是相对化的销售收入增长情况，与计算绝对量的企业销售收入增长额相比，消除了企业营业规模对该项目的影响，更能反映企业的发展情况；但销售增长率作为相对量指标，也存在受增长基数影响的问题。如增长基础(上年销售额)特别小，即使本期销售收入出现小幅度增长，销售增长率也会出现较大值，使企业之间缺乏可比性。

(4) 可以用某种产品销售增长率指标来观察企业产品的结构情况，进而也可以分析企业的成长性。其计算公式是：

$$\text{某种产品销售增长率}=\frac{\text{某种产品本期营业收入增长额}}{\text{基期营业收入}}\times 100\%$$

延伸阅读 9-2

产品寿命周期理论

根据产品寿命周期理论，每种产品的寿命周期一般可以划分为四个阶段。每种产品在不同的阶段反映出的销售情况不同：在投放期，由于产品研究开发成功，刚刚投入正常生产，因此该阶段的产品销售规模较小，而且增长还不太快，即某种产品销售增长率较小；在成长期，由于产品市场不断拓展，生产和销售规模不断增加，因此该阶段的产品销售增长较快，即某种产品销售增长率较大；在成熟期，由于市场已经基本饱和，销售较为稳定，因此该阶段的产品销售增长不会太快，即某种产品销售增长率较上期变动不大；在衰退期，由于该产品的市场开始萎缩，因此该阶段的产品销售增长开始放慢速度，甚至出现负增长，即某种产品销售增长率较上期变动非常小，甚至表现为负数。根据这个原理，借助某种产品销售增长率指标，大致可以分析企业生产经营的产品所处的寿命周期阶段，据此也可以判断企业发展前景。对一个具有良好发展前景的企业来说，较为理想的产品结构是“成熟一代，生产一代，储备一代，开发一代”。对一个所有产品都处于成熟期或者衰退期的企业来说，其发展前景就值得广大投资者怀疑。

【例 9-1】 根据表 1-2 利润表以及华夏公司 2×14 年利润表的资料，运用销售增长率指标对该公司的发展能力进行分析。

利用相关数据分别计算华夏公司2×14年、2×15年和2×16年销售增长率指标，如表9-1所示。

表9-1　华夏公司销售增长率计算表　　单位:元

项　目	2×13年	2×14年	2×15年	2×16年
营业收入	886 648	1 300 326	1 661 640.56	1 841 361.49
本年营业收入增加额	—	413 678	361 314.56	179 720.93
销售增长率	—	46.66%	27.79%	10.82%

从表9-1中可以看出，华夏公司自2×13年以来，其销售规模不断扩大，营业收入从2×13年的886 648元，增加到2×16年的1 841 361.49元；但从增长幅度来看，这三年来的销售增长率却一直呈下降的趋势，这说明华夏公司的销售增长速度已经开始放慢。

(二) 三年销售收入平均增长率分析

1. 三年销售收入平均增长率的内涵和计算

三年销售收入平均增长率表明企业主营业务连续三年的增长情况，体现企业的持续发展态势和市场扩张能力，其计算公式是：

$$\text{三年销售收入平均增长率}=\left(\sqrt[3]{\frac{\text{年末营业收入总额}}{\text{三年前年末营业收入总额}}}-1\right)\times 100\%$$

销售增长率可能受到营业收入短期波动对指标产生的影响，如上年因特殊原因而使营业收入特别小，而本年则恢复到正常，这就会造成销售增长率因异常因素而偏高；如果上年因特殊原因而使营业收入特别高，就会造成销售增长率因异常因素而偏低。为消除营业收入短期异常波动对该指标产生的影响，并反映企业较长时期的营业收入增长情况，可以计算多年的营业收入平均增长率，实务中一般计算三年营业收入平均增长率。

主营业务收入是企业积累和发展的基础，该指标越高，表明企业积累的基础越牢，可持续发展能力越强，发展的潜力越大。利用三年销售平均增长率指标，能够反映企业的主营业务增长趋势和稳定程度，体现企业的连续发展状况和发展能力，避免因少数年份业务波动而对企业发展潜力的错误判断。该指标越高，表明企业主营业务持续增长势头越好，市场扩张能力越强。

该指标设计的原意是为了均衡企业的三年平均销售收入增长水平，从而客观评价企业的销售收入增长能力状况。但是从该项指标的计算公式来看，它并不能达到这个目的。因为其计算结果的高低只与两个因素有关，即本年度年末销售收入和三年前年末销售收入，而中间两年的年末实现的销售收入则不影响该指标的高低。这样,只要两个企业的本年度年末销售收入和三年前年末销售收入相同,就能够得出相同的三年销售收入平均增长率,但是这两个企业的销售收入增长趋势可能并不一致。因此,依据三年销售收入平均增长率来评价企业销售收入增长能力是有缺陷的。

2. 三年销售收入平均增长率分析

当利用三年销售收入平均增长率来分析企业在营业收入方面的增长能力时,应该注意以下几个方面:

(1) 三年独立增长率与平均增长率之间的差率是平滑上涨还是大起大落,以及与企业重大项目或重大决策是否存在关联性等。

(2) 分析企业此指标的同时需要注意企业规模及行业发展情况,以便于综合分析。

(3) 分析此指标应注意引起营业收入增长的是主营业务还是企业临时性投资,比如不少企业从与主营业务无关联的房地产投资或股票投资中获利。

【例 9-2】 根据表 9-1 的资料,运用三年销售收入平均增长率指标对该公司的发展能力进行分析。

$$\text{三年销售收入平均增长率} = \left(\sqrt[3]{\frac{1\ 841\ 361.49}{886\ 648}} - 1\right) \times 100\% = 27.58\%$$

结合[例 9-1]销售增长率计算的结果,可以看出 2×16 年营业收入增长率已经低于平均值,应该考虑主营业务的其他投资项目。

延伸阅读 9-3

独立增长率 OR 平均增长率

我们不可以单凭 1 年的数字评价公司业绩。为了更清楚地了解公司业绩的发展历程和趋势,以及发现我们认为需要解释和调查的比率变动,应该分析公司 3 年的数字。当然,5 年的数字更好。

——鲍勃·沃斯

注:鲍勃·沃斯,特许会计师协会会员,曾任教于坦普尔顿学院,并在牛津大学执教 20 年。在此之间,他还任教于曼彻斯特商学院及牛津大学管理研究中心。他著有多本著作,并在许多家大型企业提供多领域的咨询服务。

(三) 收益增长率分析

1. 收益增长率的内涵和计算

由于一个企业的价值主要取决于其盈利及其增长能力,所以企业的收益增长是反映企业增长能力的重要方面。又由于收益可表现为营业利润、净利润、利润总额等多种指标,因此相应地收益增长率也具有不同的表现形式。在实际当中,通常使用的是净利润增长率、营业利润增长率这两种比率。

由于净利润是企业经营业绩的结果，因此净利润的增长是企业成长性的基本表现。净利润增长率是本期净利润增长额与基期净利润之比，其计算公式是：

$$\text{净利润增长率} = \frac{\text{本期净利润增长额}}{\text{基期净利润}} \times 100\%$$

需要说明的是，如果基期净利润为负值，则应取其绝对值代入公式进行计算。该公式反映的是企业净利润增长情况。净利润增长率为正数，则说明企业本期净利润增加。净利润增长率越大，说明企业收益增长得越多；净利润增长率为负数，则说明企业本期净利润减少，收益降低。

一个企业如果营业收入增长，但利润并未增长，则从长远看，它并没有创造经济价值。同样，一个企业如果利润增长，但营业收入并未增长，也就是说其利润的增长并不是来自于其正常经营业务，这样的增长是不能持续的，随着时间的推移迟早会消失。因此，利用营业利润增长率这一比率也可以较好地考察企业的成长性。营业利润增长率是本期营业利润增长额与基期营业利润之比。其计算公式是：

$$\text{营业利润增长率} = \frac{\text{本期营业利润增长额}}{\text{基期营业利润}} \times 100\%$$

同样，如果基期营业利润为负值，则应取其绝对值代入公式进行计算。该公式反映的是企业营业利润增长情况。营业利润增长率为正数，则说明企业本期营业利润增加，营业利润增长率越大，说明企业收益增长得越多；营业利润增长率为负数，则说明企业本期营业利润减少，收益降低。

值得注意的是，在实际中有人提出利用三年利润平均增长率这一指标分析企业收益增长能力。其计算公式是：

$$\text{三年利润平均增长率} = \left(\sqrt[3]{\frac{\text{年末利润总额}}{\text{三年前年末利润总额}}} - 1\right) \times 100\%$$

从计算公式可以发现该指标的设计原理与三年销售收入平均增长率是一致的。计算三年利润平均增长率是为了均衡企业的三年平均利润增长水平，从而客观评价企业的收益增长能力状况。但是从该项指标的计算公式来看，它并不能达到这个目的。因为其计算结果的高低同样只与两个因素有关，即本年度年末利润总额和三年前年末利润总额，而中间两年的年末实现的利润总额则不影响该指标的高低。这样，只要两个企业的本年度年末利润总额和三年前年末利润总额相同，就能够得出相同的三年利润平均增长率，但是这两个企业的利润增长趋势可能并不一致。因此，依据三年利润平均增长率来评价企业收益增长能力是有缺陷的。

2. 收益增长率分析

要全面认识企业净利润的增长能力，还需要结合企业的营业利润增长情况共同分析。如果企业的净利润主要来源于营业利润，则表明企业产品获利能力较强，具有良好的发展能力；相反，如果企业的净利润不是主要来源于正常经营业务，而是来自于营业外收入或者其他非正常项目，则说明企业的持续发展能力并不强。

要分析营业利润增长情况，应结合企业的营业收入增长情况一起分析。如果企业的营业利润增长率高于企业的销售增长率，则说明企业的产品正处于成长期，业务不断拓展，企业的盈利能力不断增强；反之，如果企业的营业利润增长率低于营业收入增长率，则反映企业营业成本、税金及附加、期间费用等成本的上升超过了营业收入的增长，说明企业的正常业务盈利能力并不强，企业发展能力值得怀疑。

为了更正确地反映企业净利润和营业利润的成长趋势，应将企业连续多期的净利润增长率和营业利润增长率指标进行对比分析，这样可以排除个别时期偶然性或特殊性因素的影响，从而全面真实地揭示企业净利润和主营业务利润的增长情况。

【例 9-3】 根据表 1-2 利润表以及华夏公司 2×14 年利润表的资料，分析该公司的收益发展能力。

利用相关数据分别计算华夏公司 2×14 年、2×15 年和 2×16 年营业利润增长率和净利润增长率等指标，如表 9-2 所示。

表 9-2 华夏公司收益增长率计算表 单位：元

项 目	2×13 年	2×14 年	2×15 年	2×16 年
营业利润	9 546	12 530	14 120.10	6 035.81
本年营业利润增加额	—	2 984	1 590.10	−8 084.29
营业利润增长率	—	31.26%	12.69%	−57.26%
净利润	2 010	2 654	3 090.07	12 026.86
本年净利润增加额	—	644	436.07	8 936.79
净利润增长率	—	32.04%	16.43%	289.21%

首先，根据表 9-2 分析华夏公司的营业利润增长率。结合表 9-1，该公司 2×14年、2×15 年和 2×16 年 3 年的销售增长率分别为 46.66%、27.79%和 10.82%，而该公司这 3 年的营业利润增长率分别为 31.26%、12.69%和 −57.25%，这反映该公司这 3 年的营业收入和投资净收益的增长低于营业成本、营业税金、期间费用等成本的增长，说明公司的盈利能力较弱。需要说明的是 2×16年营业利润较 2×15 年有很大幅度的降低，主要原因就在于 2×16 年的营业

成本增加了 196 520.7 元。从营业利润的增长额看，这 3 年的营业利润增加额相差较大，因此其增长是很不稳定的。

然后，分析该公司的净利润增长率。结合公司的营业利润增长率来看，2×14 年、2×15 年和 2×16 年每年净利润的增长幅度都超过营业利润的增长幅度，这说明这 3 年净利润的高增长并不是主要来源于营业利润的增长，而是受到其他项目的显著影响。再进一步分析，2×16 年的营业利润增长率为 −57.25%，而本年的净利润增长率为 289.21%，导致净利润大幅度增加的主要原因是利得和损失。可见，该公司净利润来源的稳定性值得怀疑。另外，对比 3 年的净利润增长率，也可以发现该公司 3 年的净利润增长率并不稳定，尤其是 2×16 年的净利润增长率非常高，达到了 289.21%，这不排除可能受到一些偶然的或者非正常的因素的影响，需要利用相关资料进一步分析其增长的真实原因。

综上分析，华夏公司在营业利润方面增长能力较差，但在净利润方面具有一定的增长能力，但是其未来增长的稳定性有待于进一步观察。

相关案例 9-1

不稳定增长的危险

唯一值得追求的增长，是可持续的、稳定的增长，是营业收入和企业利润同步提高的增长。宏大的收入增长目标必须依托以下手段来实现：对成本的控制和提高生产率的不懈努力，按运营的需要进行企业的重建和明智的再投资。不稳定增长产生的结果在那些正在爆发性增长的企业里非常常见。例如，1993 年，戴尔公司似乎搭载上了火箭，仅仅两年间，公司的营业收入就从不足 5.5 亿美元达到 20 亿美元。但是华尔街的证券分析家们对公司的财务报告和资金流提出质疑，在该年度的前半年，戴尔公司的股票价格从 49 美元暴跌至 16 美元。“增长是我们追求的唯一目标，但是，没人知道那些数字是怎么弄到一起的”，《财富》杂志说。

迈克·戴尔在接受《财富》杂志的采访时，一语破的地指出了问题的症结所在。“当你带领一个企业高速增长的时候，让人迷惑和利令智昏的事情之一是，你根本就不知道如何发现企业内在问题所在”，他说，“你让公司中的每一个部分都确信，他们的工作正在按计划进行，但是，当你把公司运营的结果当作一个整体来审视的时候，你就遇到了大麻烦。这就是不明白企业中的成本、收入以及利润等不同部分之间相互关系的典型症状”。

二、资产增长指标分析

(一) 资产增长率分析

1. 资产增长率的内涵和计算

企业要增加营业收入，就需要通过增加资产投入来实现营业收入的增加。为了反映企业在资产投入方面的增长情况，可以利用资产增长率指标。资产增长率就是本期资产增长额与基期资产余额之比。其计算公式是：

$$资产增长率 = \frac{本期资产增长额}{基期资产余额} \times 100\%$$

资产增长率是用来考核企业资产投入增长幅度的财务比率。资产增长率为正数，则说明企业本年度的资产规模增加，资产增长率越大，则说明资产规模增加幅度越大；资产增长率为负数，则说明企业本年度的资产规模缩减，资产出现负增长。

2. 资产增长率分析

在对资产增长率进行具体分析时，应该注意以下几点：

(1) 企业资产增长率高并不意味着企业的资产规模增长就一定适当。评价一个企业的资产规模增长是否适当，必须与营业收入增长、利润增长等情况结合起来分析。只有在一个企业的营业收入增长、利润增长超过资产规模增长的情况下，这种资产规模增长才属于效益型增长，才是适当的、正常的。

(2) 需要正确分析企业资产增长的来源。因为企业的资产来源一般来自于负债和股东权益，在其他条件不变的情形下，无论是增加负债规模还是增加股东权益规模，都会提高资产增长率。负债规模的增加，说明企业进行了负债筹资；而股东权益规模的增加，则可能是吸收了新的股东投资或者实现了盈利。从长远的角度来看，企业资产的增加应该主要来源于企业股东权益的增加，而不是负债的增加。如果一个企业的资产增长完全依赖于负债的增长，而所有者权益项目在年度里没有发生变动或者变动不大，则说明企业不具备良好的发展潜力。因为一个企业只有通过增加股东权益，才有能力继续对外举债，才能进一步扩大资产规模，进而顺利地实现增长，从而使企业偿还债务也具有保障。从企业自身的角度看，企业资产的增长应该主要取决于企业盈利的增加。当然盈利的增长能带来多大程度的资产增长还要视企业实际的股利政策而定。因此，进行资产增长率分析应该正确分析企业资产增长的来源。分析的方法有两种：

第一，可以计算股东权益的增加额占资产增加额的比重并进行比较。如果股东权益增加额所占比重较大，就说明企业资产的增加主要来源于股东权益的增加，反映企业资产的增长状况良好；反之，相反。

第二，可以利用股东权益增长率分析。股东权益增长率越高，表明企业本年度股东权益增加得越多，反映企业资产增长状况良好；反之，相反。

(3) 为全面认识企业资产规模的增长趋势和增长水平，应将企业不同时期的资产增长率加以比较。因为一个健康的处于成长期的企业，其资产规模应该是不断增长的，如果时增时减，则反映出企业的经营业务并不稳定，同时也说明企业并不具备良好的增长能力。所以，只有将一个企业不同时期的资产增长率加以比较，才能正确评价企业资产规模的增长能力。

【例 9-4】 根据表 1-1 资产负债表以及华夏公司 2×14 年资产负债表的资料，分析该公司的资产发展能力。

利用相关数据分别计算华夏公司 2×14 年、2×15 年和 2×16 年资产增长率和股东权益增加额及其占资产增加额的比重等指标，如表 9-3 所示。

表 9-3 华夏公司资产增长率计算表 单位:元

项 目	2×13 年	2×14 年	2×15 年	2×16 年
资产总额	1 986 453	2 090 689	2 360 615.19	2 678 310.97
本年资产增加额	—	104 236	269 926.19	317 695.78
资产增长率	—	5.25%	12.91%	13.46%
股东权益总额	945 229	950 453	958 259.25	970 286.11
股东权益增加额	—	5 224	7 806.25	12 026.86
股东权益增加额占资产增加额的比重	—	5.01%	2.89%	3.79%

从表 9-3 中可以看出，华夏公司自 2×14 年以来，其资产规模不断增加，从 2×13年的 1 986 453 元，增加到 2×16 年的 2 678 310.97 元；2×14 年以来的资产增长率也在不断提高，从 2×14 年的 5.25%提高到 2×16 年的 13.46%，这说明华夏公司近几年资产规模呈现出快速增长的趋势。

但是仅仅依据这一点，我们无法得出华夏公司具有较强的资产增长能力的结论。我们还必须分析该公司资产增长的效益性和资产增长的来源。根据销售增长率和收益增长率指标分析得出，该企业资产增长的效益性较差。另外，根据表 9-3 中的股东权益增加额占资产增加额的比重分别为 5.01%、2.89%和 3.79%，可以看出 3 年来的股东权益增加额在资产增加额中所占的比重很低，资产增长的绝大部分来自负债的增加，这就可以说明资产增长的来源并不理想。

综上分析，可以得出华夏公司不具备良好的资产增长趋势。

(二) 固定资产成新率分析

固定资产成新率是企业当期平均固定资产净值与平均固定资产原值的比率。其计算公式是：

$$\text{固定资产成新率} = \frac{\text{平均固定资产净值}}{\text{平均固定资产原值}} \times 100\%$$

式中，平均固定资产净值是指企业固定资产净值的年初数与年末数的平均值，平均固定资产原值是指企业固定资产原值的年初数与年末数的平均值。固定资产成新率反映了企业所拥有的固定资产的新旧程度，体现了企业固定资产更新的快慢和持续发展能力。该指标高，表明企业固定资产比较新，对扩大再生产的准备比较充分，企业发展潜力较大。

三、资本扩展指标分析

1. 股东权益增长率的内涵和计算

股东权益增加是驱动剩余收益增长的因素之一，可以采用比率表示。股东权益的增加就是期初余额到期末余额的变化，股东权益增长率能够解释这种变化。股东权益增长率，也称资本积累率，是本期股东权益增加额与股东权益期初余额之比。其计算公式是：

$$股东权益增长率=\frac{本期股东权益增加额}{股东权益期初余额}\times 100\%$$

股东权益增长率越高，表明企业本期股东权益增加得越多；反之，股东权益增长率越低，表明企业本年度股东权益增加得越少。

在实际中还存在三年资本平均增长率这一比率。其计算公式是：

$$三年资本平均增长率=\left(\sqrt[3]{\frac{年末股东权益}{三年前年末股东权益}}-1\right)\times 100\%$$

该指标设计的原意是为了均衡计算企业的三年平均资本增长水平，从而客观评价企业的股东权益增长能力状况。但是从该项指标的计算公式来看，并不能达到这个目的。因为其计算结果的高低只与两个因素有关，即与本年度年末股东权益总额和三年前年末股东权益总额相关，而中间两年的年末股东权益总额则不影响该指标的高低。这样，只要两个企业的本年度年末股东权益总额和三年前年末股东权益总额相同，就能够得出相同的三年资本平均增长率，但是这两个企业的利润增长趋势可能并不一致。因此，依据三年资本平均增长率来评价企业股东权益发展能力存在缺陷。

2. 股东权益增长率分析

股东权益的增长主要来源于经营活动产生的净利润和融资活动产生的股东净支付。股东净支付是指股东对企业当年的新增投资扣除当年发放股利后的余额。因此，股东权益增长率还可以表示为：

$$\begin{aligned}股东权益增长率&=\frac{本期股东权益增加额}{股东权益期初余额}\times 100\%\\&=\frac{净利润+(股东新增投资-支付股东股利)}{股东权益期初余额}\times 100\%\\&=\frac{净利润+对股东的净支付}{股东权益期初余额}\times 100\%\\&=净资产收益率+股东净投资率\end{aligned}$$

公式中的净资产收益率和股东净投资率都是以股东权益期初余额作为分母计算的。从公式中可以看出，股东权益增长率是受净资产收益率和股东净投资率这两个因素驱动的。其中，净资产收益率反映了企业运用股东投入资本创造收益的能力，而股东净投资率反映了企业利用股东新投资的程度，这两个比率的高低都反映了对股东权益增长的贡献程度。从根本上看，一个企业的股东权益增长应该主要依赖于企业运用股东投入资本所创造的收益。尽管一个企业的价值在短期内可以通过筹集和投入尽可能多的资本来获得增加，并且这种行为在扩大企业规模的同时也有利于经营者，但是这种策略通常不符合股东的最佳利益，因为它忽视了权益资本具有机会成本，并应获得合理投资报酬的事实。

为正确判断和预测企业股东权益规模的增长趋势和增长水平，应将企业不同时期的股东权益增长率加以比较。因为一个持续增长型企业，其股东权益应该是不断增长的，如果时增时减，则反映出企业发展不稳定，同时也说明企业并不具备良好的发展能力，因此仅仅计算和分析某个时期的股东权益增长率是不全面的，应利用趋势分析法将一个企业不同时期的股东权益增长率加以比较，才能正确评价企业的发展能力。

【例 9-5】 根据表 1-1 资产负债表以及华夏公司 2×14 年资产负债表的资料，分析该公司的股东权益发展能力。

利用相关数据分别计算华夏公司 2×14 年、2×15 年和 2×16 年股东权益增长率、净资产收益率和股东净投资率等指标，如表 9-4 所示。

表 9-4　华夏公司股东权益增长率计算表　　　单位:元

项　目	2×13 年	2×14 年	2×15 年	2×16 年
股东权益总额	945 229	950 453	958 259.25	970 286.11
本年股东权益增加额	—	5 224	7 806.25	12 026.86
股东权益增长率	—	0.55%	0.82%	1.26%
净资产收益率	—	0.28%	0.33%	1.26%
股东净投资率	—	0.27%	0.49%	0

注:表中的净资产收益率和股东净投资率都是以股东权益期初余额作为分母计算的。

从表 9-4 中可以看出，华夏公司自 2×13 以来，其股东权益总额不断增加，从 2×13 年的 945 229 元增加到 2×16 年的 970 286.11 元;该公司 2×13 年以来的股东权益增长率也不断增加，这说明了华夏公司近几年净资产规模不断增长，但增长的幅度不大。

进一步分析华夏公司股东权益增长的原因，可以发现，2×13—2×16 年的净资产收益率不断增加，且在股东权益增长率中都占有较大比重，这说明该公司股东权益的增长主要来自净利润的增加，而不是来源于股东的新增投资。净资产收益率反映企业运用股东投入资本创造收益的能力，这表明华夏公司股东权益的增长主要是依靠企业自身创造收益的能力，而不是完全依靠股东新投入的资本。据此可以判断该公司在股东权益方面具有一定的发展能力。

四、技术投入比率分析

技术投入比率是指企业当年技术转让费支出和研究开发的实际投入与当年主营业务收入的比率。技术投入比率从企业的技术创新方面反映了企业的发展潜力和可持续发展能力。其计算公式是：

$$技术投入率=\frac{当年技术转让费支出与研发投入}{当年主营业务收入净额}\times 100\%$$

式中，当年技术转让费支出与研发投入是指企业当年研究开发新技术、新工艺等具有创新性质项目的实际支出，以及购买新技术实际支出列入当年管理费用的部分。

技术创新是企业在市场竞争中保持竞争优势、不断发展壮大的前提。技术投入比率集中体现了企业对技术创新的重视程度和投入情况，是评价企业持续发展能力的重要指标。该指标越高，表明企业对新技术的投入越多，企业对市场的适应能力越强，未来竞争优势越明显，生存发展的空间越大，发展前景越好。

相关案例 9-2

华为的研发与发展

欧洲一家通信制造商的高管在一个非正式场合这样讲道：过去 20 多年全球通信行业的最大事件是华为的意外崛起，华为以价格和技术的破坏性创新彻底颠覆了通信产业的传统格局，从而让世界绝大多数普通人都能享受到低价优质的信息服务。

华为到 2012 年年底拥有 7 万多人的研发队伍，占员工人数的 48%，是全球各类组织中研发人数最多的公司；从 1992 年开始，华为就坚持将每年销售额的至少 10%投入研发，什么事情都可以打折扣，但“研发的 10%投不下去是要被砍头的”——这是华为主管研发的负责人说的。2013 年华为研发投入 12.8%，达到 53 亿美元，过去 10 年的研发投入，累计超过 200 亿美元；华为在全球有 16 个研发中心，2011 年又成立了面向基础科学研究为主的 2012 实验室，这可以说是华为的秘密武器。

第三节 企业整体发展能力分析

一、企业整体发展能力分析框架

应用股东权益增长率、资产增长率、销售增长率、收益增长率等指标，除了可以单独对公司股东权益、资产规模、营业规模、收益等方面进行单项增长能力分析以外，我们还应该把四种类型的增长率指标相互联系起来，只有这样，才能正确评价企业的整体增长能力。其原因在于：其一，股东权益增长率、收益增长率、销售增长率和资产增长率等指标，只是从股东权益、收益、营业收入和资产等不同的侧面考察了企业的增长能力，不足以涵盖企业增长能力的全部。其二，股东权益增长率、收益增长率、销售增长率和资产增长率等指标之间存在相互作用、相互影响的关系，不能截然分开。因此，在实际运用时，只有把四种类型的增长率指标相互联系起来进行综合分析，才能正确评价一个企业的整体发展能力。

分析企业的整体发展能力的具体的思路如下：

(1) 分别计算股东权益增长率、收益增长率、销售增长率和资产增长率等指标的实际值。

(2) 分别将上述增长率指标实际值与以前不同时期增长率数值、同行业平均水平进行比较，分析企业在股东权益、收益、营业收入和资产等方面的增长能力。

(3) 比较股东权益增长率、收益增长率、销售增长率和资产增长率等指标之间的关系，判断不同方面增长的效益性以及它们之间的协调性。

(4) 根据以上分析结果，运用一定的分析标准，判断企业的整体增长能力。一般而言，只有一个企业的股东权益增长率、资产增长率、销售增长率、收益增长率保持同步增长，且不低于行业平均水平，才可以判断这个企业具有良好的发展能力。

根据上述分析思路，可形成企业整体发展能力分析框架，如图 9-1 所示。

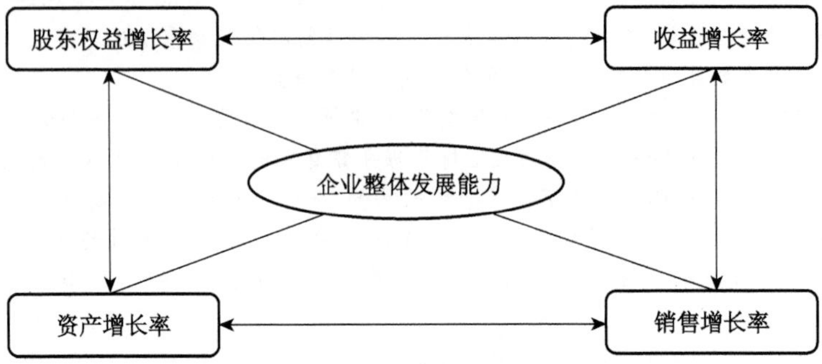

图 9-1　企业整体发展能力分析框架

运用这一分析框架能够比较全面地分析企业发展的影响因素，从而能够比较全面地评价企业的发展能力，但对于各因素的增长与企业发展的关系无法从数量上进行确定。

二、企业整体发展能力分析框架的应用

应用企业整体发展能力分析框架分析企业整体发展能力时，应该注意以下几个方面。

1. 对股东权益增长的分析

一方面，股东权益的增长来源于净利润，净利润主要来自于营业利润，营业利润又主要取决于营业收入，并且营业收入的增长在资产使用效率保持一定的前提下依赖于资产投入的增加；另一方面，股东权益的增长来源于股东的净投资，而净投资取决于本期股东投资资本的增加和本期股东股利的发放。

2. 对收益增长的分析

收益的增长主要表现为净利润的增长，而对于一个持续增长的企业而言，其净利润的增长应该主要来源于营业利润，而营业利润的增长又应该主要取决于营业收入的增加。

3. 对营业收入增长的分析

营业收入增长是企业收入的主要来源，也是企业价值增长的源泉。一个企业只有不断开拓市场，保持稳定的市场份额，才能不断扩大营业收入，增加股东权益；同时为企业进一步扩大市场、发展客户、开发新产品和进行技术改造提供资金来源，最终促进企业的进一步发展。

4. 对资产增长的分析

企业资产是取得营业收入的保障，要实现营业收入的增长，在资产利用效率一定的条件下就需要扩大资产规模。要扩大资产规模，一方面，可以通过负债融资实现；另一方面，可以依赖股东权益的增长，即净利润和净投资的增长。当然，从长远的角度来看，企业资产的增长应该主要取决于企业股东权益的增长，而不是负债的增长。

总之，在运用这一框架时需要注意这四种类型增长率之间的相互关系，否则无法对企业的整体发展能力作出正确的判断。

延伸阅读9-4

可持续增长率

可持续增长率是企业在保持目前经营策略和财务策略的情况下能够实现的最大增长比率。可持续增长率主要是指企业可持续销售增长率，当然也可以指可持续资产增长率、可持续收益增长率、可持续股利增长率等。

可持续增长的思想，不是说企业的增长不可以高于或低于可持续增长率。问题在于管理人员必须事先预计并且加以解决公司超过可持续增长率之上的增长所导致的财务问题。例如，一

个企业如果要使其实际的增长速度超过可持续增长率，也就是企业要想超速发展，只能通过以下途径：增强自身的获利能力(提高销售净利率)；提高自身的经营效率(提高资产周转率)；改变自身的财务策略(降低股利支付率或提高财务杠杆水平)。当然，几个方面同时调整和改变也是可行的。但是，需要指出的是，提高经营效率并非总是可行的，而改变财务策略是有风险和极限的，因此超常增长只能是短期的。

企业的实力和承担风险的能力，决定了企业的增长速度。因此，实际上一个理智的企业经营者在增长率问题上并没有多少回旋的余地，尤其是从长期来看更是如此。一些企业由于发展过快陷入危机甚至破产，另一些企业由于增长太慢遇到困难甚至被其他企业收购，这说明不当的增长速度足以毁掉一家企业。

本章小结

本章主要学习企业发展能力分析的基本理论与方法。企业的发展能力是指企业未来一定时期的发展能力，如利润的扩大、销售的增长、公司规模的扩大(包括资产的增长)等的能力。发展能力分析的目的主要集中在判断企业拥有资源的潜力、分析企业负债变化趋势、正确确定企业未来发展速度和政策三个方面。企业发展能力分析的内容主要有根据企业盈利质量高低分析评价企业的发展能力以及根据企业竞争能力的强弱分析评价企业发展能力。

对企业发展能力的指标分析，主要可采用销售增长率、某种产品销售增长率、三年销售收入平均增长率、净利润增长率、营业利润增长率、三年利润平均增长率、资产增长率、固定资产成新率、股东权益增长率、三年资本平均增长率、技术投入比率等。

企业整体发展能力的分析阐述了除了单独对公司股东权益、资产规模、营业规模、收益等方面进行单项增长能力分析以外，还应该把各种类型的增长率指标相互联系起来，只有这样，才能正确评价企业的整体增长能力。

本章重要概念

发展能力　销售增长率　某种产品销售增长率　三年销售收入平均增长率　净利润增长率　营业利润增长率　三年利润平均增长率　资产增长率　固定资产成新率　股东权益增长率　三年资本平均增长率　技术投入比率

思考与练习

1. 企业发展能力分析对于资本市场投资者有何重要意义?

2. 应用收益增长率分析企业增长能力时应注意哪些问题?

3. 如何利用某种产品销售增长率指标分析企业的发展能力?

推荐阅读资料

[1] 刘敏. 企业发展能力指标循环分析[J]. 财会通讯,2013(11).
[2] 于新颖. 企业发展能力分析[J]. 现代商业,2014(17).
[3] 王静静. 企业发展能力指标的缺陷及其改进[J]. 财会通讯,2010(26).

第十章　综合分析与业绩评价

内容简介

本章主要讲解了财务分析的综合分析与业绩评价，包括综合分析与业绩评价的目的和内容、杜邦财务综合分析及其发展、对企业进行企业经营业绩评价时通常可以采用的综合指数法和综合评分法。

学习目的和要求

通过本章学习，学生应掌握杜邦财务分析体系的基本原理、综合指数法的原理及实施步骤，以及综合评分法的原理及实施步骤。了解综合分析与业绩评价的意义及目的，明确综合分析与业绩评价的内容，并能够运用综合指数法进行业绩评价的一般程序或步骤，来确定各项指标的标准值，计算指标单项指数，确定各项指标的权数，计算综合经济指数，评价综合经济指数。

引例　蒙牛与伊利盈利能力存在差异的原因

伊利乳业与蒙牛乳业在我国乳制品行业一直处于领先地位。伊利股份 2008—2012 年的净资产收益率分别为－57.75％、18.92％、19.00％、32.82％、25.71％，蒙牛股份 2008—2012 年的净资产收益率分别为－21.11％、15.19％、14.63％、15.95％、11.07％。由数据可以看出，除了 2008 年和 2009 年蒙牛股份的净资产收益率高于伊利股份，此后，伊利股份的净资产收益率是赶超蒙牛股份的，那么在 2010—2012 年这段期间发生了什么，伊利股份的盈利能力由于什么原因而超过了蒙牛股份呢？

伊利的净资产与蒙牛差距较大，主要原因在于蒙牛 2009 年进行大规模配股，净资产增加。伊利的收益水平不断追赶蒙牛，2011 年已反超蒙牛，2012 年仍然领先蒙牛。总资产周转率是考察企业资产运营效率的一项重要指标，体现企业经营期间全部资产从投入到产出的流转速度，反映企业全部资产的管理质量和利用效率。伊利的资产运营效率水平从2010年开始已反超蒙牛，并且从2012年开始拉开差距。权益乘数表明所有者投入企业的资本占全部资产的比重。伊利的所有者投入一直较蒙牛高，对净资产收益率的指标具有放大效应。

除2008年、2009年之外，2010—2012年伊利的净资产收益率一直较蒙牛高，公司运用自有资本的效率优于蒙牛。在维持权益乘数优于蒙牛的前提下，得益于资产周转率的缓慢提升，销售利润率的稳步提高，伊利的盈利能力在2012年已远远超过蒙牛。

伊利总资产周转率指标在2010年反超蒙牛，说明伊利的资产管理能力得到了逐步提高，而具体到应收账款及存货方面，伊利和蒙牛各有所长，伊利在应收账款管理方面远远优于蒙牛，优势还不断扩大，但在存货管理方面，蒙牛要优于伊利，但优势不断缩小，说明伊利的资产管理能力得到提高，而这主要是通过加强应收账款的管理实现的。

伊利的短期偿债能力远远低于蒙牛公司，主要原因在于伊利的债务融资远远超过蒙牛，因而其偿付利息的压力也比较大。产权比率用来表明由债权人提供的和由投资者提供的资金来源的相对关系，反映企业基本财务结构是否稳定，产权比率越高，说明企业偿还长期债务的能力越弱；产权比率越低，说明企业偿还长期债务的能力越强，伊利产权比率远远高于蒙牛，其长期偿债能力较弱。

无论是短期偿债能力分析还是长期偿债能力分析，伊利各项指标反映的结果都表明其偿债能力远远弱于蒙牛，这主要与公司的资本结构有关，是通过债务融资还是通过股权融资，要看公司实际运营的需要。

蒙牛乳业的总资产在2008—2009年间有所下降，2010—2012年间，企业的总资产增长率一直维持在0左右，甚至在2012年为负值，而伊利除了2011年增长率有所增长，其余各年都远远低于蒙牛，2012年同蒙牛一样为负值。表明企业的发展能力逐渐降低，近年来发展状况不好，有静止不动的趋势。

从以上分析可以看出，伊利与蒙牛规模相差不大，在盈利能力方面，在销售利润率得到提升的前提下，通过资本结构的放大效应，伊利已赶超蒙牛，这也说明中国乳制品行业已经走出2008年“三氯氰胺事件”带来的低谷，同时市场需求的日益增强使两家公司的经营规模和资产总额高速增长，两家公司已经走出了单纯的价格竞争之路，并且在提高产品附加值方面不断努力，向着更利于企业的方向发展；在资产管理能力方面，得益于应收账款的有效管理，伊利资产管理能力不断提高，并反超蒙牛；在偿债能力方面，伊利重债务融资轻权益融资的资本结构决定了其偿债能力要劣于蒙牛。

从案例中我们可以发现，各个财务指标之间并不是彼此独立、互不干涉的，而是相互联系、环环相扣的。因此需要我们了解财务分析的综合分析和业绩评价。

第一节 综合分析与业绩评价概述

一、综合分析与业绩评价的目的

财务分析从盈利能力、营运能力和偿债能力角度对企业的筹资活动、投资活动和经营活动状况进行深入、细致的分析，以判明企业的财务状况和经营业绩，这对于企业投资者、债权人、经营者、政府及其他与企业利益相关者了解企业的财务状况和经营成效是十分有效的。但前述财务分析通常是从某些特定角度，就企业某一方面的经营活动进行分析，这种分析不足以全面评价企业的总体财务状况与财务成效，很难对企业总体财务状况和经营业绩的关联性得出综合结论。为弥补财务分析的这一不足，有必要在财务能力单项分析的基础上，将有关指标按其内在联系结合起来进行综合分析。

业绩评价是指在综合分析的基础上，运用业绩评价方法对企业财务状况和经营成果所做的综合结论。业绩评价以财务分析为前提，财务分析以业绩评价为结论，财务分析离开业绩评价就没有太大的意义。在前述财务分析中，都曾在分析的基础上作出了相应的评价，但那只是就单项财务能力所作的分析及评价，其结论具有片面性，只有在综合分析的基础上进行业绩评价，才能从整体上相互联系地全面评价企业的财务状况及经营成果。

综合分析与业绩评价的目的在于：

(1) 通过综合分析评价明确企业财务活动与经营活动的相互关系，找出制约企业发展的"瓶颈"所在。

(2) 通过综合分析评价企业财务状况及经营业绩，明确企业的经营水平、位置及发展方向。

(3) 通过综合分析评价为企业利益相关者进行投资决策提供参考。

(4) 通过综合分析评价为完善企业财务管理和经营管理提供依据。

二、综合分析与业绩评价的内容

根据上述综合分析与业绩评价的意义和目的，综合分析与业绩评价的内容至少应包括以下两方面：

(1) 财务目标与财务环节相互关联综合分析评价。企业财务目标是资本增值最大化。资本增值的核心在于资本收益能力的提高，而资本收益能力受企业各方面、各环节财务状况的影响。本部分分析正是要以净资产收益率为核心，并通过对净资产收益率的分解，找出企业经营各环节对其影响程度，从而综合评价企业各环节及各方面的经营业绩。杜邦财务分析体系是进行这一分析的最基本方法。

(2) 企业经营业绩综合分析评价。虽然财务目标与财务环节的联系分析可以解决单项指标分析或单方面分析给评价带来的困难，但由于没能采用某种计量手段给相互关联指标以综合评价，因此，往往难以准确得出公司经营业绩改善与否的定量结论。企业经营业绩评价综合分析评价正是从解决这一问题出发，利用业绩评价的不同方法对企业经营业绩进行量化分析，最后得出企业经营业绩评价的唯一结论。

第二节 杜邦财务综合分析及其发展

一、杜邦财务分析体系

杜邦分析法是由美国杜邦公司的经理创造并最先采用的，故称之为杜邦分析图或者杜邦系统。企业的各项财务活动、各项财务指标互相联系，相互影响，这就要求财务分析人员将企业财务活动看作一个大系统，对系统内互相依存、相互作用的各种因素进行综合分析。杜邦分析法就是利用各个主要财务比率指标之间的内在联系，来综合分析企业财务状况的方法。

杜邦分析法是采用杜邦分图，将有关分析指标按内在联系排列，它主要体现了以下一些关系：

$$\text{权益报酬率} = \frac{\text{净利润}}{\text{所有者权益}} = \frac{\text{净利润}}{\text{资产总额}} \times \frac{\text{资产总额}}{\text{所有者权益}} = \text{总资产报酬率} \times \text{权益乘数}$$

$$\text{总资产报酬率} = \frac{\text{净利润}}{\text{销售收入}} \times \frac{\text{销售收入}}{\text{资产总额}} = \text{销售利润率} \times \text{总资产周转率}$$

$$\text{权益乘数} = \frac{\text{资产总额}}{\text{所有者权益}} = \frac{1}{1 - \text{资产负债率}}$$

由上述公式可得：

$$\text{权益报酬率} = \text{销售利润率} \times \text{总资产周转率} \times \text{权益乘数}$$

即决定权益报酬率的因素有三个：销售利润率、总资产周转率和权益乘数。这样分析之后，就可以把权益报酬率这一项综合性指标升降变化的原因加以具体化。

销售利润率和总资产周转率可以进行进一步分解：

一是销售利润率的分解：

$$\text{税后净利润} = \text{销售收入} - \text{成本总额}$$

$$\text{成本总额} = \text{销售成本} + \text{期间成本} + \text{税金} + \text{其他支出}$$

其中：

$$\text{税金} = \text{税金及附加} + \text{所得税}$$

$$\text{其他支出} = \text{营业外收支净额} - \text{投资收益} - \text{其他业务利润}$$

二是总资产周转率的分解：

$$\text{总资产} = \text{流动资产} + \text{非流动资产}$$

其中：

流动资产 ＝ 货币资金 ＋ 有价证券 ＋ 应收及预付款 ＋ 存货 ＋
其他流动资产(待摊费、待处理流动资产损失、1 年内到期的长期投资等)
非流动资产 ＝ 长期投资 ＋ 固定资产 ＋ 无形资产 ＋ 递延及其他资产

根据以上指标的分解，可将杜邦分析法用杜邦分析图来列示，如图 10-1 所示，

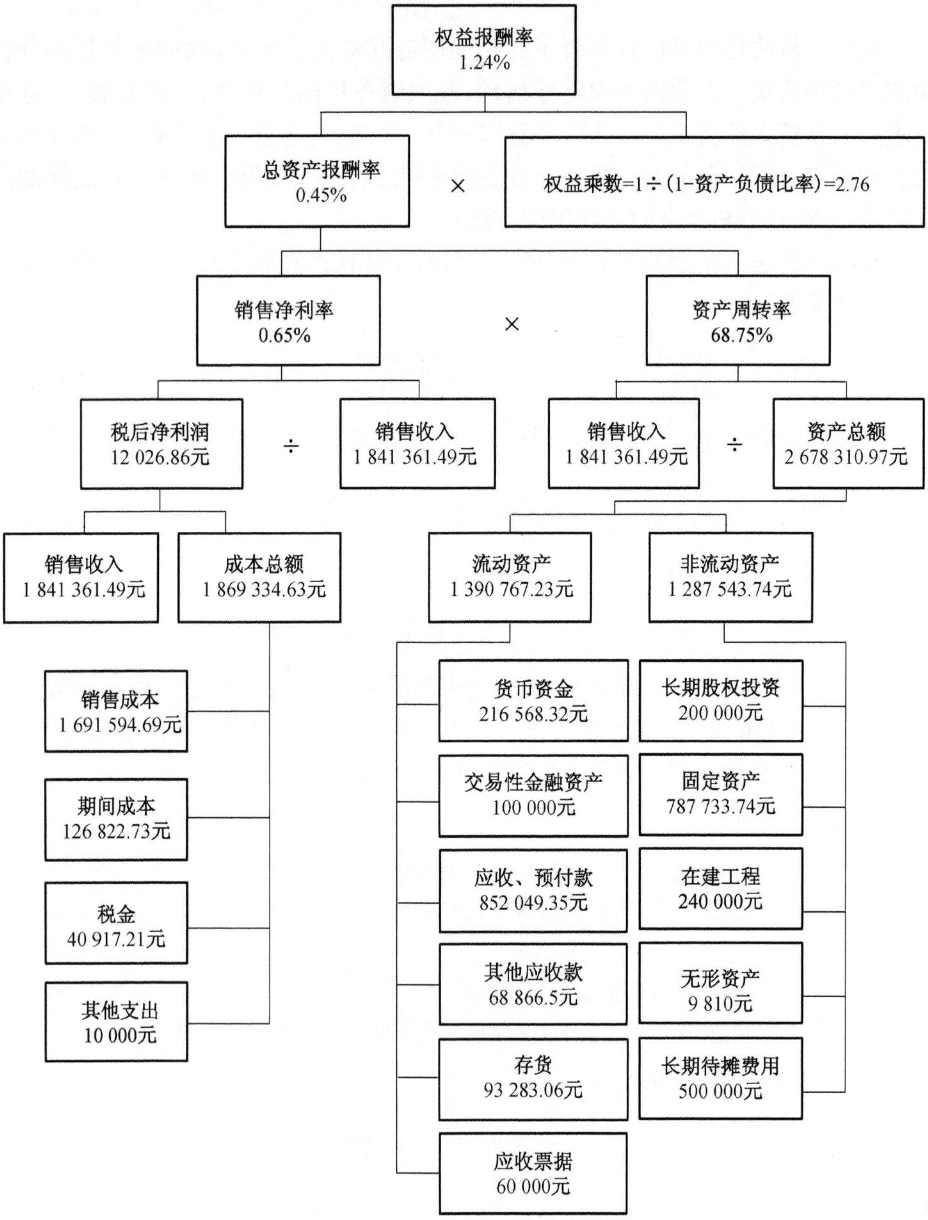

图 10-1　公司杜邦财务分析图

从而可以直观地看出企业财务状况和经营成果的总体面貌。

根据杜邦分析图，可以了解到下列财务信息：

(1) 权益报酬率是杜邦分析图中的核心内容，是一个综合性很强、极有代表性的财务比率，它的高低反映了企业净资产的收益高低。这一比率对企业的所有者或是而言是至关重要的。它不仅受总资产报酬率的影响，而且受资本构成的影响。所以它是企业资产的利用效率与企业融资策略的综合体现。

(2) 总资产报酬率是反映企业获利能力的一个重要财务比率，它揭示了企业生产经营活动的效率，综合性很强。企业的销售收入、成本费用、资产结构、资产周转速度以及资金占用量等各种因素，都直接影响资产报酬率的高低。

(3) 销售净利率的高低，取决于企业利润和销售收入。而提高净利润率的关键是扩大销售净额，降低成本费用。在一定范围和一定时间内，在固定成本不变的情况下，销售收入的增长通常会带来利润净额的更大增长。如果企业的销售毛利率及税率相对稳定，而分析期的销售净利润率却有所下降，就需要考虑成本费用相对提高的可能性。利用杜邦分析，可以分析企业成本费用结果是否合理。

(4) 资产周转率也是一个重要的财务比率，它是企业销售利润率与资产利润率的综合表现，揭示了企业资产实现销售收入的综合能力。要提高资产周转率，一方面要增加销售收入，另一方面应降低资金的占用。对该指标的分析可以从对其有重要影响的因素——资产总额入手，其中，资产结构是否合理将直接影响总资产的周转速度。一般而言，流动资产体现资产的营运效率及偿债能力，而长期资产则表现为企业经营规模与发展潜力，两者之间必须有一个合理的结构比率，不能重此轻彼。鉴于流动资产的高流动、低收益特点，还必须对流动资产的内部结构以及对流动资产周转率产生影响的各具体因素进行分析，查明影响资产周转率变动的具体原因。

(5) 权益乘数反映了所有者权益同企业总资产的关系。它主要受资产与负债之间比例关系影响。在资产总额既定的前提下，负债总额越大，权益乘数就越高，说明企业有较高的负债程度，给企业带来了较大的杠杆收益，同时也给企业带来了较大的财务风险。

延伸阅读 10-1

杜邦公司冒最小风险谋取最大利润

著名的美国杜邦化学公司创建于1802年，距今已有200多年的历史了。它的创始人爱里迪尔·依涅·杜邦1802年创建了第一个生产制造火药的工厂，以此为起点使杜邦公司发展成为当年的营业额为359.15亿美元，居世界化学工业企业第一位的企业。

杜邦公司的成功，重要原因之一就是他们始终坚持"利润最大，风险最小"的经营决策。始终谨慎而坚定地保证预定的投资收益率。杜邦公司对投资收益率的考核采取的是一套综合标准。而并非只对企业的经营效果进行评价，具体做法是：首先从整个公司的综合经营效果出发，再加上对各部门的评价，包括对新开发项目的特别评价，确定评价的综合标准。如果一个企业不能达到10%的投资收益，不论其他方面有多大的优势，也必须关闭，无一例外。这是杜邦公司绝对不能违反的"法律"和无情的"执法"，也是保证"利润最大"经营决策的具体措施。创业初期，杜邦公司根据这一决策对所有生产火药和炸药的企业做过一次全面考核，结果是因该厂投资效率低于10%而当即关闭。相反，杜邦公司设在意大利的聚丙烯工厂因获取丰厚的利润而放在第一位。

杜邦公司另一个经营决策是"风险最小"，即把安全放在第一位。这主要体现在财务管理上。可谓是杜邦公司另一"法律"条文。无论是创立新厂还是老厂进行技术改造和设备更新，都必须全部采用公司自己的资金，绝不允许借款或贷款。这些措施是为了确保"风险最小"。杜邦公司在英国、法国、卢森堡、荷兰、瑞士、瑞典、意大利等国建立的工厂，完全是公司自投资金。公司每年要投入的约1.1亿美元的科研经费，也是公司全额投资。总之，绝不冒险的经营决策是杜邦公司成功的又一重要原因。到1966年，杜邦公司先后在世界21个国家建立了61个工厂，31个分公司。1966年杜邦公司在美国以外的营业额为5.97亿美元，1970年增至10亿美元。杜邦公司在世界市场扩展建设之快、效率之高，令全世界各国化工企业赞叹，这不能不说是"利润最大、风险最小"经营决策的成功。

二、杜邦财务分析体系的变形与发展——帕利普财务分析体系

帕利普财务分析体系是美国哈佛大学教授帕利普（Palepu）对杜邦财务分析体系进行变形、补充后发展起来的。帕利普在其《企业分析与评价》一书中，将某一个要分析的指标层层展开，这样便可探究财务指标发生变化的根本原因。

（一）可持续增长率——统一财务比率

从长远看企业的价值取决于企业的盈利和增长能力。这两项能力又取决于其产品市场战略和资本市场战略；而产品市场战略包括企业的经营战略和投资战略，资本市场战略又包括融资战略和股利政策。财务分析的目的就是评价企业在经营管理、投资管理、融资战略和股利政策四个领域的管理效果。可持续增长率是企业在保持利润能力和财务政策不变的情况下能够达到的增长比率，它取决于净资产收益率和股利政策。因此，可持续增长率将企业的各种财务比率统一起来，以评估企业的增长战略是否可持续，其原理如图10-2所示。

可持续增长率 = 净资产收益率 ×（1 − 股利支付比率）

净资产收益率 = 净利润 ÷ 所有者权益平均余额

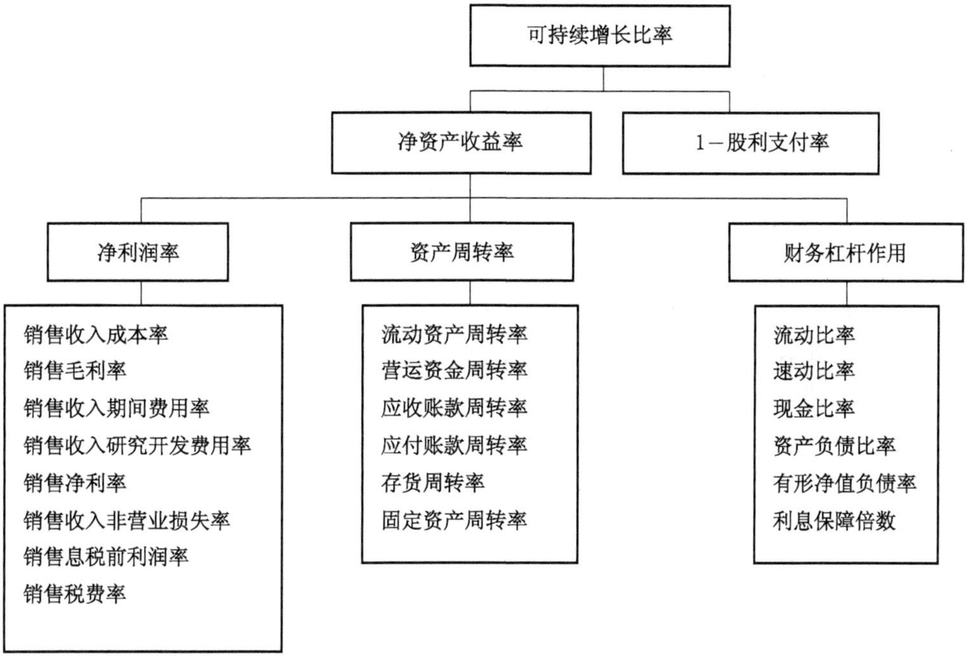

图 10-2 帕利普财务分析体系

（二）分析利润动因——分解净资产收益率

企业的净资产收益率受两个因素的影响：企业利用资产的有效性、与股东的投资相比企业的资产基础有多大。

$$净资产收益率 = 资产收益率 \times 财务杠杆$$

为了更直观地了解利润的动因，我们将净资产收益率进一步分解为：

$$净资产收益率 = 净利润率 \times 资产周转率 \times 财务杠杆$$

此分解后的公式表明：影响企业净利润的动因是净利润率、资产周转率和财务杠杆作用。

（三）评估经营管理——分解净利润率

净利润率表明企业经营活动的盈利能力，因此，对净利润率进行分解能够评估企业的经营管理效率。常用的分析工具是共同尺度损益表，即该表中的所有项目都用一个销售收入比率表示。共同尺度损益表可用于企业一段时间损益表各项目的纵向比较，也可用于行业内企业间的横向比较。通过分析共同尺度损益表，我们可以了解企业的毛利率与其竞争战略的关系、变动的主要原因；期间费用率与其竞争战略的关系、变动的原因；企业的经营管理的效率等。

(四) 评估投资管理——分解资产周转率

对资产周转率的详细分析可评估企业投资管理的效率。资产管理分为:流动资金管理和长期资产管理。流动资金管理分析的重点在应收账款、存货和应付账款。评估资产管理效率的主要财务指标有:资产周转率、存货周转率、应收账款周转率、应付账款周转率、固定资产周转率、营运资金周转率。通过分析这些财务指标可评估企业的投资管理效果。

(五) 评估财务管理——检验财务杠杆的作用

财务杠杆使企业拥有大于其产权的资产基础,即企业通过借款和一些不计息债务等来增加资本。只要债务的成本低于资产收益率,财务杠杆就可以提高企业的净资产收益率,但同时财务杠杆也加大了企业的风险。评估企业财务杠杆风险程度的财务指标有:流动比率、速动比率、超速动比率和营业现金流动比率等流动性比率以及资产负债率、可持续增长率、有形净值负债率和利息保障倍数等长期偿债比率。

相关案例 10-1

青岛海尔股份有限公司可持续增长比率的分析

海尔公司主营业务涉及电器、电子产品、机械产品、通讯设备制造及其相关配件制造。其中空调和冰箱是公司的主力产品,其销售收入是公司收入的主要来源,两者占到公司主业收入的80%以上。其产品的国内市场占有率一直稳居同行业之首,在国外也占有相当的市场份额。海尔冰箱在全球冰箱品牌市场占有率排序中跃居第一。

表 10-1 青岛海尔股份 2005—2008 年可持续增长率

会计年度	营业利润率	总资产周转率	权益乘数	留存比率	可持续增长率
2005	1.60%	2.38 次	1.12	−0.50	−2.09%
2006	1.58%	2.57 次	1.34	0.62	3.49%
2007	2.14%	3.00 次	1.59	1.00	11.37%
2008	2.74%	2.60 次	1.59	1.00	12.77%

由表 10-1 可以看出,青岛海尔 2005 年的可持续增长率是−2.09%,表明其 2006 年可支持的增长率是−2.09%,但 2006 年的实际增长率为 18.86%,如此高的增长率的资金来源是提高了财务杠杆,但财务杠杆是不能无限制提高的,所以这么高的增长率是不能长久的:2006 年的可持续增长率是 3.49%,表明其 2007 可支持的增长率是 3.49%,但实际增长率是 50.18%,同样是飞速增长,与这种高速增长相配套的是权益乘数从 1.34 提高到 1.59,但这种高速增长不能持久;2007 年的可持续增长率是 11.37%,表明其 2008 年的可支持的增长率是 11.37%,但 2008 年实际增长 3.19%,增长率的同比下降,一方面因为 2008 年的财务杠杆没有变化,另一方面因为金融危机的影响。当然随着我国家电下乡政策的贯彻和经济回暖,2009 年其销售增长率上升。

公司现在属低负债、低风险的资本结构。因为是低风险,所以回报水平也不高,在同行业中处于中等水平。这说明公司可以适当增加负债水平，以便筹集更多的资金，扩大企业规模，或者向一些高利润高风险的产业作一些适当投资，以提高股东回报率。

青岛海尔过去3年平均销售增长率为24.07%，在所有上市公司中排名(641/1710)，在其所在的家用电器行业排名为7/19，外延式增长合理。其过去3年平均盈利能力增长率为51.89%，在所有上市公司中排名(488/1710)，在所在的家用电器行业排名为(9/19)，盈利能力合理。

第三节 企业经营业绩综合评价

进行企业经营业绩综合评价是一项复杂、细致的工作，特别是要作出正确的判断和评价结果更是困难，前述杜邦财务综合分析只能提供一个综合评价的思路，而要想对企业整体经营业绩水平进行评价，需要运用专门的财务综合分析评价方法。目前我国企业经济效益综合评价使用的是综合指数法，经营效益评价使用的是综合评分法，分别通过计算企业经营业绩综合指数和综合分数，反映企业总体经营业绩水平的高低。

一、经营业绩评价综合指数法

综合指数法是指在确定一套合理的经济效益指标体系的基础上，对各项经济效益指标个体指数加权平均，计算出经济效益综合值，用以综合评价经济效益的一种方法。

(一) 综合指数法评价指标

我国财政部颁布的企业经济效益评价指标体系中选择的经济效益指标包括三个方面的10项指标。

1. 反映盈利能力和资本保值增值指标

(1) 销售利润率：反映企业销售收入的获利水平。其计算公式为：

$$销售利润率 = \frac{利润总额}{销售收入} \times 100\%$$

销售收入，指扣除销售折让、销售折扣和销售退回后的余额。

(2) 总资产报酬率：用于衡量企业运用全部资产的获利能力。其计算公式为：

$$总资产报酬率 = \frac{利润总额 + 利润支出}{平均资产总额} \times 100\%$$

其中：

$$平均资产总额 = (期初资产总额 + 期末资产总额) \div 2$$

(3) 资本收益率：指企业运用投资者投入资本获得收益的能力。其计算公式为：

$$资本收益率 = \frac{净利润}{实收资本} \times 100\%$$

(4) 资本保值增值率：反映企业投资者投入资本的完整性和保全性。其计算公式为：

$$资本保值增值率=\frac{期末所有者权益总额}{期初所有者权益总额}\times 100\%$$

该指标等于100％为资本保值，大于100％为资本增值。

2. 反映资产负债水平和偿债能力指标

(1) 资产负债率：可用于衡量企业负债水平高低情况。其计算公式为：

$$资产负债率=\frac{负债总额}{资产总额}\times 100\%$$

(2) 流动比率或速动比率：流动比率是衡量企业在某一时点偿付即将到期债务的能力。其计算公式为：

$$流动比率=\frac{流动资产}{流动负债}\times 100\%$$

速动比率是衡量企业在某一时点上运用随时可变现资产偿付到期债务的能力。其计算公式为：

$$速动比率=\frac{速动资产}{流动负债}\times 100\%$$

其中：

$$速动资产=流动资产-存货$$

(3) 应收账款周转率：只用于衡量应收账款周转速度快慢的指标。其计算公式为：

$$应收账款周转率=\frac{赊销净额}{平均应收账款余额}\times 100\%$$

其中：

$$平均应收账款余额=(期初应收账款余额+期末应收账款余额)\div 2$$

$$赊销净额=营业收入-现销收入-销售退回、折扣、折让$$

由于企业赊销资料作为商业机密不对外公布，所以应收账款周转率中的分子一般为赊销和现销总额，即营业收入。

(4) 存货周转率：用于衡量企业在一定时期内存货资产的周转次数，是反映企业的购、产、销平衡效率的一种尺度。其计算公式为：

$$存货周转率=\frac{产品销售成本}{平均存货成本}\times 100\%$$

其中：

$$平均存货成本 = (期初存货成本 + 期末存货成本) \div 2$$

3. 反映企业对国家或社会贡献水平的指标

（1）社会贡献率：可用于衡量企业运用全部资产为国家或社会创造或支付价值的能力。其计算公式为：

$$社会贡献率 = \frac{企业社会贡献总额}{企业平均资产总额} \times 100\%$$

其中，企业社会贡献总额包括：工资（含奖金、津贴等工资性收入）、劳保退休统筹及其他社会福利支出、利息支出净额、应交增值税、应交产品销售税金及附加、应交所得税、其他税收、净利润等。

（2）社会积累率：可用于衡量企业社会贡献总额中用于上交国家财政的部分。其计算公式为：

$$社会积累率 = \frac{上交国家财政总额}{企业社会贡献总额} \times 100\%$$

其中，上交国家财政总额包括应交增值税、应交产品销售税金及附加、应交所得税、其他税收等。

（二）综合指数法评价基本步骤

综合指数法评价企业经济效益的过程可分为五个步骤。

1. 选择业绩评价指标

进行经营业绩评价的首要步骤是正确选择评价指标，指标选择要根据分析的目的和要求，考虑分析的全面性、综合性。企业在选择评价指标时，一要具有全面性，反映企业盈利能力和资本保值增值、偿债能力和反映企业对国家或社会贡献水平的评价指标都应包括在内；二要具有代表性，即要选择能够说明问题的重要的评价指标。

2. 确定各项业绩评价指标的标准值

业绩评价指标标准值可根据分析的目的和要求确定，可用某企业某年的实际数，也可用同类行业、同行业或部门评价平均数，还可以用国际标准数。一般地说，当评价企业经营计划完成情况时，可以企业计划水平为标准；当评价企业经营业绩水平变动情况时，可以企业前期水平为标准；当评价企业在同行业或在全国或国际上所处地位时，可用行业标准值或国家标准值或国际标准值来衡量。从财政部设计的 10 个指标的角度考虑，标准值的确定可参考以下两个方面：一是适当参照国际上通用标准，如流动比率为 200%，速动比率为 100%，资产负债率为 50%等，但考虑到我国整体效益水平偏低，与国际上发达国家差距较大，国际通行标准值仅是一个参考依据。二是我国企业在近 3 年的行业平均值。

3. 计算各项业绩指标的单项指数

单项指数是指各项业绩指标的实际值与标准值之间的比值，其计算公式为：

$$单项指数=\frac{某指标实际值}{该指标标准值}$$

这一单项指数计算公式适用于业绩指标为纯正指标或纯逆指标。如果为正指标，则单项指数为越高越好；如果为逆指标，则单项指数为越低越好。如果业绩指标既不是纯正指标，又不是纯逆指标时，如资产负债率、流动比率、速动比率等就属于这种指标，对于这种指标，其单项指数可按下列公式计算：

$$单项指数=\frac{标准值-实际值与标准值差额绝对值}{标准值}$$

4. 确定各项业绩指标的权数

各项业绩指标权数的确定应依据各指标的重要程度而定，一般地说，某项指标越重要。其权数就越大；反之，则权数就越小。假定10项经济效益指标的权数总和为100，经测算、验证，并参照美国、日本等国家的做法，将各项经济效益指标的权数确定为：销售利润率为15；总资产报酬率为15；资本收益率为15；资本保值增值率为10；资产负债率为5；流动比率（或速动比率）为5；应收账款周转率为5；存货周转率为5；社会贡献率为10；社会积累率为10。

5. 计算综合经济指数

综合经济指数是以各单项指数为基础，乘以各指标权数所得到的一个加权平均数，其计算公式为：

$$综合经济指数=\sum(某指数单项指数\times该指标权数)$$

用经济效益综合指数法对华夏公司的经济效益进行评价，可得表10-2。

表10-2　华夏公司综合经济指数计算表

经济指标	标准值	实际值	单项指数	权数	综合经济指标
销售利润率	18%	0.87%	4.83%	15%	0.72%
总资产报酬率	20%	1.38%	6.90%	15%	1.04%
资本收益率	25%	1.50%	6.00%	15%	0.90%
资本保值增值率	105%	101.26%	96.44%	10%	9.64%
资产负债率	50%	63.77%	72.46%	5%	3.62%
流动比率	200%	92.22%	46.11%	5%	2.31%
速动比率	100%	86.04%	86.04%	5%	4.30%
应收账款周转率	12次	2.51次	20.92%	5%	1.05%

（续表）

经济指标	标准值	实际值	单项指数	权数	综合经济指标
存货周转率	10次	27.73次	277.3%	5%	13.87%
社会贡献率	35%	35%	100%	10%	10%
社会积累率	30%	30%	100%	15%	15%
综合经济指数				100%	62.45%

从表10-2中可以看出企业经济效益的全貌。华夏公司存货周转率远高于同行业的平均水平，说明其存货的周转能力较强；资产负债率较高，说明其采用偏紧的财务政策，偿债能力较低。其销售利润率不高，致使综合经济效益不高。

二、经营业绩评价综合评分法

综合评分法又叫功效系数法，当评价指标无法用统一的量纲进行定量分析时，即用无量纲的分数进行综合评价。综合评分法是先分别按不同指标的评价标准对各评价指标进行评分，然后采用加权相加，求得总分，进而进行企业经营效益评价的方法。

（一）综合评分法评价指标

根据财政部等部委颁布的国有资本金效绩评价体系，选择的评价指标包括3个部分、4种类别计28个指标，如表10-3所示。

表10-3 企业综合绩效评价指标体系

<table>
<tr><td colspan="3">定量指标（权重80%）</td><td>定性指标（权重20%）</td></tr>
<tr><td>评价指标类别（100分）</td><td>基本指标（100分）</td><td>修正指标（100分）</td><td>评议指标（100分）</td></tr>
<tr><td>一、财务效益状况
（38）</td><td>净资产收益率（25）
总资产报酬率（13）</td><td>资本保值增值率（12）
主营业务利润率（8）
盈余现金保障倍数（8）
成本费用利润率（10）</td><td rowspan="4">经营者基本素质（18）
产品市场占有能力（16）
（服务满意度）
基础管理水平（12）
发展创新能力（14）
经营发展战略（12）
在岗员工素质（10）
技术装备更新水平（10）
（服务硬环境）
综合社会贡献（8）</td></tr>
<tr><td>二、资产运营状况
（18）</td><td>总资产周转率（9）
流动资产周转率（9）</td><td>存货周转率（5）
应收账款周转率（5）
不良资产比率（8）</td></tr>
<tr><td>三、偿债能力状况
（20）</td><td>资产负债率（12）
已获利息倍数（12）</td><td>速动比率（10）
现金流动负债率（10）</td></tr>
<tr><td>四、发展能力状况
（24）</td><td>销售增长率（12）
资本积累率（12）</td><td>三年销售平均增长率（8）
三年资本平均增长率（9）
技术投入比率（7）</td></tr>
</table>

表10-3中各计算公式内容如下。

1. 基本指标

(1) 净资产收益率:企业运用投资者投入资本获得收益的能力。其计算公式为:

$$\text{净资产收益率}=\frac{\text{净利润}}{\text{实收资本}}\times 100\%$$

(2) 总资产报酬率:用于衡量企业运用全部资产的获利能力。其计算公式:

$$\text{总资产报酬率}=\frac{\text{利润总额}+\text{利息支出}}{\text{平均资产总额}}\times 100\%$$

其中:

$$\text{平均资产总额}=(\text{期初资产总额}+\text{期末资产总额})\div 2$$

(3) 总资产周转率:企业在一定时期主营业务收入净额与平均资产总额的比值,是综合评价企业全部资产经营质量和利用效率的重要指标。其计算公式为:

$$\text{总资产周转率}=\frac{\text{利润总额}+\text{利息支出}}{\text{平均资产总额}}\times 100\%$$

(4) 流动资产周转率:企业在一定时期销售净收入与流动资产的平均余额之比。其计算公式为:

$$\text{流动资产周转率}=\frac{\text{主营业务收入净额}}{\text{平均流动资产总额}}\times 100\%$$

(5) 资产负债率:可用于衡量企业负债水平高低情况。其计算公式为:

$$\text{资产负债率}=\frac{\text{负债总额}}{\text{资产总额}}\times 100\%$$

(6) 已获利息倍数:息税前利润与利息支出之间的比率,可用于衡量企业的偿债能力。其计算公式为:

$$\text{已获利息倍数}=\frac{\text{利润总额}+\text{利息支出}}{\text{利息支出}}$$

(7) 销售增长率:反映企业销售增长情况。其计算公式为:

$$\text{销售增长率}=\frac{\text{本年主营业务收入增加额}}{\text{上年主营业务收入总额}}\times 100\%$$

(8) 资本积累率:可用于衡量企业所有者权益的增长幅度。其计算公式为:

$$\text{资本积累率}=\frac{\text{本年所有者权益增加额}}{\text{年初所有者权益}}\times 100\%$$

2. 修正指标

(1) $\text{资本保值增值率}=\frac{\text{扣除客观因素后的年末所有者权益}}{\text{年初所有者权益}}\times 100\%$

(2) 主营业务利润率 $= \frac{\text{主营业务利润}}{\text{主营业务收入净额}} \times 100\%$

(3) 盈余现金保障倍数 $= \frac{\text{经营现金净流量}}{\text{净利润}} \times 100\%$

(4) 成本费用利润率 $= \frac{\text{利润总额}}{\text{成本费用总额}} \times 100\%$

(5) 存货周转率 $= \frac{\text{产品销售成本}}{\text{平均存货成本}} \times 100\%$

(6) 应收账款周转率 $= \frac{\text{赊销净额}}{\text{平均应收账款余额}} \times 100\%$

(7) 不良资产比率 $= \frac{\text{年末不良资产总额}}{\text{年末资产总额}} \times 100\%$

(8) 速动比率 $= \frac{\text{速动资产}}{\text{流动负债}} \times 100\%$

(9) 现金流动负债比率 $= \frac{\text{年经营现金净流量}}{\text{流动负债}} \times 100\%$

(10) 三年资本平均增长率 $= \left(\sqrt[3]{\frac{\text{年末所有者权益}}{\text{三年前年末所有者权益}}} - 1\right) \times 100\%$

(11) 三年销售平均增长率 $= \left(\sqrt[3]{\frac{\text{当年主营业务收入净额}}{\text{三年前主营业务收入净额}}} - 1\right) \times 100\%$

(12) 技术投入比率 $= \frac{\text{当年技术转让费用支出与研发投入}}{\text{主营业务收入净额}} \times 100\%$

(二) 综合评分法评价基本步骤

综合指数法评价企业经营绩效的过程可分为五个步骤。

1. 基本评价指标的计算与评价

基本指标反映企业的基本情况，是对企业经营业绩的初步评价。基本指标评价的参照标准值由财政部定期颁布，分为五档：分别为优秀(标准系数为 1)、良好(0.8)、平均值(0.6)、较低值(0.4)、较差值(0.2)。不同行业、不同规模企业有不同的标准值，如大型普通机械制造业的净资产收益率标准为：优秀(16.5)；良好(9.5)；平均值(1.7)；较低值(3.6)；较差值(2.0)。

$$\text{单项基本指标得分} = \text{本档基础分} + \text{本档调整分}$$

其中：

$$\text{本档基础分} = \text{指数权数} \times \text{本档标准系数}$$

$$\text{本档调整分} = [(\text{实际值} - \text{本档标准值}) \div (\text{上档标准值} - \text{本档标准值})] \times (\text{上档基础分} - \text{本档基础分})$$

$$\text{上档基础分} = \text{指数权数} \times \text{上档标准系数}$$

$$\text{基本指标总分} = \sum \text{各类基本指标}$$

通过分析可知，华夏公司的财务状况不太乐观，其中净资产收益率为1.5%，总资产报酬率为1.38%，资产运营水平与同行业水平相比，流动资产周转率高于同行业水平，其中总资产周转率为73.09%，流动资产周转率为1.28次，偿债能力较低，其中资产负债率为63.77%，已获利息倍数为1.85。

2. 修正系数的计算

基本指标具有较强的概括性，但是不够全面。为了更全面地评价企业绩效，需要根据修正指标的高低计算修正系数，修正基本指标得分。修正指标分为五个区段，每个区段对应一个基本指标的得分区间，即：5—100～80分；4—80～60分；3—60～40分；2—40～20分；1—20～10分。对于每一个修正指标，每个区段的得分标准也由财政部定期颁布。对基本指标得分的修正，按照四类指标的得分分别进行。

$$基本修正系数 = 1 + (实际值所处区段 - 修正指标应处区段) \times 0.1$$

“实际值所处区段”为该修正指标的实际值所处区间对应的区段，“修正指标应处区段”为某类别基本指标的得分之所在的区间对应的区段。

3. 修正后得分的计算

$$修正后的总得分 = \sum(分类综合修正系数 \times 分类指标得分)$$

4. 定性指标的计算方法

定性指标以评议的方式取得分值，每个指标都被分为五个等级，每个等级对应一个参数，即：优—1；良—0.8；中—0.6；低—0.4；差—0.2。

$$单项评议指标分数 = \sum(单项评议指标权数 \times 各评议员给定的等级参数) \div 评议员数$$

5. 确定综合评价结果等级

$$综合评价得分 = 定量指标修正后得分 \times 80\% + 定性指标得分 \times 20\%$$

企业经营业绩综合评价结果用5等10级制表达，以85分、70分、50分、40分作为类型判定的分数线。具体的企业经营业绩综合评价类型与评价级别如表10-4所示。

表10-4　企业经营业绩综合评价级别一览表

评价类型	评价级别	评价得分
优(A)	A++ A+ A	100—95 94—90 89—85
良(B)	B+ B B−	84—80 79—75 74—70

（续表）

评价类型	评价级别	评价得分
中(C)	C C−	69—60 59—50
低(D)	D	49—40
差(E)	E	40以下

本章小结

本章主要学习了：综合分析与业绩评价的目的和内容、杜邦财务分析法以及企业经营业绩综合评价。业绩评价是在综合分析的基础上，运营业绩评价方法对企业财务状况和经营成果所作的综合结论。杜邦财务分析法，主要是根据各财务比率指标之间的内在联系，建立财务分析指标体系，综合分析企业财务状况的方法。进行企业经营业绩综合评价通常可采用综合指数法和综合评分法，即通过计算企业经营业绩综合指数或综合分数，反映企业总体经营业绩水平的高低。

本章重要概念

业绩评价　杜邦财务分析法　帕利普财务分析法　综合指数法　综合评分法

思考与练习

1. 杜邦分析法的优点和局限性有哪些？
2. 财务综合分析与业绩评价之间的关系是什么？
3. 帕利普分析体系中主要的财务指标之间的关系是什么？
4. 运用综合指数法需要注意哪些问题？

推荐阅读资料

[1] 张先治，陈友邦. 财务分析[M]. 大连：东北财经大学出版社，2014.
[2] 樊行健，郭晓燚，孙峥嵘. 财务分析[M]. 北京：清华大学出版社，2007.
[3] 宋常. 财务分析学[M]. 北京：中国人民大学出版社，2007.
[4] 张俊民. 财务分析[M]. 上海：复旦大学出版社，2011.

第十一章　企业价值评估

内容简介

本章主要讲解了企业价值评估的意义、内容和方法;以现金流量为基础的价值评估;以经济利润为基础的价值评估;以相对价值法为基础的价值评估。本章重点为以现金流量为基础的价值评估。

学习目的和要求

通过本章学习,学生应掌握以现金流量为基础的价值评估、以经济利润为基础的价值评估和以相对价值法为基础的价值评估,了解企业价值评估的意义、内容和方法。

引例　企业估值

阿里巴巴上市首日市值超过 2 300 亿美元、百度以 185 倍的市盈率买下 91 无线,小米融资估值为 450 亿美元。在现实世界中,每一家上市公司的股价、每一个并购交易的收购价格、每一轮创业项目的融资估值可以轻易被大众所得知,然而企业的真实价值却永远是个谜。

企业估值的运用范围非常广泛且几乎无所不在。

根据清科研究中心统计数据显示,2015 年中国创业投资数量与规模双双突破历史纪录,创业公司每轮融资平均超过 6 000 万元。而创业公司向种子基金、天使基金或风险基金进行融资时,必须评估企业的价值,以协议公司必须出让多少股份,取得多少融资。此时,企业估值就扮演了关键的角色。

举凡股票发行上市、兼并与收购、抵押贷款、企业间的合资与合作,甚至是公司内部的管理与运营，都必须依赖企业估值的评估结果来进行。“股神”巴菲特有句话，“你付出的是价格，而你得到的是价值”。巴菲特价值投资的精髓就在于对企业进行估值，以保证得到的价值能远远大于付出的价格。

企业估值是一门复杂的科学，为了准确估算出公司价值，需要熟知多种估值模型、合理选择诸多变量、正确假设各种参数，然而只要中间一个环节判断失准，就会得出“失之毫厘，谬之千里”的评估结果。

企业估值，与其说它是一门科学，倒不如说它是一门高深的艺术。科学可以重复且有统一的标准，而艺术则是无法复制且没有明确的准则。在真实生活里，并不存在一个可以精确计算企业内在价值的公式，更没有人能够确切推断出一家公司的真实价值。估值除了需要强大的数理统计技术外，模型的运用、变量的选择和参数的假设都是艺术，它们高度依赖估值者的实践经验、预测及判断。

实践中买方对于被并购公司的出价，很大程度上取决于双方的心理博弈游戏。保罗·格雷厄姆的经典名句：“大多数时候，促成买方掏钱的最好办法不是让买家看到有获利的可能，而是让他们感到失去机会的恐惧。”91 无线早先筹划在香港上市，再加上阿里巴巴、腾讯和 360 的成功搅局，让百度由最初 10 亿美元的报价提高到了 19 亿美元。在并购交易中，买方对被并购公司的估值结果并非只是一个数字，通常是一个分布区间，是议价谈判的最高上限和最低下限。而最终的价格则取决于双方的实力、地位、谈判技巧、意愿和竞争态势。因此，企业估值其实是心理博弈游戏。

第一节 企业价值评估概述

一、企业价值评估的意义

企业价值评估简称价值评估，是一种经济评估方法，目的是分析和衡量企业（或者企业内部的一个经营单位、分支机构）的公平市场价值并提供有关信息，以帮助投资人和管理当局改善决策。价值评估的目的是帮助投资人和管理当局改善决策。其主要用途表现在以下三个方面。

1. 价值评估可以用于投资分析

价值评估是基础分析的核心内容。投资人信奉不同的投资理念，有的人相信技术分析，有的人相信基础分析。相信基础分析的人认为，企业价值与财务数据之间存在函数关系，这种关系在一定时间内是稳定的，证券价格与价值的偏离经过一段时间的调整会向价值回归。他们据此原理寻找并且购进被市场低估的证券或企业，以期获得高于市场平均报酬率的收益。

2. 价值评估可以用于战略分析

战略是指一整套的决策和行动方式，包括刻意安排的有计划的战略和非计划的突发应变战略。战略管理是指涉及企业目标和方向、带有长期性、关系企业全局的重大决策和管理。战略管理可以分为战略分析、战略选择和战略实施。战略分析是指使用定价模型清晰地说明经营设想和发现这些设想可能创造的价值，目的是评价企业目前和今后增加股东财富的关键因素是什么。价值评估在战略分析中起核心作用。例如，收购属于战略决策，收购企业要估计目标企业能否增加股东财富，以及依靠什么来增加股东财富。

3. 价值评估可以用于以价值为基础的管理

如果把企业的目标设定为增加股东财富，而股东财富就是企业的价值，那么，企业决策正确性的根本标志就是增加企业价值。不了解一项决策对企业价值的影响，就无法对决策进行评价。从某种意义上说，价值评估是改进企业一切重大决策的手段，为了搞清楚财务决策对企业价值的影响，需要清晰描述财务决策、企业战略和企业价值之间的关系。在此基础上，实行以价值为基础的管理，依据价值最大化原则制订和执行经营计划，通过度量价值增加来监控经营业绩并确定相应报酬。

二、企业价值评估的内容

价值评估的内容就是要明确对企业什么价值进行评估。

1. 实体价值与股东价值

实体价值是指企业全部资产的价值。股东价值亦称资本价值，是指企业净资产价值。由于“资产＝负债＋净资产”，因此，无论评估企业价值，还是评估股东价值，都是相互关联的。我们既可以从企业价值入手评估股东价值，也可以从评估股东价值入手评估企业价值，但应注意评价中所需要信息的不同。

2. 持续经营价值与清算价值

企业能够给所有者提供价值的方式有两种：一种是营业所产生的未来现金流量的现值，称为持续经营价值；另一种是停止经营，出售资产产生的现金流，称为清算价值。这两者的评估方法和评估结果有明显区别。我们必须明确拟评估的企业是一个持续经营的企业还是一个准备清算的企业，评估的价值是其持续经营价值还是其清算价值。在大多数情况下，评估的是企业的持续经营价值。

企业公允的市场价值应是持续经营价值和清算价值中较高的一个。一个企业持续经营的基本条件是其持续经营价值超过清算价值。依据理财的“自利原则”，当未来现金流的现值大于清算价值时，投资人会选择持续经营。如果现金流量下降，或者资本成本提高，使未来现金流量现值低于清算价值，则投资人会选择清算。一个企业的持续经营价值已经低于清算价值，应当进行清算。但也有例外，就是控制企业的人拒绝清算，使企业得以持续经营。这种持续经营，摧毁了股东本来可以通过清算得到的价值。

3. 少数股权价值与控股权价值

价值评估中通常以股票或债券市场价格为基础进行评估。企业市场价值是评估企业经营业绩的重要指标和资本成本的主要决定因素。但是,应当指出,市场价值衡量的是少数股权价值,不是控股权交易的可靠价值指标。在股票市场上交易的只是少数股权,大多数股票并没有参加交易。掌握控股权的股东,不参加日常的交易。我们看到的股价通常只是少数已经交易的价格,它们衡量的只是少数股权的价值。少数股权与控股股权的价值差异,明显地出现在收购交易当中。一旦控股权参加交易,股价会迅速飙升,甚至达到股权价值的数倍,在评估企业价值时,必须明确拟评估的对象是少数股权价值还是控股股权价值。

买入企业的少数股权和买入企业的控制权,是完全不同的两码事。买入企业的少数股权,是承认企业现有的管理和经营战略,买入者只是一个旁观者。买入企业的控制权,投资者获得改变企业生产经营方式的充分自由,或许还能增加企业的价值。

这两者如此不同,以至于可以认为:同一企业的股票在两个分割开来的市场上交易。一个是少数股权市场,它交易的是少数股权代表的未来现金流量;另一个是控股权市场,它交易的是企业控股权代表的现金流量。获得控股权,不仅意味着取得了未来现金流量的索取权,而且同时获得了改组企业的特权。在两个不同市场里交易的实际上是不同的资产。

延伸阅读 11-1

现时市场价值

现时市场价值是指按现行市场价格计量的资产价值,它可能是公平的,也可能是不公平的。首先,作为交易对象的企业,通常没有完善的市场,也就没有现成的市场价格。非上市企业或者它的一个部门,由于没有在市场上出售,其价格也就不得而知。对于上市公司而言,每天参加交易的只是少数股权,多数股权不参加日常交易,因此,市价只是少数股东认可的价格,未必代表公平价值。其次,以企业为对象的交易双方,存在比较严重的信息不对称。人们对于企业的预期会有很大差距,成交的价格不一定是公平的。再次,股票价格是经常变动的,人们不知道哪一个是公平的。最后,评估的目的之一是寻找被低估的企业,也就是价格低于价值的企业。如果用现时市价作为企业的估价,则企业价值与价格相等,我们什么有意义的信息也得不到。

三、价值评估的方法

企业价值评估使用的模型通常称为定价模型,其功能是把预测数据转换为企业价值。在实务中使用大量的不同模型，这些模型有的很简单，有的非常复杂，名目繁多，它们大体上可以分为以下三种类型。

1. 贴现现金流量法

持续经营是贴现现金流量法的基本假设前提。在持续经营的前提下，企业有获利能力并不断扩大经营。贴现现金流量法认为企业的价值是与其未来能产生的现金流量密切相关的。应用贴现现金流量法，能通过各种假设反映企业管理层的管理水平和经验。

贴现现金流量法的原理是假设任何资产的价值等于其预期未来现金流量的现值之和，其基本公式为：

$$V=\sum_{t=1}^{n}\frac{CF_t}{(1+r)^t}$$

式中，V 为资产的价值；n 为资产的寿命；r 为与预期现金流量相对应的折现；CF_t 为资产在 t 时刻产生的现金流量。

使用以上模型估值需要满足三个条件，第一，确定各期的现金流量；第二，确定反映预期现金流量风险的贴现率；第三，确定资产的寿命。

当被估价资产的预期现金流量为正，能够根据现金流量的风险特性确定相应的贴现率，并能比较可靠地估计现金流量产生的时间时，贴现现金流量法是一个很好的估价方法。但当上述三个条件中任何一个不能得到满足时，贴现现金流量法就无能为力或者其估值结果会产生较大的误差。

贴现现金流量法的优点在于考虑了企业未来的收益能力，并且比较符合价值理论。该方法的局限性主要在于在评估企业价值时，其结果的准确性依赖于各种假设的准确性——企业持续经营稳定、现金流量预测、资本成本等。同时，该方法对业绩不稳定、周期性行业和成长型公司或新生公司的预测较困难。

2. 经济利润模型

经济利润是指从超过投资者要求的必要报酬率中得来的价值，也称经济增加值。

经济利润＝期初投资成本×(期初投资成本报酬率－加权平均资本成本)
　　　　＝期初投资成本×期初投资成本报酬率－投资成本×加权平均资本成本
　　　　＝息前税后营业利润－资本费用

经济利润不同于会计利润，两者的主要区别在于经济利润扣除了股权资本费用，而不仅是债务费用；会计利润仅扣除债务利息，而没有扣除股权资本成本。

企业价值评估的经济利润模型为：

企业价值 = 投资成本 + 预计经济利润的现值

该模型的基本思想是：如果每年的息前税后利润正好等于债权人和股东要求的收益，即经济利润等于 0，则企业的价值没有增加，也没有减少，仍然等于投资成本。

经济利润模型越来越受到重视，逐步成为最受推崇的模型，不仅受到理论家的赞同，而且许多有影响的咨询公司也在实务中使用这类模型。

3. 相对价值模型

这种模型是运用一些基本的财务比率评估一家企业相对于另一家企业的价值。相对价值模型以市盈率模型为代表：

每股价值 = 市盈率 × 目标企业每股收益

延伸阅读 11-2

企业估值是定量分析还是定性分析？

价格是当下的，价值则是未来的。估值指标虽然是科学可定量的，价值的发现却必须以定性分析为前提。想要准确估算出一家公司的价值，就必须深入了解且透彻分析这家公司的商业模式、核心竞争力、行业发展前景、战略地位、优势劣势、机会威胁等因素。在定性分析的基础下，才能挑选出合适的估值模型、给出合理的假设，并得到可靠的结论。

企业估值的定量分析充其量只是一个工具，通过这个工具可以将获得的所有信息和对于未来的预测转化成为一个数字、一笔金额。掌握企业价值驱动的因素，了解企业未来的利润增长性和盈利机会，才是估值准确的关键。

第二节 以现金流量为基础的价值评估

一、以现金流量为基础的价值评估的意义

一般财务理论认为，企业价值应该与企业未来资本收益的现值相等。企业未来资本收益可用股利、净利润、息税前利润和净现金流量来表示。不同的表示方法，反映的企业价值内涵是不同的。利用净现金流量作为资本收益进行折现，被认为是较理想的价值评估方法。因为净现金流量与以会计为基础计算的股利与利润指标相比，更能全面、精确地反映所有价值因素。下面以表 11-1 和表 11-2 为例加以说明。

表 11-1　长寿公司与短寿公司预计净收益　　　单位:万元

项　目		年度 1	年度 2	年度 3	年度 4	年度 5	年度 6
长寿公司	销售额	1 000	1 050	1 100	1 200	1 300	1 450
	现金支出	−700	−745	−790	−880	−970	−1 105
	折旧	−200	−200	−200	−200	−200	−200
	净收益	100	105	110	120	130	145
短寿公司	销售额	1 000	1 050	1 100	1 200	1 300	1 450
	现金支出	−700	−745	−790	−880	−970	−1 105
	折旧	−200	−200	−200	−200	−200	−200
	净收益	100	105	110	120	130	145

表 11-2　长寿公司与短寿公司预计净现金流量　　　单位:万元

项　目		年度 1	年度 2	年度 3	年度 4	年度 5	年度 6	累　计
长寿公司	净利润	100	105	110	120	130	145	710
	折旧	200	200	200	200	200	200	1 200
	资本支出	−600	0	0	−600	0	0	−1 200
	应收款增加	−250	−13	−13	35	45	−23	−219
	净现金流量	−550	292	297	−245	375	322	491
短寿公司	净利润	100	105	110	120	130	145	710
	折旧	200	200	200	200	200	200	1 200
	资本支出	−200	−200	−200	−200	−200	−200	−1 200
	应收款增加	−150	−8	−8	−15	−15	−23	−219
	净现金流量	−50	97	102	105	115	122	491

从表 11-1 可看出,两个公司各年度无论是销售额还是净利润都完全相等。如果以此资料为基础评估企业股东价值,那么可得出两个公司股东价值完全相同的结论。但从表 11-2 可看出,虽然两个公司各年度利润和销售额完全相等,累计资本支出和应收款增加额也相同,但其各年净现金流量及变动趋势却不同。因此,以净现金流量折现法评估的两个公司股东价值就可能不同。显然,以净现金流量为基础的评估方法更科学,它考虑了资本支出时间不同对资本收益的影响。

二、以现金流量为基础的价值评估模型

$$价值 = \sum_{t=1}^{n} \frac{现金流量_t}{(1+资本成本_t)^t}$$

任何资产都可以使用现金流量的折现模型来股价，其价值都是以下三个变量的函数。

1. 现金流量

现金流量是指各期的预期现金流量。不同的资产的未来现金流量表现形式不同，债券的现金流量是利息和本金，投资项目的现金流量是项目引起的增量现金流量。在价值评估中可供选择的企业现金流量有三种：股利现金流量、股权现金流量和实体现金流量。依据现金流量的不同种类，企业估价模型也分股利现金流量模型、股权现金流量模型和实体现金流量模型三种。

(1) 股利现金流量模型。股利现金流量模型的基本形式是：

$$股权价值 = \sum_{t=1}^{n} \frac{股利现金流量_t}{(1 + 股权资本成本_t)^t}$$

股利现金流量是企业分配给股权投资人的现金流量。

(2) 股权现金流量模型。股权现金流量模型的基本形式是：

$$股权价值 = \sum_{t=1}^{n} \frac{股权现金流量_t}{(1 + 股权资本成本_t)^t}$$

股权现金流量是一定期间企业可以提供给股权投资人的现金流量，它等于企业实体现金流量扣除对债权人支付后的剩余的部分。有多少股权现金流量会作为股利分配给股东，取决于企业的筹资和股利分配政策。如果把股权现金流量全部作为股利分配，则上述两个模型相同。

(3) 实体现金流量模型。实体现金流量模型的基本形式是：

$$实体价值 = \sum_{t=1}^{n} \frac{实体现金流量_t}{(1 + 加权平均资成本成_t)^t}$$

其中：

$$实体现金流量 = 税后经营利润 + 折旧摊销 - 经营营运资本增加 - 资本支出$$

$$债务价值 = \sum_{t=1}^{n} \frac{偿还债务现金流量_t}{(1 + 等风险债务成本_t)^t}$$

$$股权价值 = 实体价值 - 债务价值$$

实体现金流量是企业全部流入扣除成本费用和必要的投资后的剩余部分，它是企业一定期间可以提供给所有投资人（包括股权投资人和债券投资人）的税后现金流量。

企业价值、债务价值及股东价值的关系及其评估可通过图 11-1 体现。

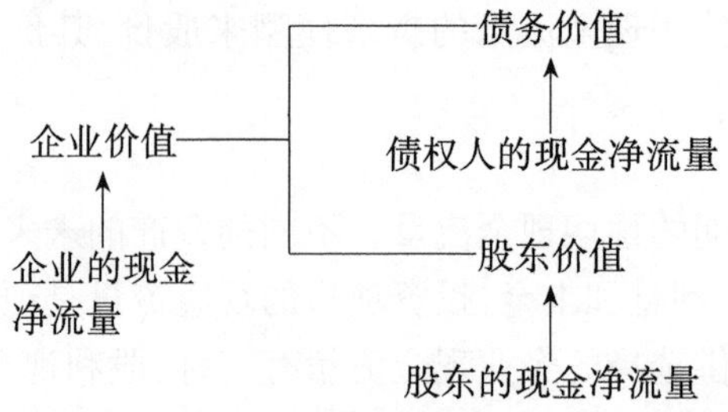

图 11-1　实体价值、债务价值及股权价值的关系

在数据假设相同的情况下，三种模型的评估结果是相同的。由于股利分配政策有较大变动，股利现金流量很难预计，所以股利现金流量模型在实务中很少被使用。如果假设企业不保留多余的现金，而将股权现金作为股利发放，则股权现金流量等于股利现金流量，股权现金流量模型可以取代股利现金流量模型，避免对股利政策进行估计的麻烦。因此，大多数企业的估价使用股权现金流量模型或实体现金流量模型。

2. 资本成本的估算

资本成本是计算现值使用的折现率。折现率是现金流量风险的函数，风险越大则折现率越高，因此折现率和现金流量要相互匹配。股权现金流量只能用股权资本成本来折现，实体现金流量只能用企业实体的加权平均资本成本来折现。

(1) 股权资本成本。估算股权资本成本的方法很多，最常用的有股利增长模型、资本资产定价模型和套利定价模型。

其一，股利增长模型。对于稳定增长的公司而言，可以用股利增长模型估算股权资本成本，因为稳定增长的公司股票价格可以表示为：

$$P_0 = \frac{DPS_1}{K_s - G}$$

则

$$K_s = \frac{DPS_1}{P_0} + g$$

式中，P_0 为当前的股票价格；DPS_1 为下一年预计支付的股利；K_s 为股权资本成本；g 为股利的增长率。

该模型计算简单，实际上与固定增长模型的预算期的计算方法是一样的，认为公司以一个固定的增长率增长并持续到永远。但是由于我国资本市场的股利支付率极低，这种方法基本上不适合目前我国的国情。

其二，资本资产定价模型。可以说，到目前为止，资本资产定价模型(CAPM)

是最成熟的风险度量模型。该模型用方差来度量不可分散风险，并将风险与预期收益联系起来。资本资产定价模型有五个假设前提：投资者对资产的收益和变化预期是一致的；投资者可以按照无风险利率进行借贷；所有资产是可交易的，而且完全可以分割；没有交易成本；资本市场上没有对卖空交易的限制。

在这些假设前提下，任何资产不可分散的风险都可以用 β 值来描述，并相应的计算出预期收益率，其基本公式如下：

$$R = R_f + \beta(R_m - R_f)$$

式中，R 为投资者所要求的收益率；R_f 为无风险收益率；R_m 为市场预期收益率；β 为企业（资产组合）对整个市场风险的贡献。

其三，套利定价模型。资本资产定价模型无法用 β 值完全解释不同资产的收益不同及其限制性假设和对市场投资组合的依赖，为此受到学术界和业界的质疑。1976 年，罗斯（Ross）提出了一种新的资本资产均衡理论——套利定价模型（APM）。套利定价模型的逻辑基础与资本资产定价模型存在很多相通的地方，即投资者只有在承担不可分散风险时才能获得补偿；但是与资本资产定价模型不同的地方是，套利模型认为风险可由多个因素产生，而不像资本资产定价模型只基于一个风险因素，这些决定因素的个数及其确认是由历史收益决定的。其基本表达式如下：

$$R = R_f + \sum_{i=1}^{k} \beta_i [E(R_i) - R_f]$$

式中，R 为股权成本；R_f 为无风险利率；$E(R_i) - R_f$ 为 i 风险因素的风险补偿率；β_i 为 i 风险因素的 β 系数；k 为风险因素的数量。

(2) 债务资本成本。债务资本成本是企业为投资项目融资时所借债务的成本。需要注意的是，这里所说的债务资本即是资产负债表上的长期负债。因为只有长期负债才能作为企业的融资资本，而短期负债需要随时偿付，一般由流动资产来偿付。

一般来说，债务资本成本是由下列变量决定的：

其一，当前的利率水平：当市场利率上升，企业的债务成本也会随之上升。

其二，企业的信用等级：如果企业信用等级低，违约风险就较高，从而债务成本就高。如果没有债券等级，可以用公司最近支付的债券利率来衡量高的违约风险。

其三，债务的税收抵减：利息可以抵减税款，所以要通过税率来计算债务的税后成本。债务在税收抵减上的好处使得债务的税后成本低于税前成本，而且，随着税率的提高，这个好处会增大。

$$税后债务成本 = 税前成本 \times (1 - 税率)$$

债务成本不是企业发行在外的债券的利息率，也不是企业的历史债务融资成本。虽然这些是将来企业偿还债务时所需支付的利息成本的决定因素，但它们并不能决定公司目前的债务税后成本。所以，公司以前借入的利率较低的债务，只是账面上的债务，当利率整体水平已经提高，或者公司违约风险提高的时候，我们就不能因此认为公司的债务成本低。

(3) 加权平均资本成本。加权平均资本成本(WACC)是企业为筹集资金而发行的全部各种有价证券的成本的加权平均值，包括股权资本成本和长期负债资本成本。

在计算出公司的股权资本成本和长期负债资本成本后，如果公司没有诸如优先股成本，我们就可以计算加权平均资本成本，用公式表示如下：

$$WACC = \sum_{i=1}^{n} R_i W_i$$

式中，R_i 为第 i 种个别资本成本；W_i 为第 i 种个别资本成本占全部资本的比重(权数)。

值得注意的是，在计算加权平均资本成本时，普通股和债权的比重应以市场价值为基础，而不是账面价值。这是因为衡量资本成本是为了确定融资时的债券成本，即股票或债券的成本，而他们都是按照市场价值而不是账面价值发行的。

3. 现金流量的持续年数

"n"是指产生现金流量的时间，通常用"年"数来表示。从理论上说，现金流量的持续年数应当等于资源的寿命。企业的寿命是不确定的，通常采用持续经营假设，即假设企业将无限期地持续下去。预测无限期的现金流量数据是很困难的，时间越长，远期的预测越不可靠。为了避免预测无限期的现金流量，大部分估价将预测的时间分为两个阶段。第一阶段是有限的、明确的预测期，称为"详细预测期"，或简称"预测期"，在此期间需要对每年的现金流量进行详细预测，并根据现金流量模型计算其预测期价值；第二阶段是预测期以后的无限时期，称为"后续期"或"永续期"，在此期间假设企业进入稳定状态，有一个稳定的增长率，可以用简便方法直接估计后续期价值。后续期价值也被称为"永续价值"或"残值"。

$$后续期价值 = \frac{下一期现金净流量}{资本成本 - 永续增长率}$$

这样，企业价值被分为两个部分：企业价值=预测期价值+后续期价值。

【例 11-1】 A 公司是一个规模较大的跨国公司，处于稳定增长状态。2×15 年每股净利润为 13.7 元。根据全球经济预期，长期增长率为 6%。预计该公司的长期增长率与宏观经济相同。为维持每年 6%的增长率，需要每股股权本年净投资 11.2 元。据估计，该企业的股权资本成本为 10%。请计算该企业 2×15 年每股股权现金流量和每股股权价值。

每股股权现金流量= 每股净利润 − 每股股权本年净投资
=13.7−11.2=2.5(元/股)

每股股权价值 = (2.5×1.06)÷(10%−6%) = 66.25 (元/股)

如果估计增长率为 8%，而本年净投资不变，则股权价值发生很大变化：

每股股权价值 = (2.5×1.08)÷(10%−8%) = 135 (元/股)

如果考虑到为支持 8%的增长率需要增加本年净投资，则股权价值不会增加很多。假设每股股权本年净投资需要相应地增加到 12.4731 元，则股权价值为：

每股股权现金流量 = 13.7−12.473 1 = 1.226 9 (元/股)

每股股权价值 = (1.226 9×1.08)÷(10%−8%) = 66.25 (元/股)

因此，在估计增长率时一定要考虑与之相适应的本年净投资。

【例 11-2】 已知 A 公司 2010 年年底发行在外的股票是 300 万股，股价 19 元。本年销售额为 12 300 万元，息税前利润为 1 000 万元，资本支出为 300 万元，折旧为 250 万元，年底经营营运资本 220 万元。目前公司债务价值 3 000 万元，加权平均资本成本 11%，并预测：①2×11—2×15 年销售增长率为 8%，预计息税前利润、资本支出、折旧和经营营运资本都与销售额同步增长；②从 2×16 年开始，公司进入稳定增长阶段，销售额和息税前利润均每年增长 1%，资本支出、经营营运资本与销售同步增长，折旧与资本支出相等；③2×16 年偿还到期债务后，加权平均资本成本为 10%，公司平均所得税为 36%。

则该公司每股股票价值计算如下：

(1) 按实体现金流量计算公式，可以计算出 2×10—2×16 年度的实体现金流量，其结果如表 11-3 所示。

表 11-3 2×10—2×16 年度的实体现金流量 单位:万元

年 份	2×10	2×11	2×12	2×13	2×14	2×15	2×16
增长率		8%	8%	8%	8%	8%	1%
息税前利润	1 000	1 080	1 166.4	1 259.71	1 360.49	1 469.33	1 484.02
息税前利润×(1−T)	640	691.2	746.5	806.22	870.71	940.37	949.77

（续表）

年　份	2×10	2×11	2×12	2×13	2×14	2×15	2×16
加:折旧	250	270	291.6	314.93	340.12	367.33	445.21
(经营营运资本)	220	237.6	256.61	277.14	299.31	323.25	326.48
减:经营营运资本		17.6	19.01	20.53	22.17	23.94	3.23
减:资本支出	300	324	349.92	377.91	408.15	440.8	445.21
实体现金流量		619.6	669.17	722.7	780.52	842.96	946.54

(2) 公司的股权价值计算如下：

$$\text{股权价值}=\frac{619.6}{1+11\%}+\frac{669.17}{(1+11\%)^2}+\frac{722.7}{(1+11\%)^3}+\frac{780.52}{(1+11\%)^4}+\frac{842.96}{(1+11\%)^5}+\frac{946.56/(10\%-1\%)}{(1+11\%)^5}$$

$$=8\ 885.55(\text{万元})$$

$$\text{每股股票价值}=\text{股权价值}\div\text{发行在外股份数}=(8\ 885.55-3\ 000)\div 300=19.62\ (\text{元/股})$$

因为19.62元/股大于19元/股,所以该股票目前被市场低估了。

延伸阅读 11-3

企业价值评估与项目价值评估的区别

企业价值评估与项目价值评估有许多明显的区别:第一,投资项目的寿命是有限的,而企业的寿命是无限的,因此要处理无限期现金流量折现问题。第二,典型的项目投资有稳定的或下降的现金流量,而企业通常将受益再投资并产生增长的现金流量。它们的现金流量分布有不同特征。第三,项目产生的现金流量属于投资人,而企业产生的现金流量仅在管理层决定分配它们时才流向所有者。如果管理层决定向较差的项目投资而不愿意支付股利,则少数股东除了将股票出售外别无选择。这些差别,也正是企业价值评估比项目价值评估更困难的地方,或者说是现金流量折现法用于企业价值评估需要解决的问题。

第三节　以经济利润为基础的价值评估

企业既然以增加价值为目标,计量其价值的增加额就成为非常重要的问题。考察企业价值增加最直接的方法是计算其市场增加值。

$$\text{市场增加值}=\text{企业市值}-\text{总资本}$$

企业市值是投资人按当时的市价出售可获得的现金流入,包括股本市值和债务市值。总资本是投资人投入企业的总现金,包括股权资本和债务资本。但是,在日常决策中很少使用市场增加值。一个原因是,只有上市企业才有价格,才能计算市场增加值,而上市企业只是少数;另一个原因是,短期股市总水平的变化大于企业决策对企业价值的影响,股市行情湮没了管理行为。

经过大量的实证研究发现,经济利润(或称经济增加值、附加经济价值、剩余收益等)可以解释市场增加值的变动。经济利润不是什么新的理论,其大部分内容已存在很长时间。现实中日益严重的代理问题,使它成为越来越热门的理财思想。它的诱人之处在于把投资决策、业绩评价和奖金激励统一起来。它把企业的目标定位为增加经济利润,并用经济利润的增加作为投资决策的标准和衡量经济业绩的尺度,奖金的发放也可以根据创造多少经济利润来确定。这就使基于价值的管理变得简单、直接,具有了逻辑上的一致性。

一、经济利润模型的原理

经济利润是指经济学家所持的利润概念。虽然经济学家的利润也是收入减去成本后的差额,但是经济收入不同于会计收入,经济成本也不同于会计成本,因此经济利润也不同于会计利润。

1. 经济收入

经济收入是指期末和期初同样富有的前提下,一定期间的最大花费。这里的收入是按财产法计量的,如果没有任何花费,则期末财产的市值超过期初财产市值的部分为本期收入:

$$本期收入 = 期末财产 - 期初财产$$

例如,你年初资产 5 万元,在年末升值为 7 万元,本年工资收入 4 万元,经济学家认为你的全年收入为 6 万元,其中包括 2 万元的净资产增值。

会计上则认为你的全年总收入为 4 万元,2 万元的资产升值不能算收入,理由是它还没有通过销售而实现,缺乏记录为收入的客观证据。除交易频繁的资产外,绝大多数资产难以计量时间的期间变化。

会计上的做法有一个很麻烦的问题,就是你如果把已经升值的资产出售,得到 7 万元,然后用 7 万元再将它购回,则会计上承认资产的 2 万元增值收入实现了,你的年收入就是 6 万元了。这种虚假交易可以改变收入的做法,不仅和经济理论相矛盾,也很难被非专业人士理解和使用。许多企业正是利用会计的这一缺点操纵利润的。

2. 经济成本

经济成本不仅包括会计上实际支付的成本,而且还包括机会成本。

例如，股东投入企业的资本也是有成本的，是本期成本的一部分，在计算利润时应当扣除。这样做的理由是，股东投入的资本是生产经营不可缺少的条件之一，并且这笔钱也不是没有代价的。股东要求回报的正当性不亚于债权人的利息要求和雇员的工资要求。

3. 经济利润

计算经济利润的一种简单的方法，就是用息前税后营业利润减去企业的全部资本费用。复杂的方法是逐项调整会计收入使之变为经济收入，同时逐项调整会计成本使之变为经济成本，然后计算经济利润。斯特恩-斯图尔特公司设计了非常具体的经济增加值计算程序以及向经理分配奖金的模型，被许多著名的公司采用。

【例 11-3】 某企业的期初投资资本为 1 000 万元，期初投资资本回报率(税后经营利润/投资资本)为 10%，加权平均资本成本为 9%，则该企业的经济利润为 10 万元。

经济利润＝税后经营利润－全部资本费用

＝1 000×10%－1 000×9%

＝100－90

＝10(万元)

计算经济利润的另一种方法是用投资资本回报率与加权平均资本成本之差，乘以投资资本。

经济利润＝期初投资资本×(期初投资资本回报率－加权平均资本成本)

＝1 000×(10%－9%)

＝10(万元)

这种方法得出的结果与前一种方法相同，其推导过程如下：

经济利润＝税后净利润－股权费用

＝税后经营利润－税后利息－股权费用

＝税后经营利润－全部资本费用

＝期初投资资本×期初投资资本回报率－期初投资资本×加权平均资本成本

＝期初投资资本×(期初投资资本回报率－加权平均资本成本)

按照最简单的经济利润计算方法，经济利润与会计利润的区别是它扣除了全部资本的费用，而会计利润仅仅扣除了债务利息。

二、以经济利润为基础的价值评估模型

根据现金流量折现原理可知，如果某一年的投资资本回报率等于加权平均资本成本，则企业现金流量净现值为 0。此时，息前税后营业利润等于投资各方的期

望报酬，经济利润也必然为 0，企业的价值与期初相同，既没有增加也没有减少。如果某一年的投资资本回报率超过加权平均资本成本，则企业现金流量有正的净现值。此时，息前税后营业利润大于投资各方期望的报酬，也就是经济利润大于 0，企业的价值将增加。如果某一年的投资资本回报率小于加权平均资本成本，则企业现金流量有负的净现值。此时，息前税后营业利润不能满足投资各方的期望报酬，也就是经济利润小于 0，企业的价值将减少。

因此，企业价值等于期初投资资本加上经济利润的现值：

$$企业价值 = 期初投资资本 + 经济利润现值$$

公式中的期初投资资本是指企业在经营中投入的现金：

$$期初投资资本 = 所有者权益 + 净债务$$

【例 11-4】 某企业年初投资资本 1 000 万元，预计今后每年可获取税后经营利润 100 万元，每年净投资为 0，资本成本为 8%，则：

$$每年经济利润 = 100 - 1\ 000 \times 8\% = 20(万元)$$
$$经济利润现值 = 20 \div 8\% = 250(万元)$$
$$企业价值 = 1\ 000 + 250 = 1\ 250(万元)$$

如果用现金流量折现法，可以得出同样的结果：

$$实体现金流量现值 = 100 \div 8\% = 1\ 250(万元)$$

经济利润模型与现金流量模型在本质上是一致的，但是经济利润具有可以计量单一年份价值增加的优点，而现金流量法却做不到。因为，任何一年的现金流量都受到净投资的影响，加大投资会减少当年的现金流量，推迟投资可以增加当年的现金流量。投资不是业绩不良的表现，而找不到投资机会反而是不好的征兆。因此，某个年度的现金流量不能成为计量业绩的依据，管理层可以为了改善某一年的现金流量而推迟投资，而使企业的长期价值创造受到损失。

经济利润之所以受到重视，关键是它把投资决策必需的现金流量法与业绩考核必需的权责发生制统一起来了，它的出现，结束了投资决策用现金流量的净现值评价，而业绩考核用权责发生制的利润评价，决策与业绩考核的标准分离，甚至会出现冲突、混乱的局面。

第四节 以相对价值法为基础的价值评估

现金流量折现法和经济利润法在概念上很健全，但是在应用时会碰到较多的技术问题。在应用中有一种相对容易的估价方法，就是相对价值法，也称价格乘数或可比交易价值法等。这种方法是利用类似企业的市场定价，来估计目标企业价值。它的假设前提，是存在一个支配企业市场价值的主要变量（如净利等），市场价值与该变量的比值，各企业是类似的、可以比较的。

其基本做法如下：一是寻找一个影响企业价值的关键变量（如净利）；二是确定一组可以比较的类似企业，计算可比企业的市价或关键变量的平均值（如平均市盈率）；三是根据目标企业的关键变量乘以得到的平均值，计算目标企业的评估价值。

相对价值法，是将目标企业与可比企业对比，用可比企业的价值衡量目标企业的价值。如果可比企业的价值被高估了，则目标企业的价值也会被高估。实际上，所得结论是相对于可比企业来说的，以可比企业价值为基准，是一种相对价值，而非目标企业的内在价值。

例如，你准备购买商品住宅，出售者报价50万元，你如何评估这个报价呢？一个简单的办法就是寻找一个类似地段、类似质量的商品住宅，计算每平方米的价格（价格与面积的比率）。假设是0.5元/平方米，你拟购置的住宅是80平方米，利用相对价值法评估它的价值是40万元，于是你认为出售者的报价高了，你对报价的高低的判断是相对于类似商品住宅说的，它比类似住宅的价格高了，实际上，也可能是类似住宅的价格偏低。

这种做法看似很简单，真正使用起来并不简单，因为类似商品住宅与你拟购置的商品住宅总有“不类似”的地方，类似商品住宅的价格也不一定是公平市场价格。准确的评估还需要对计算结果进行另外的修正，而这种修正比一般人想象的要复杂得多，它涉及每平方米价格的决定因素问题。现金流量折现法的假设是明确显示的，而相对价值法的假设是隐含在比率内部的。

一、市价/净利比率模型

1. 基本模型

市价/净利比率通常称为市盈率。

$$市盈率 = 每股市价 \div 每股净利$$

运用市盈率估价的模型如下：

$$目标企业每股价值 = 可比企业平均市盈率 \times 目标企业的每股净利$$

该模型假设股票市价是每股净利的一定倍数。每股净利越大，则股票价值越大。同类企业有类似的市盈率，所以目标企业的股权价值可以用每股净利乘以可比企业的平均市盈率计算。

2. 模型原理

根据股利折现模型,处于稳定状态企业的股权价值为:

$$\text{股权价值} = P_0 = \frac{\text{股利}_1}{\text{股权成本} - \text{增长率}}$$

两边同时除以每股净利:

$$\frac{P_0}{\text{每股净利}_0} = \frac{\dfrac{\text{股利}_1}{\text{每股净利}_0}}{\text{每股成本} - \text{增长率}} = \frac{\dfrac{\text{每股净利}_0 \times (1 + \text{增长率}) \times \text{股利支付率}}{\text{每股净利}_0}}{\text{股权成本} - \text{增长率}}$$

$$= \frac{\text{股利支付率} \times (1 + \text{增长率})}{\text{股权成本} - \text{增长率}} = \text{本期市盈率}$$

上述根据当前市价和同期净利计算的市盈率,称为本期市盈率,简称市盈。

这个公式表明,市盈率的驱动因素是企业的增长潜力、股利支付率和风险(股权资本成本)。这三个因素类似的企业,才会具有类似的市盈率。可比企业实际上应当是这三个比率类似的企业,同业企业不一定都具有这种类似性。如果把公式两边同除的当前“每股净利$_0$”,换为预期下期“每股净利$_1$”,其结果称为“内在市盈率”或“预期市盈率”:

$$\frac{P_0}{\text{每股净利}_1} = \frac{\dfrac{\text{股利}_1}{\text{每股净利}_1}}{\text{股权成本} - \text{增长率}}$$

$$\text{内在市盈率} = \frac{\text{股利支付率}}{\text{股权成本} - \text{增长率}}$$

如果用内在市盈率为股票定价,其结果应与现金流量模型一致。你可能会想,如果知道了这三个比率就可以直接根据现金流量模型估计了,何必再计算市盈率用价格乘数模型定价?这样分析问题,不是为了重复演示现金流量模型,而是为了让你关注影响市盈率可比性的因素,以便合理选择可比企业,防止误用市盈率估价模型。市盈率估价模型被误用是很常见的事情。例如,有人认为市盈率低的股票更便宜,其实不一定。一个企业的市盈率比同行业高,可能是因为它有更高的增长率或风险较低,而不是被市场高估了。再如,不管企业的这三个比率高低,用行业平均的市盈率为新股定价,也是很不科学的。这些误用都与不理解市盈率的原理相关。

3. 模型的适用性

市盈率模型的优点:首先,计算市盈率的数据容易取得,并且计算简单;其次,市盈率把价格和收益联系起来,直观地反映投入和产出的关系;再次,市盈率涵盖了风险补偿率、增长率、股利支付率的影响，具有很高的综合性。

市盈率模型的局限性：如果收益是负值，市盈率就失去了意义；再有，市盈率除了受企业本身基本面的影响以外，还受到整个经济景气程度的影响。在整个经济繁荣时市盈率上升，整个经济衰退时市盈率下降。如果目标企业的β值为1，则评估价值正确反映了对未来的预期。如果企业的β值显著大于1，经济繁荣时评估价值被夸大了，经济衰退时评估价值被缩小。如果β值明显小于1，经济繁荣时评估价值偏低，经济衰退时评估价值偏高。如果是一个周期性的企业，则企业价值可能被歪曲了。

因此，市盈率模型最适合连续盈利，并且β值接近于1的企业。

【例11-5】 甲企业今年的每股净利是0.5元，分配股利0.35元/股，该企业净利润和股利的增长率都是6%，β值为0.75。政府长期债券利息为7%，股票的风险附加率为5.5%。那么，该企业的本期净利市盈率和预期净利市盈率各是多少？

乙企业与甲企业是类似企业，今年实际净利为1元，根据甲企业的本期净利市盈率对乙企业估价，其股票价值是多少？乙企业预期明年净利是1.06元，根据甲企业的预期净利市盈率对乙企业估价，其股票价值是多少？

$$\begin{aligned}\text{甲企业股利支付率} &= \text{每股股利} \div \text{每股净利}\\ &= 0.35 \div 0.5\\ &= 70\%\end{aligned}$$

$$\begin{aligned}\text{甲企业股权资本成本} &= \text{无风险利率} + \beta \times \text{风险附加率}\\ &= 7\% + 0.75 \times 5.5\%\\ &= 11.125\%\end{aligned}$$

$$\begin{aligned}\text{甲企业本期市盈率} &= [\text{股利支付率} \times (1+\text{增长率})] \div (\text{资本成本} - \text{增长率})\\ &= [70\% \times (1+6\%)] \div (11.125\% - 6\%)\\ &= 14.48\end{aligned}$$

$$\begin{aligned}\text{乙企业股票价值} &= \text{目标企业本期每股净利} \times \text{可比企业本期市盈率}\\ &= 1 \times 14.48\\ &= 14.48(\text{元/股})\end{aligned}$$

$$\begin{aligned}\text{乙企业股票价值} &= \text{目标企业本期每股净利} \times \text{可比企业预期市盈率}\\ &= 1.06 \times 13.66\\ &= 14.48(\text{元/股})\end{aligned}$$

值得注意的是：在估价时目标企业本期净利必须要乘以可比本期净利市盈率，目标企业预期净利必须要乘以可比企业预期市盈率，两者必须匹配。这一原则不仅适用于市盈率，也适用于市盈率和收入乘数；不仅适用于未修正价格乘数，也适用于后面所讲的各种修正的价格乘数。

二、市价/净资产比率模型

1. 基本模型

市价与净资产的比率，通常称为市净率。

$$市净率 = 市价 \div 净资产$$

这种方法假设股权价值是净资产的函数，类似企业有相同的市净率，净资产越大，则股权价值越大。因此，股权价值是净资产的一定倍数，目标企业的股权价值可以用每股净资产乘以可比企业平均市净率来计算。

$$股权价值 = 可比企业平均市净率 \times 目标企业每股净资产$$

2. 市净率的驱动因素

如果把股利折现模型的两边同时除以同期股权账面价值，就可以得到市净率：

$$\begin{aligned}
\frac{P_0}{股权账面价值_0} &= \frac{\dfrac{股利_0 \times (1+增长率)}{股权账面价值_0}}{股权成本-增长率} \\
&= \frac{\dfrac{股利_0}{每股收益_0} \times \dfrac{每股收益_0}{股权账面价值_0} \times (1+增长率)}{股权成本-增长率} \\
&= \frac{股利权益收益率 \times 股利支付率 \times (1+增长率)}{股权成本-增长率} \\
&= 本期净利率
\end{aligned}$$

该公式表明，驱动市净率的因素有权益报酬率、股利支付率、增长率和风险。其中权益报酬率是关键因素。这四个比率类似的企业，会有类似的市净率。不同企业市净率的差别，也是由这四个比率不同引起来的。

如果把公式中的“股权账面价值$_0$”换成预期下期的“股权账面价值$_1$”，则可以得出内在市净率，或称为预期市净率。

$$\begin{aligned}
\frac{P_0}{股权账面价值_1} &= \frac{\dfrac{股利_0 \times (1+增长率)}{股权账面价值_1}}{股权成本-增长率} \\
&= \frac{\dfrac{股利_0}{每股收益_1} \times \dfrac{每股收益_1}{股权账面价值_0} \times (1+增长率)}{股权成本-增长率} \\
&= \frac{股利权益收益率 \times 股利权益收益率_1}{股权成本-增长率} \\
&= 内在市净率
\end{aligned}$$

使用内在市净率作为价格乘数计算企业价值，所得结果与现金流量模型的结果应当一致。

3. 模型的适用性

市净率估价模型的优点:首先,净利为负值的企业不能用市盈率进行估价,而市净率极少为负值,可用于大多数企业;其次,净资产账面价值的数据容易取得,并且容易理解;再次,净资产账面价值比净利稳定,也不像利润那样经常被认为操纵;最后,如果会计标准合理并且各企业会计政策一致,市净率的变化可以反映企业价值的变化。

市净率的局限性:首先,账面价值受会计政策选择的影响,如果各企业执行不同的会计标准或会计政策,市净率会失去可比性;其次,固定资产很少的服务性企业和高科技企业,净资产和企业价值的关系不大,其市净率比较也没有什么实际意义;最后,少数企业的净资产是负值,市净率没有意义,无法用于比较。

因此,这种方法适用于需要拥有大量资产,净资产为正值的企业。

【例 11-6】 在表 11-4 中,列出了 2×16 年汽车制造业 6 家上市企业的市盈率和市净率,以及全年平均实际股价,请你用这 6 家企业的平均市盈率和市净率评价江铃汽车企业的股价,哪个更接近实际价格?为什么?

表 11-4 2×16 年汽车制造业 6 家上市企业资料

公司名称	每股收益(元)	每股净资产(元)	平均价格(元/股)	市盈率	市净率
上海汽车	0.53	3.43	11.98	22.60%	3.49%
东风汽车	0.37	2.69	6.26	16.92%	2.33%
一汽四环	0.52	4.75	15.40	29.62%	3.24%
一汽金环	0.23	2.34	6.10	26.52%	2.61%
天津汽车	0.19	2.54	6.80	35.79%	2.68%
长安汽车	0.12	2.01	5.99	49.92%	2.98%
平　均				30.23%	2.89%
江铃汽车	0.06	1.92	6.03		

按市盈率估价 = 0.06 × 30.23 = 1.81 (元/股)

按市净率估价 = 1.92 × 2.89 = 5.55 (元/股)

市净率的估价更接近于实际价格。因为汽车制造业是一个需要大量资产的行业,由此可见,合理选择模型的种类对于正确估价是很重要的。

三、市价/收入比率模型

1. 基本模型

这种方法是假设影响企业价值的关键变量是销售收入,企业价值是销售收入的函数,销售收入越大则企业价值越大。既然企业价值是销售收入的一定倍数,那么目标企业的价值可以用销售收入乘以平均收入乘数估计。

由于市价/收入比率的使用历史不长，不像市盈率和市净率应用的广泛和悠久，还没有一个公认的比率名称，这里暂且称之为"收入乘数"。

$$\text{收入乘数} = \text{每股市价} \div \text{销售收入} = \text{每股市价} \div \text{每股销售收入}$$

$$\text{目标企业股权价值} = \text{可比企业平均收入乘数} \times \text{目标企业的销售收入}$$

2. 基本原理

如果将股利折现模型的两边同时乘以每股销售收入，则可以得出收入乘数：

$$\frac{P_0}{\text{每股收入}_0} = \frac{\dfrac{\text{股利}_0 \times (1+\text{增长率})}{\text{每股收入}_0}}{\text{股权成本}-\text{增长率}}$$

$$= \frac{\dfrac{\text{股利}_0}{\text{每股收益}_0} \times \dfrac{\text{每股收益}_0}{\text{股权收入}_0} \times (1+\text{增长率})}{\text{股权成本}-\text{增长率}}$$

$$= \frac{\text{销售净利率} \times \text{股利支付率} \times (1+\text{增长率})}{\text{股权成本}-\text{增长率}}$$

$$= \text{本期收入乘数}$$

根据上述公式可以看出，收入乘数的驱动因素是销售净利率、股利支付率、增长率和股权成本。其中，销售净利率是关键因素。这四个比率相同的企业，会有类似的收入乘数。

如果把公式中的"每股收入$_0$"换成预期下期的"每股收入$_1$"，则可以得出内在收入乘数的计算公式：

$$\frac{P_0}{\text{每股收入}_1} = \frac{\dfrac{\text{股利}_1}{\text{每股收入}_1}}{\text{股权成本}-\text{增长率}}$$

$$= \frac{\dfrac{\text{股利}_1}{\text{每股净利}_1} \times \dfrac{\text{每股净利}_1}{\text{股权收入}_1}}{\text{股权成本}-\text{增长率}}$$

$$= \frac{\text{销售净利率}_1 \times \text{股利支付率}}{\text{股权成本}-\text{增长率}}$$

$$= \text{内在收入乘数}$$

根据内在收入乘数计算的企业价值，应当与现金流量模型计算的结果一致。

3. 模型的适用性

收入乘数估价模型的优点：首先，它不会出现负值，对于亏损企业和资不抵债的企业，也可以计算出一个有意义的价值乘数；其次，它比较稳定、可靠，不容易被操纵；最后，收入乘数对价格政策和企业战略变化敏感，可以反映这种变化的后果。

收入乘数估价模型的局限性：不能反映成本的变化，而成本是影响企业现金流量和价值的重要因素之一。

因此，这种方法主要适用于销售成本率较低的服务类企业，或者销售成本率趋同的传统行业的企业。

【例 11-7】 某石油公司 2×16 年每股销售收入为 83.06 元，每股净利润为 3.91 元。公司采用固定股利支付率政策，股利支付率为 74%，预期利润和股利的长期增长率为 6%。该公司的 β 值为 0.75，该时期的无风险利率为 7%，市场平均报酬率为 12.5%。

销售净利率 = 3.91 ÷ 83.06 = 4.7%

股权资本成本 = 7% + 0.75 × (12.5% − 7%) = 11.125%

收入乘数 = 4.7% × 74% × (1 + 6%) ÷ (11.125% − 6%) = 0.705

按收入乘数估价 = 83.06 × 0.705 = 58.56(元)

本章小结

本章主要学习了：企业价值评估的意义、内容和方法；以现金流量为基础的价值评估；以经济利润为基础的价值评估；以相对价值法为基础的价值评估。本章重点为以现金流量为基础的价值评估。

本章重要概念

企业价值评估　现金流量折现法　经济利润　相对价值法

思考与练习

1. 企业价值评估的意义是什么？
2. 以现金流量为基础的价值评估原理是什么？
3. 以经济利润为基础的价值评估适用哪些情况？

推荐阅读资料

[1] 张先治，陈友邦. 财务分析[M]. 大连：东北财经大学出版社，2014.
[2] 鲁桐，赵继银. 公司治理与价值创造[M]. 大连：中国发展出版社，2014.
[3] 万如荣，张莉芳，蒋琰. 中级财务会计[M]. 北京：人民邮电出版社，2014.